U0895459

五维运营智慧

优秀企业家管理密码

朱坤福◎著

中国财富出版社

图书在版编目（CIP）数据

五维运营智慧：优秀企业家管理密码 / 朱坤福著. —北京：中国财富出版社，2019.6

ISBN 978-7-5047-6825-4

Ⅰ.①五… Ⅱ.①朱… Ⅲ.①企业管理 Ⅳ.①F272

中国版本图书馆 CIP 数据核字（2018）第 277367 号

策划编辑 郑晓雯　　责任编辑 张冬梅　郑晓雯　沈安琪

责任印制 尚立业　　责任校对 卓闪闪　　责任发行 董　倩

出版发行 中国财富出版社

社　　址 北京市丰台区南四环西路 188 号 5 区 20 楼　　邮政编码 100070

电　　话 010-52227588 转 2048/2028（发行部）　010-52227588 转 321（总编室）

010-52227588 转 100（读者服务部）　010-52227588 转 305（质检部）

网　　址 http://www.cfpress.com.cn

经　　销 新华书店

印　　刷 廊坊市鸿煊印刷有限公司

书　　号 ISBN 978-7-5047-6825-4/F·3003

开　　本 710mm×1000mm　1/16　　版　　次 2019 年 6 月第 1 版

印　　张 15.75　　印　　次 2019 年 6 月第 1 次印刷

字　　数 258 千字　　定　　价 59.00 元

前　言

近代商圣胡雪岩说：“商有四维，智、仁、勇、信，四维具备，无往不利。”胡雪岩集官场、商场、洋场势力于一身，商通海内外，红极一时，家财万贯，是历史上赫赫有名的大商人。他的成功尽管有外界因素的作用，但更为重要的是他具备优秀商人的全部素质。这些素质概括起来就是商场四维：智、仁、勇、信。

商场四维是古人提出的商人修行的四项品德，是一个商人是否合格的标准，而且是基本标准。四项品德具备了，才能进一步学习商业经营技术和经营艺术，即所谓“先学做人，后学做事”。四项品德皆修炼到家，不顾此失彼，且能融会贯通，才算一个合格的商人。

今天，我们承认“智、仁、勇、信”对一个优秀民营企业家的重要意义，但所谓“事异则备变”，仅有这四点恐怕不行。纵观民营企业自改革开放以来多年的发展历程，可以发现，企业管理有五个要素不可或缺：战略智慧、执行模式、资本运作、营销管理、团队管理。

考察世界发达国家经营和管理的发展史，在经济发展的不同时期，企业成功的关键在转变：20 世纪 50 年代的关键在生产，60 年代的关键在经营，70 年代的关键在财务，80 年代及以后的关键则在战略。企业战略是企业未来一段时期在“经营哲学、经营目标、行动范围、竞争方式、资源配置、人才需求”六个方面的集中体现，是企业发展的指南针。因此，选择一个好的企业发展战略是领导者在企业运作中最大的经营责任。战略制定，就是结合战略分析的结果确定企业的使命、愿景、核心价值观，制定未来周期性（一般为 3 ～ 5 年）的战略目标，并确定业务定位、选择实施路径，从而形成战略规划报告。

确定了企业战略，下面就需要执行，即将战略目标进行阶段分解，同时确定并执行战略举措，推进战略目标的实现。如果说战略制定是“纸上谈兵”，那么执行就是“沙场秋点兵”，即实战。对于团队来说，执行上级领导的决策是一项重要的工作。任何决策都需要执行，无论多么高明的决策，如果不能被有效地执行，它就是一纸空文，而决策的执行往往就落在团队身上。因此，提高团队的执行力具有十分重要的意义。执行的一个重要问题在于，有时管理者下达一项任务后，员工们无法将策略、方法和措施正确转化为一致的行动，这时企业必须要通过规范化的形式来完善执行体系，保证员工实现规范化执行，用正确的策略、方法和措施来展开行动，而不是按各自的理解来做事。

除了战略与执行之外，一个企业能否做资本运营，同样关乎企业的生死存亡。资本的力量大到不可思议，它可以成就一个企业，同样也可以颠覆一个企业。从战略高度来看，资本运营是企业发展的必由之路。从实战层面来讲,运用资本扩张或收缩的方式可以助推企业做大做强。资本市场如同战场，每一次操作都是一场战役，每一场战役都是“大事”。企业家必须具有高超的资本运营的智慧，以小博大，即以少量的资本，推动更多的资本，并获得资本增值。资本运营是一个连续不断的过程，这个过程中的各个阶段，如筹资阶段、投资阶段、资产经营阶段都充满着创新的机会，企业家应该用创新的眼光和思路，对资本运营过程的每一个阶段进行思考和设计，优化资本运营过程，以实现资本收益的最大化。

有人曾统计过，70%以上的公司创立后挺不过 3 年，而 10 年后这个比例降至 10%以下，可见市场竞争之激烈。今天中国的大多数行业都是买方市场，所以营销的难度和挑战越来越大。一种销售模式，公司在甲地采用后效果良好，到了乙地就可能水土不服。大部分小公司手里没有独一无二的资源，同行之间常常是面对同样的客户，销售同样的产品，所以只能靠管理出效益。有统计表明，大部分公司退出市场和倒闭都是因为内部原因而非外部环境所致，而销售管理无疑是强化自身的一个重要方面。

企业的生存和发展有两个非常重要的基本条件，解决了产品营销问题，人的因素就成为关键。一个团队中，管理人员起着主导的作用，主导作用发挥好了，就能使整个团队变得有活力，员工也会积极地为实现公司的目标而努力。管理者都希望有一支高素质的队伍，而员工们更希望自己的管理者是信得过、靠得住的带头人，在事业上能处处以身作则。作为管理者，要凭智慧和经验进行管理和决策，不能单单以命令或指挥服众。只有管理者做出能让员工足够信服的成绩，才能获得员工们的认可，从而使得员工踏实安心地跟着管理者做好工作。团队管理的最终目的是提高团队工作效率和达成团队目标，因此，在进行团队管理时应注意方式方法，这对团队形成竞争力将产生巨大影响。

我们在今天迎来了民营经济发展的最好时代。这个美好的民企时代，既不是上天的恩赐，也不是偶然的机遇使然，而是一个漫长的自我修炼过程。修炼，就是根据企业发展周期进行的领导力探索，从而使领导能力在不同层面得到提升。是否具备合理的战略、高效的执行、充足的资金、过硬的销售与良好的团队，已经成为民营企业能否在市场竞争中立于不败之地的试金石。

这五个要素是企业领导者的终极武器，统一于民营企业领导活动的实践以及中国民营经济发展的时代背景中，构造了一个民营企业战略领导力的力系结构。各个要素在质量上互补与累积，在资源上叠加与增值，在时间上协同与并进，故能够在功能上维系组织渐进式的稳定与有序化的发展。各个要素之间存在着一种交互，这种交互以各单一元素功能的最大化发挥为前提，以各个要素之间的协同为理想的运转状态，进而构成了完整的“五维动力模型”。

五维动力模型的运动是基于空间上的运动（空间维度）和基于时间上的运动（时间维度）的集合体。系统的自调整机制、自组织机制的存在，确保了空间转移上的规律性和时间变化上的有序性。五维动力模型的这一运动机制，可以协助领导者完成对未来的预测，做到“运筹帷幄之中，决胜千里之外”。

朱坤福

2019 年 5 月于济南

目　录

第一维　战略智慧——深谋出远虑，格局定大局

第二维　执行模式——想法变行动，行动得成果

第四维 营销管理——颠覆式思维，“卖”向成功

第五维 团队管理——实战全攻略，轻松带队伍

第一维 战略智慧

——深谋出远虑，格局定大局

企业的存在是为了盈利，因此，对于一个企业而言，经营的成败是衡量企业是否优秀最重要的标准。而能够影响到企业成败的，就是企业战略的科学性与合理性。也就是说，一个企业要想盈利，首先考量的就是其战略是否合理，是否在为企业的盈利服务。如果偏离了轨道，那么企业就将步入失败的行列，势必会被社会所淘汰。因此，选择一个好的企业发展战略是领导者在企业运作中最大的经营责任。

第一章 企业经营进入“战略制胜”时代

“战略”一词源于军事理论，其基本含义是战斗的运用。战略运用到企业被称为企业战略，即有关企业大政方针方面的决策，它包含着企业的目标以及实现目标的基本措施。具体地说，就是指企业为在较长的时期内的生存和发展，充分估计影响企业发展的各种因素，制定总的规划和一系列措施的动态过程。美国的一项调查显示，有 90% 以上的企业家认为企业经营过程中最占时间、最为重要、最为困难的就是制订战略规划。可见，战略已经成为企业取得成功的重要因素，企业的经营已经进入了“战略制胜”的时代。

战略是企业制胜的第一要务

企业的命运是什么？生存和发展。所谓生存，就是选择正确的战略而获得盈利。一个企业之所以成功，就在于它在正确的时间做了正确的事。所谓发展，就是顺利实现企业的战略转型而获得持续盈利。从这个意义上说，战略决定企业的命运，如图 1–1 所示。战略是企业制胜的第一要务，如果企业没有中短期战略，就如同盲人骑瞎马。

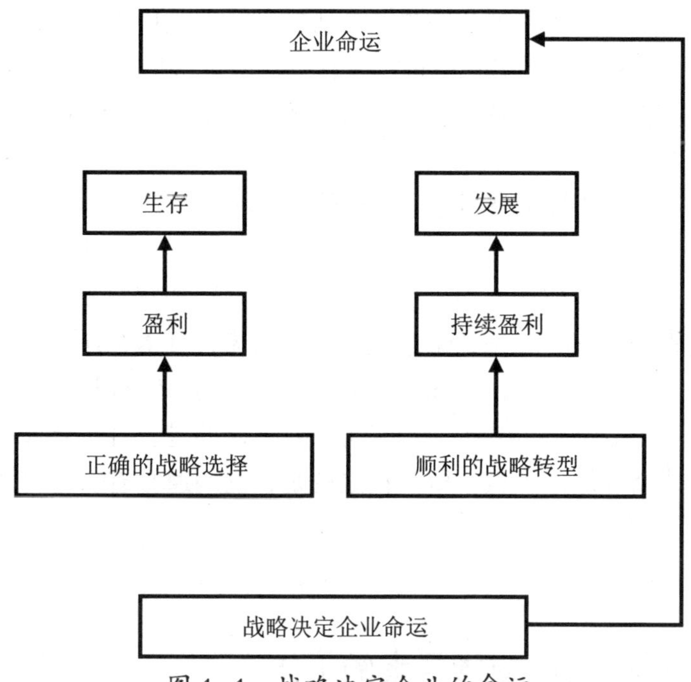

图 1-1　战略决定企业的命运

战略让日本企业超越美国企业。在 20 世纪 60 年代至 80 年代，日本企业快速崛起，如索尼、新日本制铁、丰田、本田、佳能等大企业迅速发展。到了 20 世纪 90 年代初，美国品牌独占市场的局面已经不复存在，市场主导权转移到日本，美国不再是许多产业的霸主。

美国高科技产品的占有率在经济合作与发展组织（OECD）国家的总生产量中逐渐萎缩，而日本高科技产品的占有率却在日益增长。美国中央情报局曾对全球八大科技产品类别出口的占有率做过评估，包括微电子、计算机、电话通信设备、工作母机和机器人、科学精密设备、航空航天、制药与生物以及有机化学品。在前五类中，日本出口量已经或即将超过美国。

在世界半导体市场，美国的市场占有率一直在萎缩，而日本则持续上升，在半导体制造设备产业中也有了全面领导的地位。美国半导体产业协会（SIA）最新发布的数据显示，前十大半导体设备生产商中，美国企业有 4 家，日本企业有 5 家，而且日本市场以年增 31% 的增幅居各市场成长之首。在 2015 年，日本办公自动化设备的总产值是 110 亿美元，而美国只有 100 亿美元，而且货源都来自日本厂商。

在家电产业，美国的失败更是众所皆知。遑论世界市场，在美国国内市场，美国家电业的彩色电视机占有率就从90%降到了10%；音响设备从90%降到了1%；录音机从40%降到了1%；录像机从10%降到了1%。

在之前提到的日本公司专注的高科技市场，美国企业都一一惨败。

现代管理学之父彼得·德鲁克和日裔美籍管理学家威廉·大内等著名学者将日本人的成功归因于文化差异。其实这种解释十分苍白无力。日本著名管理学家、经济评论家大前研一认为，日本企业取胜的关键在于“战略”。大前研一在《战略家的思想》一书中明确指出，最引人注目的是日本的战略思考艺术。与美国企业不同的是，日本企业往往没有大量制订战略计划的人员，取而代之的是，它们通常有一个有才华的战略家。

制定战略是CEO或领导者的工作

一位称职的CEO并非仅仅是一位管理者，更应该是一位领导者，拥有卓越的理想、价值观及使人“起而行”的使命感。既然企业的命运掌握在CEO手中，CEO就应该是一位十分称职的战略家。而没有战略头脑的CEO只能是一位地地道道的投机者。

战略诞生于企业家的商业智慧。曾被誉为“全球第一CEO”的通用电气前CEO杰克·韦尔奇认为：“别人也许不同意我的看法，但我还是认为，战略是CEO、企业领导及其直接管辖的下属应该承担的工作。”

国际电话电报公司前CEO哈罗德·杰宁在其自传中写道：“我从经验中知道，整个公司的个性取决于最高主管。”

企业付给CEO巨额年薪，购买的就是CEO的商业智慧和战略决策能力。据统计，2016年全球30位最高薪酬科技公司CEO收入共计6.62亿美元。

博通公司CEO陈福阳每年的薪资和红利总额高达2470万美元。美国通信巨头AT&TCEO兰德尔·史蒂芬森的薪水加上长期报酬一年是2500万美元，雅虎CEO玛丽莎·梅耶尔在2016年共挣得2470万美元，在CEO中属薪酬较低的。

2013 年，苹果 CEO 蒂姆 · 库克的总薪酬达到 7400 万美元，其中包括 430 万美元的薪水和价值高达 6960 万美元的股权奖励，延续了他在硅谷最高薪酬高管之一的地位。

2016 年，甲骨文联合 CEO 马克 · 赫德以 4110 万美元年薪荣登 CEO 薪资排行榜之首。根据《福布斯》杂志报道，2011—2016 年，马克 · 赫德一直在榜上名列前茅，共计有 6.31 亿美元的收入。

如果企业的 CEO 自身不具备战略素养，企业花钱雇用咨询公司做战略规划是十分危险的举动。

美国运通公司的付款卡业务在 20 世纪 60 年代经营得极其顺利，当时流通在市场上的卡片近 100 万张。由于当时必须以人工方式核对处理签账单，美国运通担心业务再继续扩展下去，后勤部门将应对不了庞大的工作量，于是雇用了一家知名的管理咨询公司为自己做评估分析。那些咨询顾问得出的结论是，付款卡市场已经成熟，美国运通在发卡超过 100 万张之后，将不会再出现很大规模的成长。但没过多久，美国运通卡的发卡量达到 200 万张。那些咨询顾问再次下结论说，市场已成熟，成长期已结束。同样，没过多久，美国运通卡的发卡量增加到 300 万张。

通过洞察力和预见力捕捉商机

企业家的智慧不仅来源于对大量信息和数据的透视及分析，更重要的是通过自身的洞察力和预见力捕捉商机的能力。这种洞察力就是人们经常说的“第六感”（商业灵感）、商业直觉、悟性等。对于企业家来说，最痛苦的事情莫过于失却商业灵感，被商业潮流所淘汰，找不到未来的感觉。

CEO 的战略思维：资料汇总、数据分析→第六感、商业直觉、悟性→洞察力、预见力→高瞻远瞩，如图 1–2 所示。

从生理学上来说，战略家至少应该是能够平衡应用左、右脑进行综合思维的人才，右脑擅长视觉思考，左脑擅长逻辑思考。在爱德华 · 德 · 波诺“六顶思考帽”的水平思考训练基础上，先用右脑建构假说，再以左脑进行逻辑验证，或许是比较好的战略思维方式。

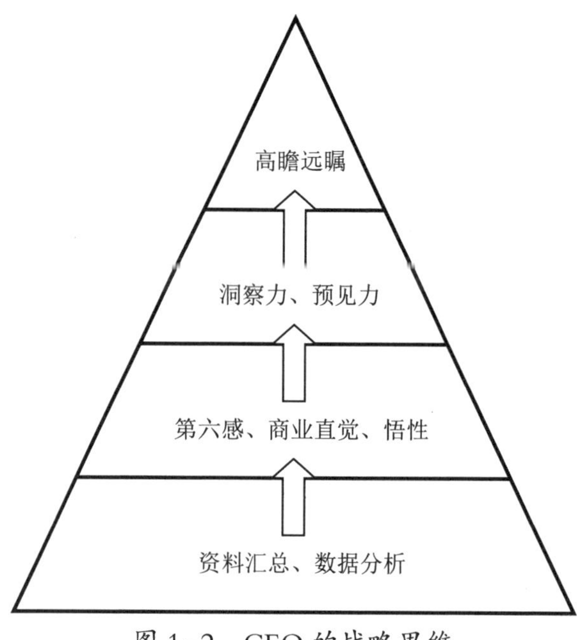

图 1-2 CEO 的战略思维

著名哲学家海德格尔认为，人类认知的最高境界是凭直觉感受它（事物的本质）而不是用思想考虑它，因为思想本身是有局限性的。人们凭直觉的判断，丝毫不亚于甚至还胜过凭逻辑的推理。这里海德格尔所说的“直觉”不是人类感官的直觉，而是人类智慧的直接洞察。现代新儒学大师牟宗三先生也认为，人类靠智慧的直觉（或良知）能直接把握宇宙的普世价值。

对于未来，无论有再多的假设，也无法确认到底会发生什么。假设亨利·福特想靠着海量资料演算，知道客户想要什么，得到的答案只会是“一匹更快的马，而不是汽车”。在海量资料的世界里，需要培养的仍然是最人性的特质：创造力、直觉、雄心壮志。因为人类的聪明才智是社会进步的源泉之一。

哈佛商学院曾经进行了一项非常有名的研究，他们对 9 个国家（美国、英国、法国、荷兰、瑞典、澳大利亚、巴西、日本和印度）的 1300 多名企业高管展开调查，其中 80%的人在解释他们的成功时，都提到了凭借直觉做出的决策，75%的人指出，他们对直觉和逻辑的运用程度是均等的。

马尔科姆·格拉德威尔在其著作《眨眼之间：不假思索的决断力》

中明确指出，人的直觉常常是正确的，有时候甚至比经过仔细思考分析得出的结论还要好，并且直觉能力是可以提高的。

卡尔·冯·克劳塞维茨在《战争论》一书中讲述了24岁的拿破仑如何凭着“战略直觉”打赢了他的第一场战役。那时拿破仑还只是一个不听管教也不被其他官员看重的小将领，没有任何实战经验，但他广泛地学习战争历史，特别是战役胜败的细节，并将这些信息，以及能够获得的自己军队、敌方、战场的地形情况都记在脑子里，然后就带着队伍去打仗，而且几乎不制订作战计划。他会站在一个较高的战略层面上，沉着冷静地看着战役在眼前展开，等着“灵光一闪，计上心来”。

奇美实业董事长、“亚克力之父”许文龙认为，商机的掌握就像打棒球，投手和捕手之间是有暗号、有预谋的。棒球投手的速度比汽车还快，没有默契的捕手根本接不到球，没有训练过的捕手也接不到球。最重要的一点是，捕手不是看着球来再去移动手，而是先将手放在他预测会被投准的位置。这一现象可用来说明，在商机掌握上，成功者常如老练的捕手般，先把手放在球会过来的位置。这不是运气，更不是巧合，而是预测，是长时间培养出来的感觉与自信，就像中国的武术较量一样，瞬间接招，凭的是一刹那的直觉，没有思考的余地。企业家要胸有成竹，在商海中方可左右逢源、游刃有余。商机偏爱有准备的头脑，能不能抓住机遇，就看你有没有提前准备好。

许文龙是一位很有预测能力的高手，在“大事”方面的预言一向很准。早在20世纪70年代的石油危机前，他预见原物料会大涨，便大手笔签下大量订购单。此一先见，让他为之大赚特赚。20世纪80年代，他预言日本的ABS公司将会被他打垮，原因是日本人喜欢以协商式议定价格，他相信，这种违反“自由竞争”原则的价格策略一定会被淘汰出局。到了20世纪90年代，他的预言果然成真，日本的ABS公司真的开始出现经营不善、面临倒闭的危机。

杰克·韦尔奇在《制胜》一书中提到，领导者随时都需要根据直觉下判断。比如，有时候论据或许不够完整，资料或许不够充分，但眼前的状况让人感到非常熟悉，这时应听从直觉。每位领导者都必须有洞察未来的眼光和能力，但是优秀的领导者必须具备一种特殊的本领——能够预见出乎预料的巨变。置身在竞争激烈的商业战场中，对于市场的变化、目前的竞争对手和新进同业会采取什么样的行动，最优秀的领导者通常怀有“第六感”。

“汽车大王”亨利·福特是T型车的发明者，他一向依靠直觉胜过事前计划。福特常常“反常道而行之”，他宣称：“我要为大众生产汽车。”那时的汽车由技术工人用手工辛苦打造，是地位的象征，福特却执意要把它变为普通商品。他认为，就像生产大头针和火柴一样，汽车也可以通过自动流水生产线进行批量生产。

娃哈哈集团创始人宗庆后是一位十分相信直觉的营销大师，而且他对此从来都是直言不讳，这与那些MBA出身、靠数据来做每一个决策的企业家迥然不同。《中国经营报》记者问宗庆后：“娃哈哈在推出新产品时，是通过什么样的决策机制来进行的？”宗庆后回答：“就是靠我的感觉，我觉得现在该做什么了，就开始做。”记者又问：“不做调查和分析，会不会犯错？”宗庆后说：“我们觉得还是自己的感觉比较敏锐和准确些。我们不请那些调查机构绝不是不做调研，就心血来潮做产品，而是因为整天在市场上跑，我们自己就是调查员，是靠对市场的准确把握来判断什么时候该做什么事的。”

统一集团董事长高清愿做出的很多决策都是凭直觉的。统一集团的总裁林苍生也说他的行事风格是“非逻辑的”。

维珍集团暨维珍航空创办人理查·布兰森凭借其直觉就知道新消费者想买什么。他在自传《维珍旋风》中写道：“我比较仰赖自己的直觉，而不会去研究那一大堆统计数字。”事实证明，布兰森对市场趋势的直觉的确比一些统计分析还有效，他成功地创造了维珍航空的营运佳绩，也在酒品和金融服务商品上取得了不错的成绩。

哈佛大学的纳利尼·阿姆巴迪教授发现，只需要2秒的时间，学生就可以非常精确地评估一位教授的授课质量。

微软中国研究院刚成立时，李开复和副院长张亚勤决定在面试应聘者的时候，见到对方10秒后，就把自己“雇”或“不雇”的直觉写下来，等面试结束后再与最终的评价做比较。结果发现，在约95%的情况下，10秒的直觉与最终的决定是相同的，而且两人对同一位应聘者的意见也相当一致。

苏宁电器创始人张近东也是一位直觉大师。他认为，直觉由于浸淫着大量的市场实践与体会，因此呼应着国情与市场特点的律动，而通行的理论也不能在任何时候随意指导“实践”。

第二章　企业家的战略规划三部曲

彼得·德鲁克说：“只有十分简单而且清晰的战略才容易成功。”企业战略至少由愿景（远景）、使命和商业模式（目标系统）这三个部分构成。其中，愿景是战略的起点和高点；使命是愿景的具体化和商业化；目标系统是战略的规划和落实，即企业的商业模式。

身为领导者，你必须让愿景“活”起来

杰克·韦尔奇说：“领导者必须为团队描绘一幅愿景；身为领导者，你必须让愿景活起来。”

对个人来说，愿景是一种理想。美国一个跟踪调查商学院毕业生毕业后状况的组织进行了一项为期 20 年的调查，试图找到下面这个问题的答案：理想和财富之间的关系是什么？研究人员首先对 1500 名商学院学生进行了细致的问卷访谈，并根据问卷结果把这些人分为两类，其中，倾向于追求财富、为财富而读书的人占 83%（1245 人），倾向于追求理想、为理想而读书的人占 17%（255 人）。20 年后，研究人员对当年这 1500 名被调查者进行了回访。结果研究人员发现，1500 名被调查者中有 101 人成为百万富翁，而在这 101 人中，竟有 100 人是当年选择追求理想的人。这个事例说明，理想与财富并不冲突，而是相伴相随的关系。一心追求财富多半适得其反，一心追求理想却有可能让财富离自己更近一些。

2015 年，来自 20 个国家和地区的 1500 位高级领导者被要求列出 21 世纪管理者应具备的最重要的能力。98%的人认为对愿景的理解是最重要

的，但是90%的人对自己形成愿景的能力缺乏自信。

具备西方文化背景的人，对愿景（Vision）这个概念应该比较容易理解。“愿景”是《旧约全书》先知书中经常出现的一个词，其原始意义是“未来的景象”。如《以西结书》的开头就有这样的陈述：“天就亮了，得见神的异象”。向国王和以色列民众陈述未来的愿景（异象）和预言是先知们的一个责任，以此提醒世人，弃恶行善，回归信仰。

西方管理学教科书对愿景的定义沿用了以上的含义。迈克尔·A.希特教授认为：“愿景指明了企业在未来数年想要前进的方向……愿景是一幅充满激情的‘巨大的画面’。”（《战略管理》迈克尔·A.希特著）

确实，企业愿景是未来的方向和趋势，但这个说法太空泛。具体来说，企业的愿景就是“未来的价值空间”，这个“价值空间”用肉眼是看不见的，要用心灵的眼睛才能看得见，因为它是一种远见，是一片广阔的蓝海。“未来的价值空间”或者是由现在的价值空间演变而来，或者是由新技术、新产品、新需求、新趋势、新理念所开创的“全新价值空间”。价值空间孕育着无限商机，就如同发现一座潜藏在地下的大金矿，第一步需要勘探它的储量和开采价值。例如，通过钻探和数据分析，得知矿石含金量高出平均值3倍，黄金储量为800吨。因此，800吨黄金储量就是这个金矿的价值空间。下一步，究竟是自己马上建矿开采，还是卖掉，或是留待20年之后再开采，这就属于战略定位（使命）的内容。

愿景的力量在于，善于用商业眼光对事物进行价值评估，挖掘商机，从稻草堆中发现金子。

“价值空间”有多种表现形态：表现为满足客户需求的市场价值，表现为提升效率、降低成本、增加周转率等的管理价值，表现为美誉度、知名度等的品牌价值，表现为一种产业平台或产业标准的竞争优势，以及其他表现形态。

价值空间的有效性，不是虚幻的海市蜃楼，更不是遥遥无期的美好向往。这些价值可以在未来1～2年、3～5年、5～10年三个阶段一一实现，成为公司的利润和现金流，如图2–1所示。

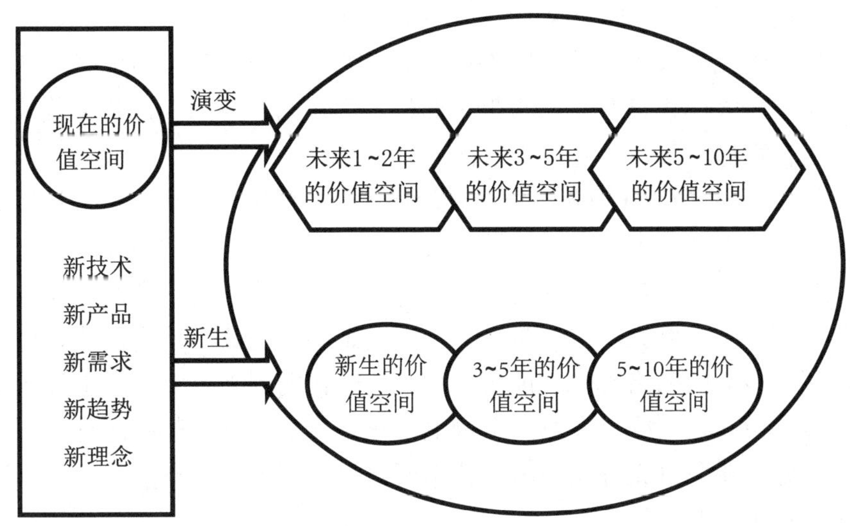

图 2-1　价值空间的有效性

企业愿景来自 CEO 或创业家的洞察力和远见卓识。企业董事付出巨额年薪聘请 CEO，购买的就是 CEO 的智慧、洞察力和战略规划能力。

GE（通用电气）前 CEO 杰克·韦尔奇曾经在纽约的一次会议上公开畅谈他为通用电气所设定的方向，也就是所谓的愿景：未来的赢家将会是那些"发掘并投身于真正具有成长潜力的产业，并在所参与的每一个领域都追求第一或第二的企业——坚持成为前两名最精实、成本最低的全球性厂商，为客户提供高品质的商品与服务……不打算在 20 世纪 80 年代追求此目标的管理者与企业……将无法存在于 90 年代"。

曾任美国最著名零售商之一的克罗格公司 CEO 埃佛林罕提出的愿景是："基本上，我们做了很多研究，得到的数据清楚而明显：超级市场是明日之星。我们也了解到，你必须在每个市场上都排名第一或第二，否则就会被淘汰出局。"

前 IBM 公司总裁路易斯·郭士纳第一次公开谈话就说："IBM 现在最不需要的，就是愿景。"此后，IBM 的股价上涨了 5 倍，同期道琼斯工业指数只上涨了 3 倍。从股东的观点来看，郭士纳表现优异，但是根据《福布斯》杂志主编利奇·卡尔加德的观点，郭士纳说了谎话。IBM 从 1993 年到 2002 年的确有一个愿景，那就是利用互联网新科技重新找回自己的霸主地位。不是 IBM 不需要愿景，而是郭士纳刚刚上任，在其头脑里还没有产生拯救 IBM 脱离苦海的全新愿景。

郭士纳比别人提前看到网络运算的重要性，他在互联网世界展览会的演讲中，大肆宣扬互联网将带来商机。而在同一时间，比尔·盖茨等人却还在宣称消费者对电子商务有安全上的顾虑。

前招商银行 CEO 马蔚华对愿景的描述是："银行竞争的关键就是早于别人看到发展的方向，要能够寻找到那些开始可能很微小却有巨大生命力的新东西，并在发现后马上付诸实施。"当互联网出现的时候，马蔚华看到了一个巨大的"愿景"——网上金融。马蔚华认为："以计算机应用为核心的网络时代，即数字化革命时代的到来，将形成金融业全新的经营模式——网上金融。金融电子化是金融业具有革命性意义的创举，金融企业可以充分运用电子技术所提供的巨大发展空间，而不会被电子信息所消灭。"

Facebook 创始人马克·扎克伯格的愿景是："我们会改变世界，我认为我们可以使世界变得更开放。"Facebook 网站的设立基于一个激进的假设——现代生活必然趋向透明化。扎克伯格和其核心团队的同人都相信，公开坦率地承认自己的身份，并且在所有朋友面前展现一致的行为，将有助于创造更健康的社会。所以，在 Facebook 上注册的会员必须使用实名。

苹果公司联合创始人史蒂夫·乔布斯曾经告诉初期的投资人迈克·马克库拉，苹果公司的愿景是通过将计算机卖给家庭和办公室来改变世界。马克库拉认为乔布斯是对的，并且定期造访这间设在车库里的小公司。马克库拉认为，这间小公司将会成为一个价值数十亿美元的企业。马克库拉初步投资总计现金 91000 美元，加上个人担保信贷额度 25 万美元，以交换苹果公司 1/3 股份。

福特公司创始人亨利·福特的愿景是："（建造）一种供大多数人使用的汽车……这种汽车价格会非常低，低到任何一位薪水还过得去的人都不会因买不起车而不能在上帝恩赐的开阔大地上和家人一起共享快乐、幸福的时光……每一个人都买得起一辆车，每一个人都会拥有一辆车。马儿会从我们的公路上消失，汽车会被当成理所当然的东西。"

微软公司创始人比尔·盖茨的愿景是："软件将主宰世界。"盖茨创建微软时就以非凡的洞察力意识到，计算机工业中真正的摇钱树在软件之中。"我想我们应该只做软件。微处理器的能力每两年就翻一倍，在一定意义上来说，你可以把计算机的能力想象成几乎是免费的。那么，为什么要去制造几乎是免费的东西呢？什么是稀缺的资源？什么限制了对无限的计算能力的利用？那一定是软件。”

当互联网技术出现时，比尔·盖茨召集他的下属并做了一次著名的珍珠港纪念日讲话，强调了一个全新的愿景：“互联网时代到来了，它是全部，我们做的每项工作都要与互联网有关。我们要开发领先的浏览器，并使我们的所有产品兼容互联网，我们要使用互联网，熟悉互联网。”

回顾三星电子的发展历程，其最大的赌注莫过于“数字融合”的战略愿景。这个战略始于 1999 年，当时正值三星电子 30 周年庆典，三星电子宣布了在未来成为“数字融合革命的一个领导者”的计划。“成为一个‘数码电子公司’是实现三星领导数字融合革命的目标。在这个数字融合时代中，消费电子、信息、电信产品、电视机和个人计算机以及线上和离线的世界都将融合在一起。”

著名购物网站 eBay 的愿景是：成为一个几乎能够在所有地方买卖所有物品的交易平台。

雷达式扫描，寻找到企业的愿景

一个企业的愿景必须建立在对产业突变面、企业核心专长、客户潜在的新需求等深刻而富有创造性的理解基础上。

究竟如何才能寻找到企业的愿景呢？根据以上定义和论述，笔者提出“价值追踪法”，它包括价值扩张、价值创造、价值转移、价值生成、价值推动五个方向。如图 2–2 所示。企业可从这五个方向进行全方位的雷达式扫描，以便捕捉任何可能的商业机会。

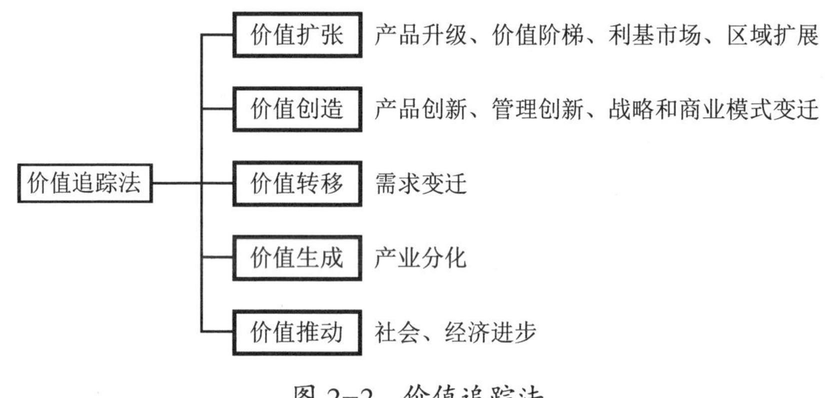

图 2-2 价值追踪法

一、价值扩张

产品升级、价值阶梯、利基市场、区域扩展等，是价值空间扩张的常用方式。

任何一种产业要领导流行，只靠“物美价廉”是行不通的，而是要创造新一代的产品，并且取一个崭新的产品名称。例如，在电玩市场，SEGA（世嘉公司）以16位元系统取代了任天堂的8位元系统，接下来，索尼的Play Station以32位元的技术和光碟机的记忆容量脱颖而出。每一次的升级都是一个巨大的价值空间。

波音公司的产品升级序列为P-26、B-17、波音707（20世纪50年代）、波音727（20世纪60年代）、波音747巨无霸喷射客机（1965年）、波音757和767（20世纪80年代）、波音737、777（20世纪90年代）、波音787（2011年交付使用）、波音797（研制中）等。

英特尔微处理器系统升级序列为8088、80286、80386、80486、Pentium、Pentium Pro、Pentium Ⅱ、Intel Core系列、Itanium系列。

谷歌估计自己每个季度推出10 ~ 12个全新的服务或重大的服务功能升级，才能保持应有的成长率。全公司上下充斥着强烈的“早点推出、时常推出、快速推出”的压力。例如，Google 1.0已经升级和进化到Google 5.0。

同一种产品可以设计出不同的价格阶梯，每一个价格阶梯都是一个独立的品牌，代表着独特的价值空间。

瑞士SMH公司CEO海耶克把他的产品金字塔分为三层：低档手表价格100瑞士法郎；中档手表价格1000瑞士法郎；高档和豪华型手表可

达 100 万瑞士法郎，甚至更高。

宝洁公司的每一个品牌在消费者心中都代表某一种功效，宝洁几乎是消费者每种需要与功效的同义词。例如宝洁的洗发水，飘柔、潘婷、海飞丝、沙宣和润妍等品牌，分别针对去头屑、护发、润发、养发、深层护理等不同的功能细分市场，每一个细分市场都是一个巨大的“价值空间”。

二、价值创造

1. 从技术创新到产品创新，都能创造出前所未有的全新“价值空间”

加里·哈默尔表示，在这个战略生命周期不断缩短的世界里，创新是企业延续成功的唯一方法。

按照管理大师彼得·德鲁克的理论，创新是生产要素的创新组合，包括五个方面的内容：引进一种新产品，采用新的生产方式，开辟新的市场，开辟和利用新的原材料，采用新的组织形式。

关于产品创新，例如，铝空气电池的商业化，使得电动汽车商业化指日可待。美铝公司与以色列的 Phinergy 公司联合开发的铝空气电池，其续航里程已经可以增加到 994 英里（约合 1600 千米）。据称该电池的寿命可达 20 ~ 30 年。众所周知，续航里程短（通常只能达到 150 ~ 200 千米）一直是制约电动汽车商业化的短板，而且目前广泛应用的锂离子电池的提升空间有限。铝空气电池的一系列技术突破让电动汽车的商业化普及产生了极大的可能性，是一个可望可及的愿景。

非充气固体轮胎的商业化，将使汽车的安全性大大提高，有可能彻底淘汰充气轮胎。

计算机互联网把全世界的人连在一起，形成一个地球村，超越了时空的限制，彻底实现了人际交流的自由化。互联网技术的出现成就了思科公司和网景公司（后被美国在线收购）。

当科技使得购买者和供应者容易找到彼此时，市场就会扩大，有时候甚至是成倍增长。例如，eBay 为拍卖双方提供交易平台。2005 年，该公司登记了超过 19 亿笔交易事项，通过其平台成交的商品总额超过 440 亿美元。

看不到愿景，就会丢掉事业。图形用户界面最初是由施乐帕洛阿尔托研究中心首先发明出来的。当时由于施乐的 CEO 对此新技术没有未来的愿景，而被乔布斯所效仿。乔布斯拜访施乐帕洛阿尔托研究中心时，曾感到惊讶，并大叫说："你们为什么不用这个做些什么？这是最棒的东西！这是大变革！"乔布斯有一种敏锐地发现"愿景"的能力。

美国的施乐公司一直在全球企业创新中居领导地位，据统计，仅从施乐的帕洛阿尔托研究中心脱离而新建的公司就有 24 家，其中公开上市的 9 家，其 2001 年的累积市值竟然是东家施乐公司 2001 年市值的 15 倍，更不用说这些上市公司中还有大名鼎鼎的 3Com、Adobo 等。研究发现，出现这种难以理解的"奇怪"现象的一个极其重要的原因就是，帕洛阿尔托研究中心研究出来的技术与施乐公司内在的商业模式不符，所以这些项目最终都以各种原因被施乐公司"枪毙"或被大方地送人。

20 世纪商业史上最大的一个决策错误恐怕来自苹果公司的创始人史蒂夫·乔布斯。他拒绝出售麦金塔计算机操作系统，将巨大的市场拱手让给了比尔·盖茨。乔布斯设计的麦金塔计算机操作系统确实比微软好，且有机会借此发展成像比尔·盖茨那样拥有市值 5820 亿美元的公司，而苹果公司当时的市值只有 230 亿美元。

柯达公司未能对数码技术产生愿景，因而没能及时实现企业向数码照相转型而被竞争对手淘汰出局。

2. 管理创新

德鲁克曾说："凡认为科技是创新唯一来源的生意人，绝非杰出的企业家。"自有商业史以来，社会变革和社会创新的重要性一向不亚于科技。成功地向因纽特人推销冰箱以防止食物结冰的推销员，其创新成就并不亚于开发出全新程序或发明某种新产品。我们不能将创新局限于工程或研究部门，而必须将其扩展到企业的各部、各功能、各活动中。不同年代的创新特点如表 2-1 所示。

表 2-1 不同年代的创新特点

时间	特点
1900—1950 年	科技创新的时代
1950—1990 年	行销创新的时代
1990—2000 年	管理创新的时代
2000 年至今	战略创新（商业模式创新）的时代

在20世纪一直延续成功的企业，如杜邦、宝洁、通用电气、丰田等，表面看来是“优秀的产品”“有纪律的执行力”以及“有远见的领导人”等因素使得其稳居龙头地位，但如果进一步挖掘就会发现，是管理创新促成这些企业步上伟大之路。而那些食古不化的大型企业，由于无法适时进行组织更新而付出惨痛的代价。

微软是一个不断创新者，但是，微软的创新是行销创新，而不是纯粹的技术创新。微软以移植、模仿和购买的方式，把他人的创意天衣无缝地嫁接在自己的MS-DOS和Windows操作系统上，不失时机地迎合消费者的偏好和市场的需求。例如，MS-DOS操作系统是盖茨花5万美元从西雅图一家公司购得的，Windows是模仿苹果的麦金塔计算机操作系统，网页浏览器IE是模仿网景公司的网景导航者浏览器，Office应用软件是模仿VisiCorp公司的产品。

IBM在个人计算机时代之所以有所失策，就在于IBM的管理创新落后于其产品创新。

索尼公司的创办人盛田昭夫非常善于观察消费者的需求，也懂得根据这些需求提出产品解决方案。前些年，索尼成功推出12项破坏性创新产品，如1955年的袖珍收音机，1959年的便携式固态电路黑白电视机，1979年的放映机、携带型录影机、多功能随身听，1981年的3.5in磁碟机。而接下来的时间，索尼公司却没能建立任何破坏性成长事业，虽然不断研发新产品，不过都是维持性创新的改良产品。在互联网时代，仅靠技术创新是不够的，发现新愿景、革新经营理念、更新商业模式已经成为这个时代的主旋律。

常用的几种管理创新方法有精益生产（丰田模式）、企业流程再造（BPR）、全面质量管理（TQM）、六西格玛（6σ）、平衡计分卡（BSC）、客户关系管理（CRM）、企业管理数字化、企业资源计划（ERP）、办公自动化（OA）等。管理创新的成效在于，通过降低成本来提升效率（提高周转次数、降低库存水平）、提升品质等，从而在降低企业经营风险的同时，形成物美价廉的竞争优势。

3. 新的经营理念、新的游戏规则创造出无中生有的价值空间

我们不能在20世纪的管理原则上打造21世纪的企业组织，我们需要全新的管理原则。

哥伦布相信地球是圆的，沿着大西洋往西航行就能够到达印度，所以他发现了“新大陆”（美洲）。

历史上的常胜将军大多能够扬弃旧有的军事法则，自行创造新方法来激励、任用、训练与部署其战士。他们都是管理的创新者。

模式的创新非常重要。对于企业，又何尝不是如此？例如，企业之间从竞争到合作联盟，从资源争夺到资源共享，从纵向整合到外包，避免了重复和浪费，实现了互补和协同，既提升了效率，又达成了多方共赢的局面。

在UNIX开放式、即插即用的操作标准中（由太阳微系统公司、惠普所倡导），无数公司能够生产计算机系统的一部分，因而粉碎了IBM在整条产业链上的控制力量。几乎一夜之间，IBM受到太阳微系统、惠普、DEC等“专精”公司和各种软件、周边产品制造商的夹击。从此，计算机产业重新洗牌，个人计算机产业链由纵向整合转化为横向合作，形成微软控制软件操作系统、英特尔微处理器控制硬件核心、思科控制路由器的商业生态系统。

1836年，罗兰·希尔“创造”了今天的邮政事业。当时，邮差是向收信人收取费用，而费用的标准又根据路程的远近及信件的重量而定。这种制度使得邮寄信件不仅速度慢，而且费用昂贵。希尔建议统一邮资，在英国国内，不管路途的远近，发寄信件的费用一律统一，而且必须由寄信人先付钱，而非收信人付钱。寄信的费用用一种“印花”（邮票的前身）来代替。一夜之间，英国的邮政由烦琐复杂变得非常简单和方便。同时，由于邮资降低，信件数量自然大增。

三、价值转移

新的消费需求和消费形态的出现，是一个巨大的价值空间（市场空间）。

消费者需求偏好具有不断求变的内在属性，而企业战略则趋于相对稳定。因此，当企业经营战略与消费者需求偏好之间的适应机制被打破时，价值将开始发生转移。

1984—1994年，IBM和DEC公司损失了550亿美元的市场价值。与此同时，微软、英特尔、EDS及Novell等公司的市场价值却增加了800亿美元。计算机行业中的这种价值再分配确实速度惊人，且富戏剧性。

正当许多传统百货公司的市场价值面临停滞或滑坡时，五种新型零售经营战略的价值却猛增到了 1000 多亿美元。百货公司已经淡出人们的购物视线，专卖店获得人们的青睐。The Limited 把目标放在职业妇女的高级服饰，The Gap 走的是青少年简单穿着的路线，维多利亚的秘密（Victoria's Secret）经营高价位的女性内衣，电路城（Circuit City）和百思买（Best Buy）专门贩卖消费性电器和大家电，家得宝（The Home Depot）以家居装修品为主，欧迪办公（Office Depot）主攻办公室设备。

美国的一家小型钢铁企业——纽柯钢铁公司的经营利润却不可思议地达到了大型一体化钢铁公司的 2 倍。尽管纽柯公司的年收入只有美国钢铁公司这家老牌钢铁企业的一半，但它所形成的 50 亿美元的市场价值却使其身价大大超过了这个大型一体化的钢铁公司。

四、价值生成

产业持续分化，每个分化出来的新品类都是一个全新的价值空间。

加里·哈默尔认为，分裂与区隔是成长的本质。营销专家艾·里斯认为，市场发展的推动力不在于整合，而是分化。就如同生物的进化一样，新物种的产生是靠着从单一物种分裂而出的。分化是生命的真相，是企业发展的推动力。每一个产品类别，从计算机、通信、家电到有线电视，随时随地都在进行分化。

随着时间的流逝，计算机产业已然分化成许多类别：大型主机、迷你计算机、超级计算机、容错计算机、个人计算机、工作站、笔记本电脑、平板电脑、服务器等。

啤酒产业可分为一般啤酒、干啤酒、淡啤酒、鲜啤酒、红啤酒、冰啤酒、生啤酒、浆果啤酒、白啤酒、烈性黑啤酒、不含酒精的啤酒、微酿啤酒等。

茶类饮料可分化为绿茶、红茶、花茶等。

五、价值推动

社会和经济的升级转型，商品化的社会普及给诸多产业带来巨大的价值空间。

招商银行的研究资料表明，人均国内生产总值（人均 GDP）超过 1000 美元就意味着人民的消费结构开始升级，由衣食消费进入住行消费，置房、购车及个人消费贷款将兴盛起来。而服务于新兴富裕中产阶级人群，了解和服务他们的理财需求将成为各银行间新一轮的竞争。

本田公司根据过去累积的经验了解到一个事实，那就是当人均 GDP 达到一定的水准之后，摩托车的销售量必定会大量增长。因此，本田摩托就在某国的 GDP 即将达到一定水准之前，进入该国市场，并成功在当地市场占据一席之地。

再接下来，本田公司发现，当人均 GDP 达到 1 万美元时，汽车的销售量就会暴增，所以开始准备建立在该国汽车市场也能横扫千军的营运体系。日本的汽车普及化于 1965—1975 年突然加快了脚步。丰田卡罗拉乘着汽车普及化的浪潮一举成功。现在，卡罗拉已成为世界级的名车。

从世界旅游业的经验来看，如果一个国家的人均 GDP 达到 800 ~ 1000 美元，国内旅游就会开始兴起，并较快形成规模；如果人均 GDP 达到 3000 美元，就会出现到周边国家旅游的热潮；而人均 GDP 达到 5000 美元，就会有更多的人追求周游世界。

著名的日本战略家大前研一发现，从 2006 年开始，日本开始进入“M 型社会”，也就是说，在人口分布上，中低收入层及高收入层变成了两个人数众多的社会阶层，年收入在 600 万日元以下的中低阶层已经占了日本总人口的 80%，“中产阶级社会”已经崩溃了。

新开发的品牌，目标最好对准新生代，因为新生代想过跟上一代不一样的日子，所以会特别注意新问世的品牌。孩子不希望跟父母穿同样的衣服、听同样的音乐，他们想要自己的东西、自己的品牌。例如，李维斯（Levi’s）应该为这支新生代消费大军开发一个新品牌，而不是李维斯品牌下的新产品。

使命是企业为什么而存在的根本思考

如果无法将愿景转换为逻辑，就无法采取具体行动，那么这个愿景是无效的。

杰克·韦尔奇说：“制定使命是高阶经理人的责任。除了最终必须负起责任的人，使命无法也不应该下授给任何人。事实上，使命是公司领导力见真章的时刻。那是对领导实力的真正考验。”

企业的使命就在于把愿景中所呈现的“价值空间”转化为企业的“利润空间”（利润池），如图 2–3 所示。如果你无法描述你的愿景将如何创造财富，这个愿景就是无效的。价值之所以能转化为商业利润，是因为这种价值是一种客户需求，企业通过提供产品、服务和解决方案等交易活动能够满足这种需求。一个愿景是否成功，不是看它有多美好，而要看它所创造的经济效益与经济成果。例如，在第二次世界大战期间，当电子计算机这项新科技兴起时，把新科技转变为具有实用价值商品的，并不是那些学者们的哲学观念，而是沃森所领导的 IBM 公司。

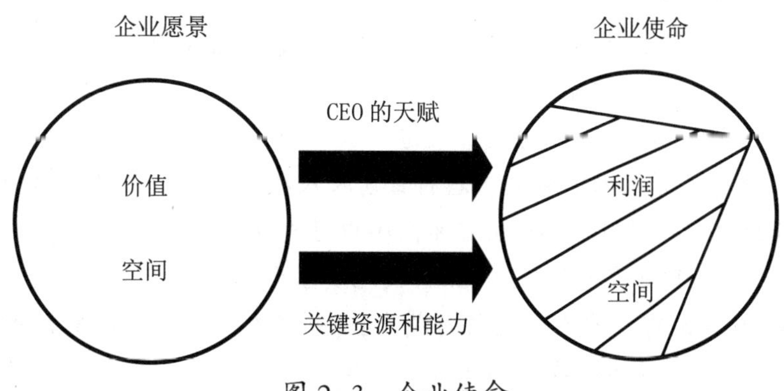

图 2-3　企业使命

通常情况下，企业的使命也被称为“战略定位”。企业的愿景作为一个巨大的价值空间，就如同一头大象，企业则好比是一条小蛇，蛇吞象是不可能的。任何企业的能力都是有限的，不可能什么都做，不可能拥有全部的价值空间。在这个巨大而广阔的价值空间里，哪一片土地是自己的领土？如何才能拥有这片领土的主权？企业要在这片领土上建立一个什么样的商业帝国？所以，企业必须明确自身在价值空间中的角色，确定并宣布自己的领土范围和主权所在。具体来说，企业的使命就是明确回答以下三个问题。

第一，企业的客户是谁（目标客户）？

第二，客户认定的价值是什么（客户偏好）？

第三，企业为客户提供什么样的产品或服务（企业的价值主张）？

互联网的价值空间孕育了许许多多的产业，许多知名企业应运而生。

（1）路由器。1986 年 3 月，思科推出第一款路由器。正是这些路由器将世界上不同的网络拼凑起来，形成了今天庞大的互联网。

（2）浏览器。网景公司所发明的第一款浏览器产品 Netscape Navigator 可在任何计算机操作系统中运行。遗憾的是，网景公司在竞争中被微软公司追赶，导致微软这个后来者居上。不过，微软付出的代价是长达 10 年的反托拉斯诉讼。

（3）电子商务（B2C、B2B）。皮埃尔·奥米迪亚在自家的客厅里推出 eBay——一个革命性的个人对个人的市场。2014 年，这家公司的市值为 600 多亿美元。

（4）企业解决方案提供商。IBM 公司已成为互联网时代向企业提供软件和服务的总体方案解决商。

（5）互联网作为销售渠道。从 1996 年起，思科系统开始在网上销售计算机网络装置。思科目前收入的 90% 以上来自在线销售，而这个数字在 1998 年为 57%，1997 年为 13%，1996 年只有 1%。

（6）交友网站。Facebook 网站要求会员以真实姓名注册。MySpace.com 曾几乎在一夜之间成为 16 ~ 34 岁年龄人群的线上聚集地。

（7）网络游戏。2008 年，美国网络游戏估值有 10 亿美元，中国 2010 年达 26.7 亿美元。2012 年上半年，中国网络游戏（含 PC 与手机）整体用户规模超过 3 亿人。2012 年上半年，中国游戏市场（包括 PC 网络游戏市场、移动网络游戏市场、PC 单机游戏市场等）实际销售收入为 248.4 亿元，比 2011 年上半年增长了 18.5%。

（8）互联网金融。美国富国银行利用新科技与信用评级中心及资料库做及时连线，能立即查询客户与银行往来的历史信息。这项措施能让客户通过互联网，在 3 秒内决定一笔为自己量身定做的房贷专案。

（9）互联网出版与发行。在互联网上，书籍直到必须印刷之前，可以以数字的形式存在，这是一种称为“按需印刷”的新兴产业。

（10）交通定位系统。20 世纪 70 年代，美国航空公司通过采用 SABRE 系统，得到比竞争对手更佳的机位使用率。

从以上可以看出，同一个价值空间（互联网）却孕育出众多的细分市场，每个细分市场都有各自的代表性企业，各显神通。

企业究竟担负什么样的使命，取决于创业者或 CEO 的天赋以及企业所拥有的关键资源和能力。如果企业跨入一个其未具备相关能力的产业，极可能造成重大损失。个人事业的成功在于做自己最擅长的事情，集中力量，不懈努力。不论企业规模大小，至少应在一个领域内有很强的专业技能，这样才能生存下来，并有机会占据主导地位。例如，利丰集团的使命是成为最重要的全球消费性产品贸易公司，“以合理的价格，将正确的产品及时送达正确的地点”。

施乐 914 型复印机的设计和制造者贝克说：“我并不是发明家，我只知道如何把概念变成具体的商品。”贝克的聪明之处在于，他将一项非常复杂的技术变成一部很可靠又很容易使用的机器。使用者只要按下按钮就行了，因而几乎任何人都会操作 914 型复印机。

20 世纪 80 年代中期，美国电话电报公司（AT&T）认为未来的通信市场是一个计算机与通信整合（C&C 计划）的时代，并准备在这方面为客户提供整体服务。对于 AT&T 来说，硬件设备是达成此一目标的基本条件。基于这个理念，AT&T 成立了计算机部门，准备涉足这两大领域，但这项决定却让 AT&T 每年至少亏损 2 亿美元。面对这样的结果，AT&T 并未撤退，反而下了更大的赌注：以 74 亿美元收购当时全球第五大计算机制造商 NCR 公司。事实证明，这笔钱只是头期款，未来经营这项并购事业，AT&T 又损失了 20 亿美元。后来，AT&T 终于放弃了这个成长愿景，以 34 亿美元卖掉 NCR 公司，相当于只拿回了 1/3 的投资成本。

MCI 公司同样注意到计算机与通信整合的未来市场。为此，他们扩大了公司通信产品的类型，并且为客户开创了对系统整合服务的需求，但那时尽量不涉及硬件的发展。例如，他们并购了一家全球性的网络建构厂商，并将 20% 的股权售予英国电信而获得 40 亿美元的收入。自此，英国电信与 MCI 公司共同成立了一个“共同联盟”。

日本电气公司在小林董事长的领导下，很早就意识到通信业和计算机业在许多重要方面正在并轨。曾经是系统化行业的通信业，正在成为一种数字化行业；与此同时，曾经是数字化的计算机业，却正在变为复杂的系统行业。认识到产业上的这两个突变趋势后，日本电气公司建立起战略发展框架，确定了利用计算机和通信业衔接处可能出现的商机所需的专长。日本电气公司的战略框架确立了三个相互关联的技术和市场发展方向。计算机将从大型主机发展成分散式处理器，电子元器件将由简单集成电路发展成超大型集成电路，通信将由机械式的交换机发展成为复杂的数字系统。日本电气公司认为，随着这些发展的产生，计算机业、通信业和电子元件业在一些重要方面会有重叠。日本电气公司的奋斗目标就是获得在计算机与通信领域的领先地位。

三大战略定位确立企业的使命

如何确立企业的使命呢？笔者提出三大战略定位的方法，即营销定位、时机定位和竞争定位，如图 2-4 所示，以下分述之。

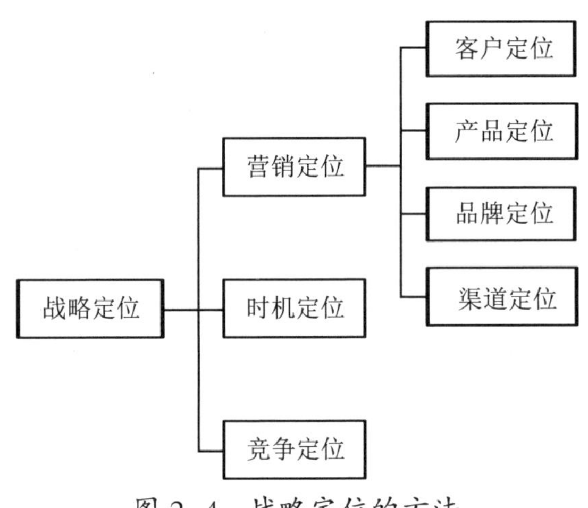

图 2-4 战略定位的方法

一、营销定位

1. 客户定位与产品定位：投其所好

管理学之父德鲁克对“企业的使命”的解释是，想要给企业的使命（目的）下一个定义，只有一个重心与出发点，那就是客户，即“客户定义企业”。一个企业并不是由公司名称、章程或成立公司的宣言来定义的，而是由购买产品或服务以满足需求的客户下定义的。满足客户是每一个企业的目的与使命。

客户偏好是企业进行需求创新的关键变量，是产品的焦点所在。客户的偏好，即客户的兴奋点、痛处和痒处是什么？客户最在意的是什么？客户最急切的愿望（渴望和欲求）是什么？客户最棘手、最揪心、最头痛的问题是什么？最令客户喜出望外、笑逐颜开的是什么（超出客户期望）？让客户一见钟情的是什么？让客户震撼的是什么？让客户一生难忘的是什么？让客户深深感动的是什么？

日本 NTT DoCoMo 电信公司是日本第一大移动通信业运营商，也是融合了移动电话与互联网的全球领导品牌。DoCoMo 这个名称借用了日语中“无所不在”的意思，其用户多达 5140 万人。消费者利用 DoCoMo 特别的 i-MOD 手机，可以连至 5 万多个与 i-MOD 相容的网站，收发电子邮件，阅读新闻报道、气象预报等，并下载特殊铃声和卡通图案。消费者也可以用手机放音乐、玩游戏，进行金融和旅游交易，还有许多其他功能。消费者因而享有以往做不到的、可以与多家公司和其他消费者相互联系的待遇。

苹果的 Mac 计算机让令人头痛的复杂指令消失得无影无踪，计算机操作一下子变得简单而且有趣。当你开启计算机后，里面会出现面带微笑的人物自动指引你操作，简易、生动的图形跃然于屏幕之上，如视窗、图形界面、鼠标等。这些创意和发明让个人计算机得以普遍化应用，全然摆脱了一般人看不懂的数字与术语。

2. 品牌定位：先入为主，赢得芳心

创造类别，即做这个类别的领导品牌和代名词，先入为主，占据消费者的心灵。

面对竞争，没有哪家企业、哪个品牌可以百分之百占有市场。既然无法讨好所有的客户，那么做出取舍和选择即是明智之举。取舍（选择）是企业制定战略的重要一环，没有选择就没有战略可言。取舍不代表放弃，只是界定自己的角色和位置。

美国历史上最受欢迎的总统之一——富兰克林·罗斯福，在 1936 年美国总统选举中获得压倒性胜利时，只拿到 61%的选票。美国历史上唯一连任四届的总统罗斯福都不能拿到超过 61%的选票，任何企业怎敢奢望取得某一类别 80%甚至 90%的市场占有率？

如果能找到焦点，任何行业都可能引爆市场，包括高科技产业和低增长的传统产业。一个想大小通吃、无所不包的品牌或企业，到头来可能落得一无所有、什么都不是的下场。品牌延伸、与核心能力无关的多元化、与企业有机增长无关的并购等，都是导致企业失去焦点的原因。

根据艾·里斯的研究，企业战略的精髓就是在企业愿景的“价值空间”中创造一个新类别，然后以新品牌名称抢占这个类别的龙头地位。“品牌战略如果能使客户轻易地将他们的工作和产品联想在一起，就能使破坏性创新迈向成功。”

在特定领域中，领导品牌必定是“创造此类别”的企业。“创造此类别”和“第一家生产这类产品”的企业可不是一回事。例如，波音并非首先推出商用客机的公司，迪哈佛兰公司才是开路先锋；通用电气公司并没有率先开发出交流电电力系统，西屋电气公司才是技术首创者；Palm Computing 公司并没有率先推出个人数码助理，苹果公司推出的苹果牛顿（Apple Newton）才是开路先锋；美国在线公司并没有率先在消费性网际网络市场上开疆拓土，电脑服务网络公司和天才网络公司才是开路先锋。

IBM 公司早期并不是计算机业的领导企业，第一台在市场上获得成功的大型计算机 UNIVAC 是雷明顿兰德公司的产品。雷明顿兰德是第一家制造并贩卖商用计算机的企业，但 IBM 才是创造此类别的企业。也就是说，IBM 最早打进消费者的心，同时取得了这个类别的主导权。ENIAC 计算机，远较 IBM 的计算机更适于商业用途，如发放薪资，只是它的原始设计人并没有看到这一点。IBM 采用了 ENIAC 的设计，使制造出来的计算机能够帮助人们从“敲打数字”的单调工作中解脱出来。1953 年，当 IBM 推出模仿 ENIAC 设计的计算机时，立刻成为多用途商用计算机主机的标准。

自从半导体问世以来，所有的手表业者都知道半导体可用来作为手表的动力。与传统上发条的方式相比，使用半导体动力的手表更准确、更值得信赖，且价格更低廉。所以，瑞士的手表厂商立刻开始生产石英数字表。但是他们对传统手表的投资过巨，因此决定逐步推出石英数字表，并决定在这段漫长的转型期内，将石英数字表的价格定得很高，使它成为昂贵的奢侈品。日本的精工公司一直是制造传统手表的厂商，其市场仅限于日本国内。但是精工看到这个机会，便立刻采用创造性模仿战略，成功开发出了石英数字表，并成为业界的标准。等到瑞士厂商大梦初醒，却为时已晚，精工的产品已成为全世界销路最好的手表，迫使瑞士表几乎退出石英表市场。

人的思维有将两个名字连在一起的倾向，比如企业名或品牌名和产品类别的名称。所以，一旦产品类别的领导品牌占有了这个类别，就拥有了绝对的主导权，成为这个类别的代名词。这是领导品牌的剩余价值，也是主导产品类别最有力的方法，如表 2-2 所示。

表 2-2　领导品牌与所代表的品类

领导品牌	所代表的品类
IBM	大型主机
太阳计算机系统公司	UNIX 工作站
iPhone	智能手机
耐克	运动鞋
沃尔沃	安全汽车
奔驰	大型豪华汽车
微软	计算机操作系统
英特尔	微处理器
宝马	小型豪华汽车
安达信	会计公司
美国西南航空	低票价航空公司
eBay	电子商务网站
联邦快递	隔夜送达
沃尔玛	天天低价的超市
赫兹	租车第一品牌
戴尔	直销计算机
安利	多层级直销

二、时机定位

把握好时机非常重要。先于客户一步，先于竞争对手两步。比竞争者更快地抓住时机可使企业捷足先登，占据领先地位，是获得进一步发展的基础。

消费者（客户）潜在需求的激活需要一段前置期，过早进入这个新生行业的企业将成为“光荣”的“烈士”；太迟进入则会尽失先机。CEO 对时机的把握，是降低投资风险并稳操胜券的决策智慧。既不做“先烈”，也不做迟到者，而要做抢先一步的先行者，这就如同冲浪一般。

1. 冲浪原理

当新行业出现时，先行者会获得极大的优势。先行者就像一个冲浪者一样，必须掌握好时机和火候，才能顺利地冲上浪尖，并在浪头上停留很长一段时间；但如果没有冲上去，就会瞬间被海浪吞没。站稳在浪头上而且冲得很久的公司有微软、英特尔、思科等。

对于新产品，通用电气认为最好的切入时机是离成长期 3 ~ 6 个月的引入期阶段。因为这时已经到了产品引入期的末期，市场对产品的需要已经基本确认，而且以通用电气的开发能力，3 ~ 6 个月就能研发出具有领先优势的产品。这样使得通用电气既能避免产品引入期前期的巨大风险，又能保证有充足的时间，在产品进入利润高速成长期之前取得业内的领先地位。

2. 英特尔的领先两步策略

1985—1989 年，英特尔对许多芯片的开发时间缩短了 50%以上，从 90 周减少到 44 周。对于英特尔来说，在最新一代微处理器上保持 18 个月的领先，就可以拥有定价上的灵活性和高额利润。一旦竞争者推出一种仿制芯片，英特尔就迅速降价，从而严格限制模仿者的利润空间，使其无法得到技术投资所需要的现金流。

1997 年之前一直稳居业界龙头的摩托罗拉，却因为从模拟信号转变为数字信号的脚步慢了一两年而吃了大亏。就在那短短的时间内，原本默默无闻的诺基亚公司便奇迹般地从寒冷的北极圈，一跃成为全世界手机产业的领导者。从此，摩托罗拉得到一个教训：你不能和步伐轻快的竞争对手玩稍后再迎头赶上的游戏。同理，诺基亚未能引领“智能手机”的消费潮流，也难以逃脱被微软并购的命运。

西门子公司对手机的市场前景判断失误，错误地认为手机仍然是精英阶层才能拥有的高端技术产品。而事实上，手机已经开始走向大众化，并且已经成为时尚的一部分。但是，西门子公司却拿不出合适的产品。

苹果公司的创办人史蒂夫·乔布斯不愿意发给个人计算机制造商“麦金塔操作系统”的许可证。而微软在取得乔布斯“视窗”的知识产权之后，飞速建立起微软的软件帝国。如今，麦金塔已变成一项利基产品，在个人计算机市场的占有率不到 4%。

当 IBM 未能及时应对小型计算机的威胁时，DEC 公司一跃成为世界第二大电脑公司。在 20 世纪 60 年代，DEC 公司创始人肯·奥尔森创造了一种被称为“小型计算机”（体积只有冰箱的大小，是IBM大型主机体积的1/10）的产品，成立了DEC公司，并开始吸引大批客户的注意。在20世纪70年代后期，IBM大型主机排名世界第一，DEC小型计算机排名世界第二。

同理，当IBM、康柏等公司未能及时改变商业模式时，戴尔便以创新的商业模式成为计算机产业最有活力的公司。

三、竞争定位：避实击虚，出奇制胜

根据数千年前的兵法原理，一般来说，竞争者应尽量避免直接的正面交锋，因为正面交锋往往会导致两败俱伤的结局。竞争的突破口在于“胜于易胜者”，即避实击虚，攻击对方的弱点。正如克莱顿·克里斯坦森所说：“创新事业的管理者只需瞄准市场在位者忽略甚至放弃的市场。”进入对手尚未进入或进入失败的“真空地带”，往往能给予对手致命一击。创新者不是去选择一个与竞争者相抗衡的定位，而是选择绕过竞争者，它的用意是避开，而非攻击。

美国的塔吉特公司一直致力于建立自己的游戏规则。在20世纪70年代，人们称塔吉特为“上品折扣店”，尽管也是折扣店，但却与众不同，因其发掘出了介于百货商场和沃尔玛之间的客户群，并为他们提供服务。民意调查的结果显示，到2003年，96%的美国人认识塔吉特那红白色的牛眼标志。

网景公司成立于1994年，是一家以上网浏览器为主要产品的高科技公司。网景的浏览器Netscape Navigator最重要的特点是，不论你的计算机用的是什么操作系统，Netscape Navigator都可以运行，即所谓的“跨平台”。正如微软公司的一名高层经理所说：“一颗子弹正射向微软，这颗子弹就是网景。”面对微软的强有力挑战，网景这家小公司不是选择避实击虚，而是选择了与对手硬碰硬的竞争战略。它并没有合纵连横，积极发展战略联盟关系，反而将自己的盟友美国在线推向了对手一边。比尔·盖茨借用网景建立起来的技术标准，并大胆采用网景的各项技术，借助Windows的市场威力，开始了全面反攻。在接下来的竞争中，网景节节败退，最后不得不接受美国在线的收购方案。

四、战略转型与重新定位：金蝉脱壳

每家企业的战略都会因科技发明、社会变迁、时尚变化而不知不觉遭遇失效和同质化。当变动发生时，企业必须调整战略，改变经营重心。

迪士尼公司 CEO 迈克尔·艾斯纳曾说过：“一个企业每隔 7 年就需要对自身进行变革。”

1978 年，美国的存储芯片产量是日本的 3 倍，英特尔在这一领域处于领先地位。到了 1985 年，形势已经完全逆转，存储芯片已经成为无利润区，英特尔公司的收益开始下降。随后，英特尔做了一项战略性的改变，由生产存储芯片转而生产微处理器。如今，英特尔已成为微处理器市场的第一品牌。

在计算机产业链由不兼容的纵向一体化转向兼容的“模块化”时代，IBM 曾失去战略控制能力，连续 3 年亏损。郭士纳临危受命，于 1993 年接任 CEO 职务。他认为，未来 10 年，客户会越来越重视能够提供解决方案的公司。他们要的解决方案是整合各供应商的技术，而更重要的是把技术整合到公司的作业流程中。而且随着时间的推移，信息科技业将由服务挂帅，而不是由技术领军。IBM 为客户提供解决方案的各种能力和资源，作为隐形资产分散在各个部门，没有形成一个整合的经营模式，自然不会发挥相互的协同效应。

案例：乔布斯寻找使命的历程

1975 年，苹果联合创始人沃兹尼亚克埋首设计电路板，负责营销的乔布斯则无法想出他们两个都很喜欢的点子。他们的“伟大愿景”是以 25 美元制造计算机主机板，并以 50 美元卖出，他们将这个产品命名为“苹果一号”。当时，对于乔布斯和沃兹尼亚克而言，一个完全装设好的电路板就是“一台计算机”。

到了 1976 年夏天，沃兹尼亚克的苹果二号有了重大进展。苹果二号真正的关键升级在于它是一个成品，是第一个消费者可以购买的完整计算机，而非只是一组配件。苹果二号组装完备并且有自己的机壳和键盘。

此时，乔布斯知道施乐的帕洛阿尔托研究中心在个人计算机技术上获得突破性发展，但是施乐内部没有人有办法把他们的伟大构想发展成为便宜的个人计算机。据说，乔布斯联系施乐负责创投事业的机构“施乐开发公司”。他对该机构说：“如果你们愿意揭开施乐帕洛阿尔托研究中心的神秘面纱，我会让你们投资苹果公司

100 万美元。”乔布斯和他的伙伴们后来成功受邀，在施乐人员的陪同下进入了展示室。在这里，乔布斯第一次看到了真正的一台个人计算机样机，有鼠标、视窗、图形使用者界面、屏幕功能表、跳出式菜单等。乔布斯兴奋异常，在房间内四处走动，跳上跳下，对着空中大叫：“你们为什么不用这个做些什么？这是最棒的东西，这是大变革！”负责这次示范的泰斯勒后来成为苹果公司的副总裁，并兼任首席科学家。

1979 年圣诞节期间，苹果制造出一台工作模型，取名为“麦金塔”。使用者一旦启动机器，就立即开始工作，而不需要麻烦地装载软件或输入晦涩难懂的指令。这台机器很轻便，售价大约 1000 美元。麦金塔作为个人计算机商品真正上市的时间为 1984 年，可以说是施乐帕洛阿尔托研究中心所发明计算机概念的完美再现。

1985 年 5 月，乔布斯被赶出苹果后，产生了第二个使命想法：制作电脑动画影片。

乔布斯在 1986 年以 500 万美元私人资金，买下卢卡斯影业旗下的“图像集团”公司，拥有了一群才华横溢的电脑动画专家。不到 10 年时间，这家后来改名为“皮克斯”的公司就缔造出电影史纪录，推出第一部电脑动画长片《玩具总动员》。后来皮克斯连战连胜，一部接一部动画电影缔造票房佳绩：《虫虫危机》《海底总动员》《汽车总动员》《机器人总动员》《飞屋环游记》。到 2010 年，皮克斯已经赢得 22 座奥斯卡金像奖，全球票房进账超过 55 亿美元。动画长片开山鼻祖迪士尼在 2006 年并购皮克斯，乔布斯因此成为迪士尼最大的个人股东。

企业目标是履行使命的全过程

只谈公司战略是不够的，必须有供应链战略才够完整。

“目标”是路途中的标记或里程碑，可理解为路径地图。企业目标是履行使命的全过程，是一个全面的计划系统，又称战略规划或战略路径，是企业达成使命的方法、步骤和结果。

德鲁克说：“企业使命（目的）的基本定义必须转化为具体目标，

否则这些定义仍然只是永远未实现的梦想、抱负及警语，而不会变为成就。”目标不是抽象概念，而是行动的承诺，通过这些承诺来实现企业的使命；目标也是企业绩效的评量标准。换句话说，目标是企业的战略路径。总之，目标是一个系统，包括营销目标、创新目标、资源目标（人力、资本、实体）、生产力目标、社会责任目标、利润目标等 8 个方面。所以说，目标是企业战略的一个“代名词”。

目标管理经常被误解为“数字化目标”和考绩制度。爱德华兹·戴明认为，这对企业的管理实务贻害匪浅。因为，企业是一个系统，如果这个系统是稳定的，则根本不可能达成超出系统上限的数字化目标。唯一的方法是改善系统，使得新的系统上限在目标值之上。

阿波罗登月计划的目标系统如下。

1961 年，宇航员进入外太空。

1962—1963 年，宇航员环绕地球三圈。

1964 年，拍摄了近距离的月球表面照片。

1965 年，美国宇航员在太空漫步。

1966 年，无人登陆器在月球表面降落。

1966 年，两艘飞船成功实现外太空会合。

1968 年，成功绕月球飞行一周。

1969 年，人类首次登陆月球。

由此可见，企业目标系统的顺利达成和逐步实现是背后企业价值网络强力支撑和有效运作的结果。企业的价值网络也就是企业的商业模式。

案例：IBM 以 EBO 发展新事业

IBM 拥有一套旨在孕育“新兴商业机会”（EBO）的新管理流程。从 2000 年开展的 EBO 流程快速演变为一套 IBM 上下通行的严整制度，用来找出突破性新技术、产业趋势和新市场，并把它们变成价值达十亿美元的新事业。在该计划的头 5 年，IBM 展开了 25 项新事业。其中 3 项成果不如预期，铩羽而归。截至 2005 年年底，其余 22 项创造了 150 亿美元的年收入，如普适计算、开放源代码等。

郭士纳任命资历长达 32 年的 IBM 老将汤普森升任副董事长，并担任 EBO 的总指挥官。2002 年 9 月，汤普森退休，由战略长哈兰德接任，直属IBM最高权力中心，其中包括新任董事长彭明盛。汤普森和哈兰德费尽心思招募了一些IBM的“黑马”人才来领导EBO。

EBO小组会定期与IBM的研发主管及掌管IBM重要部门的管理团队对话，也帮助IBM的销售团队主动与占业界龙头地位的客户对话，以求找出该产业中能打开新商机的不连续发展。论坛每年都酝酿出数百个新事业构想，然后再交由EBO小组进行筛选。一项新事业机会必须有创造10亿美元年收入的潜力，才能入选EBO。

如果IBM的EBO想要击倒多如过江之鲫的竞争对手，就必须借助于IBM主要事业部门现成的客户关系、已开发的事业能力和尖端技术。哈兰德的团队设计了一种混合架构，让EBO的企业战略部门和“领养”部门共同承担该EBO的成败。就是说，把各个EBO分派给在资源和能力上对该EBO最能有所贡献的事业单位。该“领养”部门的高阶主管仿佛是EBO的代理父母，将资源分配给EBO，并确保它在起起伏伏的预算周期中能走上轨道。EBO团队归属于这个“领养”部门，而不是隶属总部，以方便EBO团队接触分支机构里的事业技能。

等到EBO渐具规模，就根据“导入设计”（即客户正式采用的新产品或服务）和新订单数量设立阶段目标。IBM随时都有十来个EBO在运行中。尽管这些EBO散布在IBM各处，却受到哈兰德团队的密切关注。哈兰德每个月都针对每项EBO召开检讨会议，并要求该EBO领导者和一名“领养”部门的最高主管列席。每项新EBO展开时，公司会投注一笔资金，通常是数百万美元。随着事业渐趋成熟，“领养”部门所承担的资金比例也会越来越高。如此一来，EBO就能同时享有双边的好处：一方面，它们能免于IBM其他部门追求短期获利的压力；另一方面，它们根植于IBM的重要营运部门，因此能使用部门里的重要资源。

IBM在成长方面下的功夫已经开始改变公司管理的DNA。

案例：杰克·韦尔奇制定战略的五张投影片

投影片一

（1）不管规模大或小，是新加入者或老面孔，谁是这项业务的竞争者？

（2）各家竞争者在全球和各个市场的占有率如何？我们能从哪里切入？

（3）这项业务的特性是什么？属于商品化、高价值型或者介于两者之间？产品的生命周期是长或短？处于成长曲线的哪个阶段？获利动因（Driver）是什么？

（4）每家竞争者的优势或劣势是什么？它们的产品如何？每家的研发经费各是多少？每家的业务人力有多少？各家企业文化的绩效导向程度如何？

（5）谁是这项业务的主要顾客？他们如何购买？

投影片二

（1）近一年来，每家竞争者都做了哪些事情而改变了竞争局势？

（2）是否有任何竞争者推出改变局势的新产品、新技术或者新渠道？

（3）是否有新加入的竞争者？一年来它们都做了什么？

投影片三

（1）近一年来，你做的哪些事改变了局势？

（2）你是否收购了一家公司，推出了一种新产品，挖来同业竞争者的业务能手，或者取得一家新创公司的新技术授权？

（3）你是否失去了曾经拥有的竞争优势，如一位业务能手、一种特殊产品、一项专属技术？

投影片四

（1）未来一年，你最害怕的是什么？或者说，同业竞争者可能痛击你的一两件事情是什么？

（2）同业竞争者可能推出哪些新产品或新技术而改变竞争局势？

（3）什么样的并购会击倒你？

投影片五

（1）你如何改变赛局？是收购另一家公司，或是推出新产品，还是全球化？

（2）你如何提高顾客对你的忠诚度，不但高于以往，也高于其他对手？

第三章 制定战略等于建构商业模式

战略与商业模式是你中有我、我中有你的关系。狭义上说，商业模式是战略的组成部分，是战略规划，是战略的落地执行；广义上说，商业模式即战略，战略即商业模式。制定企业战略，是发现商机（愿景），建构商业模式的过程。

战略与商业模式的对应关系

商业模式设计或创新的目的，首先在于以CEO或创业者的远见卓识（愿景）设定企业的使命、规划企业的目标（计划系统）及设计达成企业目标的方法和步骤。商业模式是企业战略的具体化，商业模式构成了企业战略的具体内容。没有商业模式的战略是空泛的，拥有商业模式的战略才会丰满、鲜活、具体、生动。从某种意义上说，企业战略和商业模式也可作为同义词使用。经常有人问：战略与商业模式的关系是什么？实际上，企业战略、经营理念、商业模式这三个名词的含义是相通的。例如，孔夫子姓孔，名丘，字仲尼。孔夫子等于孔丘等于孔仲尼。长辈可直呼其名“丘”，或自称为“丘”；平辈或晚辈则尊称为“仲尼先生”；弟子则直呼“夫子”。

“愿景（战略预测）→使命（战略定位）→目标（战略规划）→执行（战略实施）”是企业战略的逻辑。其中，战略的每一个阶段与商业模式都是一一对应的，如图3-1所示。

从图中可知，利润模式（盈利模式）是企业制定战略的依据：利润区（利润池）所在是企业的战略定位所在，利润模式识别是企业制定未来战略的依据。找不到利润区和利润模式，一切都是空谈。

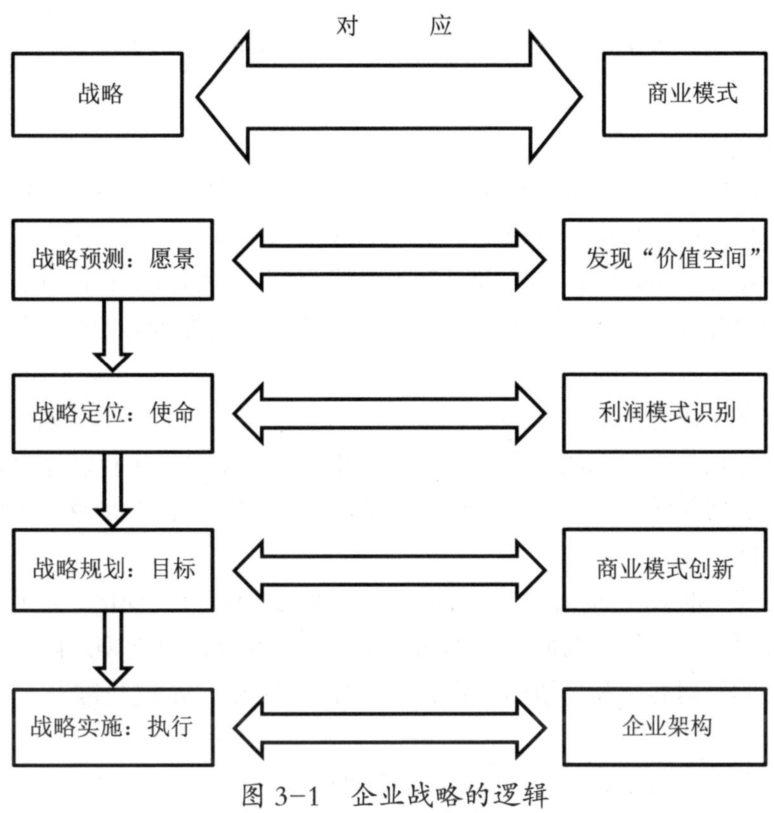

图 3-1　企业战略的逻辑

战略的生命周期需要随时修订

企业的发展是一个不断蜕变的过程，就如同蛇蜕皮、虾脱壳而更新自己，从而实现跨越式进阶。虾的外表覆盖着硬壳，然而为了成长，必须不停地脱去旧壳，再长出新的软壳来，永远不会被硬壳限制生长。

企业高阶经理人都深知产品与服务需要定期更新的道理，但他们往往以为战略、经营模式、职能与核心价值应该是永恒不变的，这样的想法注定会离事实越来越远。当企业错把暂时当作永远，就会与未来的成功失之交臂。而如今，几乎所有一切都只是暂时的。

德鲁克认为："一个企业的目的与使命的定义，其寿命鲜有超过 30 年的，超过 50 年的更是凤毛麟角。10 年是较为合理的预期。"

现实改变了，企业赖以维生的经营理念也要跟着改变。当经营理念刚显露出与现实状况有脱节情形的征兆时，就是经营者应立即思考的时机。

从台湾联发科技股份有限公司过去十余年的发展历史来看，几乎巧合的是每 4 年就出现一个小循环。可见在高科技产业，战略的生命周期已经以 4 年为一个跨度。

宗庆后认为，以前企业制定一个战略，可以延续 3 ~ 5 年，甚至 10 年。而现在游戏规则已经改变，企业的战略每时每刻都要根据市场的变化加以修订，不断调整。《财富》杂志曾就"谁是夺走你现有优势的杀手"这一问题对世界 500 强企业的 CEO 进行调查，被选择最多的答案是：未来 1 ~ 3 年新出现的竞争者。

在这个快速变化的世界中，五年计划实在太久，而一年计划所编列的预算实在太少，不能有多大作为。三年计划似乎是一个比较适合的长度，这会促使各独立事业单位更新其战略和组织，并拥有足够的时间去达成目标。

英特尔前 CEO 葛洛夫认为，战略转折点是随着市场变化，企业经营方式必须改变的那个时间点，如图 3-2 所示。在此战略转型之际，企业 CEO 必须针对客户和环境的变化，重新对企业进行"战略校准"。

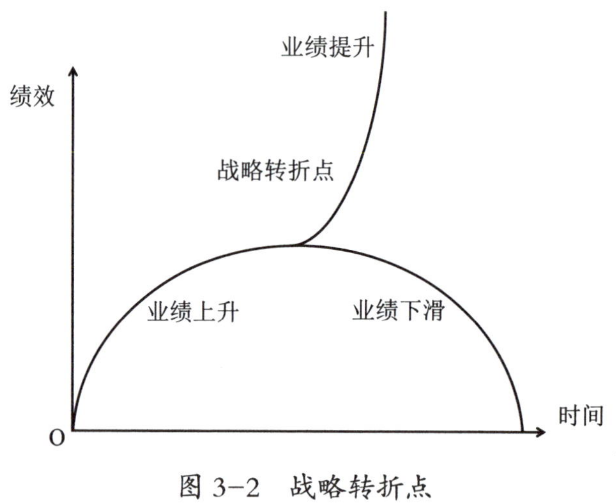

图 3-2　战略转折点

不同时期的战略前后相继构成了企业的发展历程："现在 + 创造（战

略选择）=跨越式进步=未来”。

企业发展的过程：第一阶段（战略组合Ⅰ）→第二阶段（战略组合Ⅱ）→第三阶段（战略组合Ⅲ）→第四阶段（战略组合Ⅳ）→第五阶段（战略组合Ⅴ）→第N阶段（战略组合N）。

每个战略时期都有相对应的战略组合与商业模式，如表 3-1 所示。

表 3-1 每个战略阶段相对应的战略组合与商业模式

战略阶段	战略组合	商业模式
第一阶段	战略组合Ⅰ	商业模式 1
第二阶段	战略组合Ⅱ	商业模式 2
第三阶段	战略组合Ⅲ	商业模式 3
第四阶段	战略组合Ⅳ	商业模式 4
第五阶段	战略组合Ⅴ	商业模式 5
第N阶段	战略组合N	商业模式N

战略转型有如下标志。

第一是“价值转移”现象——是否存在客户需求的大规模变迁。

第二是行业标准的生成过程。产业从无序竞争到有序发展。当企业把自己的技术建设成事实上的标准，并担任价值网络的盟主，企业便拥有了一个强有力的战略控制点。

第三是改变整个行业战略格局的破坏性新技术是否出现。每年都有成千上万项技术发明，但只有极少数新技术能产生独特效应。克里斯坦森称之为“破坏性技术”。破坏性技术的效果不在于业绩改善，而是能引发整个战略格局的改变，或者说竞争领域实力的重新分配。

第四是新行业的产生。

第五是产业的转型与升级。

第六是产业环境的突变（政策、法律、税收等）。

第七是产业边界的消失。以前界限分明的不同行业竞争者开始争夺客户。

第八是产业瓶颈的出路何在。例如同质化竞争，每家企业的竞争方式都一样，可以加以区别的唯一途径只剩下价格。

企业转型案例

企业的战略转型或商业模式创新，对于企业发展来说是一种常态，是实现继续生存或跨越式发展的基本方式，绝大多数企业都要经历这个脱胎换骨的过程。例如，阿迪达斯、施乐、哈雷机车、宏碁、IBM、惠普、通用汽车、索尼、三星、英特尔、朝日啤酒、日产等企业。

1. 柯达的遗憾

柯达在1930—2004年是“道琼斯三十种工业股票”的成员之一，是胶卷行业的“黄金巨人”、龙头老大。20世纪90年代，世界从胶片时代进入数码时代，很多老牌企业顺势而为，迅速向数字化模式转型。但由于柯达对数码市场的大趋势估计不足以及缺乏商业模式创新的理念，在竞争中节节败退。具有讽刺意味的是，世界上第一台数码相机就是在柯达的实验室里诞生的。

2. 苹果公司的转型

在20世纪90年代，苹果公司曾经历过连续亏损，几乎濒临绝境。危急时刻，苹果联合创始人乔布斯再度加入苹果公司并担任CEO，对苹果进行大刀阔斧的改革，使苹果再次回到商业模式创新的轨道上来，成功突破了发展瓶颈。

乔布斯称：“我们不要去问消费者需要什么，我们要去创造消费者需要但表达不出来的需求，即生产消费者明天需要的产品。”以乔布斯为主导的苹果创新，不仅是技术创新，也是将技术革新与用户体验、服务巧妙结合的创新。

2001年，苹果公司不仅推出了第一款音乐播放器iPod，还推出了配套的合法音乐下载平台——网上音乐点播商店iTunes，解决了消费者只想听唱片中的一两首歌曲却要为整张唱片付费的烦恼。苹果将硬件、软件、服务三者相结合的全新商业模式，更好地迎合了市场需求，并得到市场的认同，苹果的身份也由此从纯粹的消费电子商品生产商转变为定位终端的综合性内容服务提供商。

随着“iPod+iTunes”模式取得巨大成功，苹果开发了iPhone，并针对 iPhone 推出了 App Store，通过提供个性化软件服务以满足手机用户的多样化需求。苹果也由此进一步拓展了自身产品线的布局与创新。

苹果不断进行商业模式创新，成功把握客户购买心理。以至有人称，苹果每推出一款新产品，都会引发一场革命。苹果的产品 iPod、iPhone、iPad 分别改变了唱片业、手机业、电子阅读的商业格局。

3. 三星的转型

李健熙于 1988 年担任三星集团董事长，他认为环境已经改变，三星集团必须全面翻修才能生存，并提出了“第二次创业”的誓言。

1993 年 6 月，三星公布“新经营”战略并开始实施。其核心宗旨就是要使三星转型成全球一流公司，在市场定位上从低端转向高端；同时，从“经营数量”转变为“经营品质”。

1997 年的亚洲金融危机对大部分韩国企业来说几乎是灭顶之灾，三星也一度濒临破产。然而，它在关键时刻，转危为安，实现了脱胎换骨的转型。在危机之中，三星趁机裁员 30%；按照“选择和集中”的思路，卖掉或砍掉了很多不赚钱的业务，使企业规模缩小了 30%，管理人员减少了 10%，投资规模缩小了 30%；与此同时，三星还乘势引入了很多新的管理流程。由于采取了恰当的措施，危机一过，三星的产品在市场上也开始展现出竞争优势，很快进入爆发增长期。

2003 年，三星停止了全部低端产品的生产，彻底告别过去，升级为经营中高档产品的品牌企业。

4. 诺基亚的转型

1990 年，诺基亚的财务执行长约玛·奥利拉衔命接掌移动电话事业部门。他必须在 6 个月内决定是否出售移动电话事业。几个月后，奥利拉的结论是，移动电话是诺基亚的未来。当时欧洲的移动通信即将统一采用名为 GSM 的标准规格，这为移动电话事业开启了庞大市场，诺基亚可善用早在北欧市场建立的领先地位，进而领导全世界其他地区的移动电话市场。

董事会于 1992 年任命奥利拉接掌诺基亚。奥利拉制定新战略，让诺基亚从一个芬兰企业集团，转型为全球化的电信企业。为强化新战略，奥利拉否决了其他选择。接下来的几年，诺基亚卖掉了所有与电信无关的事业，包括本业传承的纸类产品及高级消费性电子产品事业，以资助诺基亚电信事业的扩张和成长。

5. 英特尔的转型

由于市场上充斥着低价芯片的新竞争者，英特尔在存储器市场的占有率从20世纪70年代初期的超过90%锐降到80年代的5%，激烈的竞争不仅侵蚀了英特尔的市场占有率，还压缩了存储器的价格与利润。

但也是在这个时期，英特尔建立了快速成长且获利的微处理器事业。自从英特尔的执行长葛洛夫和董事长摩尔发现微处理器更有发展潜力，便放弃了其原有的存储器生意。

6. 朝日啤酒的转型

20世纪80年代，日本的新生代已届喝酒年龄。市场调查显示，新生代认为传统啤酒太淡，偏好口味更浓烈的啤酒。

1986年，樋口广太郎受聘担任朝日啤酒公司总裁。樋口了解朝日当前的市场处境，也清楚老主顾的年纪越来越大，光靠删减成本，企业无法生存下去。与其和同业一起坐以待毙，樋口决定另辟蹊径，针对年轻人群开发新口味产品，推出全新配方的“朝日干啤”，口味和传统啤酒差别很大。樋口投入大量资金推广新产品，同时持续从货架上撤除传统啤酒。1986—1990年，樋口大胆地将“朝日干啤”的产量增加4倍。此决定迫使朝日啤酒公司修改原有的新产品开发流程，研发新的酿酒技术，调整和配销商的关系。朝日啤酒的市场占有率最终超越了原来的龙头企业麒麟啤酒。

7. 日产的转型

1999年时的日产公司已经连续26年业绩下滑，背负着25000亿日元的巨额负债。当时的社长塙一拖着几近崩溃的身体数次赴海外磋商，最后与法国雷诺达成合作协议，雷诺以54亿美元的价格收购日产36.8%的股权。在谈判过程中，辅助雷诺总裁的，就是时任雷诺二把手的卡洛斯·戈恩。

戈恩上任后，先是对日产的海外分部进行巡访，后又对国内各分部进行巡查。他来到生产车间、职工食堂、代销商办公室，听取每一位职员对日产复兴的建议。据说，同戈恩谈话的人超过2000人。戈恩发现，日产的组织僵化，已经坏死。

1999年10月18日，戈恩上任后的第7个月，复兴计划全盘发表。为了这个2000—2005年的日产复兴计划，他动用了200人，组成了9个跨功能的工作组，采取自上而下和自下而上两种途径，参考了2000条建议。日产复兴计划的严酷震惊了全日本，戈恩准备在3年内裁员2.1万人，关闭5家工厂，卖掉非汽车制造部门，将13000多家零部件、原材料供应商压缩为600家，将占日产汽车成本60%的采购成本降低20%。

连续7年来，日产公司一直处于亏损状态。但是，令人震惊的是，2000年日产公司的盈利却大大突破了历史纪录，高达27亿美元。

8. 思科的转型

自从公司于1990年2月16日上市以来，思科以超过40%的年成长率成长。思科的超高速成长迫使公司必须以更多、更新的产品来满足生产线与渠道的需要，而这些新产品通常来自收购案。因此，思科针对每一项产品制造领域中的顶尖厂商实施并购计划。在1993—1999年，思科共进行了40起并购，并购总金额达200亿美元，仅1999年一年就并购了10家公司。思科在2000年5月之前又并购了其他15家公司，到2000年12月，思科的并购总金额已达690亿美元。

由于业务成长过于迅速却未顾及绩效表现，思科公司在2001年陷入经营困境。为突破困境，钱伯斯以“回归基本面”为战略校准的取向，令思科不再强调营收成长，转而重视企业获利。思科也不再以厂房及员工数量为成长指标，而是以“专业管理”为首要任务，即思科开始转型为以成本控制和提高生产力为主的企业。

第二维　执行模式
——想法变行动，行动得成果

执行力是连接企业战略构想和实践的桥梁。战略构想再伟大，也要有人将它付诸实践，这一切靠的就是执行力。执行力是指有效利用资源、保质保量达到目标的能力，指的是贯彻战略意图、完成预定目标的操作能力，是把企业战略、规划、目标转化成为效益、成果的关键。

执行力对个人而言就是办事的能力，对团队而言就是团结协作完成任务的能力，对企业而言就是全体员工完成企业战略目标的能力。没有执行力，就没有战斗力；没有战斗力，就没有竞争力；没有竞争力，就没有发展力。

第 章 执行流程化，结果事半功倍

执行是实现目标的过程与行动，执行力是执行的力度与能力，执行中采用什么样的方法，对工作力度与工作能力的发挥影响极大。若方法恰当，可以达到事半功倍的效果；若方法不对，就会事倍功半，影响和制约执行力的发挥。实践证明，有些工作和任务不能高效地执行，很大程度上是执行的流程不合理造成的。因此，要从根本上解决执行的问题，就需要从组织流程上下功夫，再造合理的落实流程。

执行要想到位，人员流程不可忽视

执行力三大核心流程包括人员流程、战略流程和运营流程。其中，人员流程是三大核心流程之中十分重要的一个流程，指的是企业在选人、用人、育人、留人等方面的工作流程。管理者在这一流程中需要做好很多方面的工作，首先，管理者要选拔和任用最合适的人才，使人才和岗位完全匹配；然后，管理者应全方位培养人才，使之完全胜任自己所从事的工作；最后，便是留住人才，让其为企业所用。

人员流程包含三项基本目标：一是准确客观地评估每一位员工；二是制定一个鉴别和培育人才的架构，用来配合公司未来发展的需要；三是为企业贮备足够的领导人才。作为管理者，在人员流程中扮演的角色又是什么呢？显然，这一角色和识人、用人、贮备人才有关。曾国藩曾说：“宁可不识字，不可不识人。”对于管理者而言，需要掌握管理方面丰富的知识，不识字是不行的。但是，识人比识字更重要，管理者只有理论知识是不够的，为企业匹配合适的专业人才，才是管理工作的重中之重。对于什么样的人最适合什么样的工作岗位，管理者必须做到胸中有数。

全球500强企业沃尔玛全球旗下员工足有220万人（2013年），公司之前的用人原则是“获得、留住、成长”，而今这一用人原则已改为“留住、成长、获得”。表面上看，仅仅是顺序做了些调整，然而事实却没有那么简单。它的调整说明沃尔玛在用人方面已经发生了根本性的改变，沃尔玛以前非常重视外聘人才，而现在人才选用的重点却向内部员工倾斜，注重在原有团队内部培养和选用优秀人才。

沃尔玛较为重视人才的培养，每一批新人在进入公司的90天内，都会受到公司的关注。每隔30天公司就会为他们的表现打分，表现优秀的员工将得到去总公司培训的机会，且极有可能成为公司未来的经理。这些被选拔出来的新任经理会轮流在各个分公司担任不同的工作，从而使他们各方面的能力都得到锻炼。沃尔玛的新任副主席李·斯克特工作经历十分丰富，最初他是运输部的经理，后来又接连在后勤部、商品部、销售部担任重要职务，直至晋升到现在的职位。

企业要想设计出健全的人员流程，绝不能忽视了员工的成长和发展，因为优秀的员工队伍是企业取得长足发展的基础。选对人、用对人、把人才培养好，其最终目的都是让人才在公司里贡献他的最大价值，所以留住人是企业万万不能忽视的环节，正如沃尔玛用人理念的转变恰恰说明了留住人才的重要性一样。那么作为管理者该怎样留住人才呢？《孙子兵法》说，“知己知彼，百战不殆”。想要留住人才，必须了解人才。每个人脾气秉性都是不同的，管理者对人才的态度要因人而异，其方法就像孔子提倡的“因材施教”一样，对待不同的人要采取不同的策略。

弟子问：“师父，您有时打人、骂人，有时却对人彬彬有礼，这里面有什么玄机吗？”师父说：“对待上等人要直指其心，可打可骂，以真面目待他；对待中等人要讲分寸，最多隐喻他，因为他受不起打骂；对待下等人要面带微笑，双手合十。因为他很脆弱，心里装不下太多指责和训斥，只配得到世俗的礼节。”

师徒的对话有一定的道理，且其中的道理同样适用于管理者。有的人心胸开阔，个性直率，喜欢听真话，乐于接受批评，管理者应该以诚相待，有什么问题直接提出来，没有必要过分拐弯抹角；有的人较为敏感，管理者在指出问题时讲话不能太过直接，应当委婉含蓄地表达自己的意思，使其认清工作中出现的问题；有的人自尊心特别强烈，心理又较为脆弱，对待这样的人管理者不能过度指责和训斥，应当采用温和的态度和他沟通交流。

管理者如果把握不好与人才相处的方式，就会造成人才的流失。企业在选拔和培养人才方面花费了不少成本，如果用育树比作育人的话，相当于企业提供了大量的养料和雨露，好不容易让人才长成了参天大树，结果却因为管理不得法，非但没能使他们成为企业的栋梁之材，反而使之流失，成为竞争对手的栋梁之材，这是多么让人遗憾的事。因此，对于管理者来说，人员流程的每一个环节都是非常重要的，最后一个环节尤其不能忽视，否则之前为了储备人才所做的一切努力都会化为泡影。

开发员工价值，弥补人员流程上的缺失

企业在人员流程方面的缺失表现为三方面：①欠缺挑选人才的能力；②不能做到用人不疑，疑人不用，对人才缺乏最基本的信任；③不重视开发人员的价值。

针对第一点，管理者应提升挑选人才的能力，挑选有执行力的人。具有执行力的优秀人才一般具有以下特点：主动做事、注重细节、为人诚实守信、具有强烈的责任感、具有较强的分析能力和判断能力、能够根据形势变化随机应变、好学不倦、敬业、有创新精神和团队合作精神、具有积极的进取心等。

戴尔计算机能在竞争中胜过康柏计算机，主要原因在于戴尔计算机的员工具有良好的执行力，能高效地执行戴尔公司的企业模式下的任务。任何一家在业界做出惊人成就的企业，其主要管理人员无一不具备挑选人才的能力。作为一名管理者，必须懂得如何挑选和提拔真正有执行力

的员工，从而为团队和企业培养出骨干精英。

针对第二点，有些管理者确实常犯此类错误，要么不相信下属的能力，要么不相信下属的人品，不是担心下属把工作搞砸了，就是担心下属背着自己搞“小动作”。在用人方面，管理者必须做到用人不疑，疑人不用。觉得不可信赖的人，管理者对其应坚决不要起用；一旦重用了某人，领导者就要给予他必要的信任。在对下属委以重任后，管理者如果总是强加干涉，下属则根本没办法开展工作，才干和能力也得不到发挥。还有的领导者嫉贤妒能，总觉得能力在自己之上的人有一天会一飞冲天，爬到自己头上，因此处处限制他们表现自己，不肯把过大的权力交给他们，这样做非常不利于企业的整体发展。

针对第三点，企业想要获得发展，主要有赖于员工贡献的劳动和智慧，但是不少管理者并不关注开发员工的价值。如果用冰山来比喻员工的全部价值，那么他们被开发出来的那部分其实不足10%，就像漂浮在水面上的一小部分冰块一样，而他们不曾被开发的价值则隐藏在水面以下。员工被开发的价值就如同是冰山的一角，他们的工作能力和创新能力没有得到真正的发挥，这其实是对于人力资源的一种极大的浪费。

管理者要想充分开发员工的价值，应从以下几个方面入手。

1. 工作分析

工作分析是管理者在制定工作岗位说明书之前，对工作进行的详细分析，具体应包括工作的性质和难度，以及从事该工作岗位所必须具备的资格，如学识、能力、经验等。人力资源主管应通过面谈并采用各种分析方法，对员工的工作能力、工作状态、社交能力以及心理素质进行一定的判断，为全面开发其价值、建立制度提供基础。

在企业职位出现空缺或者设立新职位时，管理人员必须做好工作分析，它可以成为企业用才的重要工具，也可以成为考核员工、对其进行价值开发的重要依据。依据工作分析的成果，管理者可以就此找到符合工作性质的专门人才，使其一展所长，为团队和企业带来效益。

2. 组织氛围

组织氛围指的是员工直接或者间接地对企业环境的一种觉察和感受力。同一种环境，员工对它的心理感受是不同的，因为人的成长背景不同，经历有差异，个性也各不相同，所以对于组织的看法当然不可能完全相同。员工们对于企业的各种制度、企业文化、管理模式在认同感上可能存在分歧，管理者要想开发人才的价值，就要创造出一种能获得大家认同的积极的组织氛围。那么具体应当怎么做呢?

首先，管理者要加强企业文化建设，让公司里的每一个员工都充分了解企业的核心价值观，使员工从心理上认同企业组织氛围，从而激发员工的工作积极性。IBM 公司从 1980 年至 1983 年成立了 15 个“风险组织”，该组织专门研发新产品，并被充分授权，可以成立公司或者董事会。这样的管理方式无疑是一种创新的模式，体现了 IBM 企业文化的鲜明特色。当一个企业以创新精神作为企业文化亮点时，员工自然会发挥其创造性，不再按旧模式工作，其个人价值也会在创新工作中得到最大的开发。

其次，管理者要为企业创建有激励性和创造性的组织氛围，具体要做到以下几点：一是建立开放式的沟通渠道；二是团队内部紧密配合，具有良好的合作精神；三是工作人员要具有与岗位要求一致的工作能力；四是工作规范不死板，存在一定的弹性，工作计划可做出灵活和合理的调整；五是要让团队成员认识到工作的挑战性，并使其充分享受完成任务后的成就感。

最后，管理者要经常对公司的人员流程方面的工作进行自检，具体环节如下。

（1）公司在招聘新员工时，通常最注重哪些方面？公司内部的员工每年是在增值还是贬值？公司依据什么标准给员工加薪?

（2）作为管理者，你估量过新员工的价值吗？你是否帮助过他或她提升自身的价值?

（3）作为管理者，你具体采取过哪些行动来提升员工的价值?

通过回答自检问题，管理者可客观认识到自己在人才管理工作中存在哪些不足，一个成功的管理者不但能为企业挖掘和培养优秀的人才，还能做到让人才保值和增值。如果人才进了企业之后，不但没有增值，反而是一再贬值，那么就说明管理者的人才管理工作做得很不到位。管理者应当反思自己在人才管理方面存在的缺失，及时找出弥补的方案，否则会造成人才的浪费。

健全人员流程，保证人才有更好的发展

人员流程不可能是尽善尽美的，企业在发展，人员流程也需要健全，只有弥补了人员流程的各种缺失，才能保证人才在企业内有更好的发展，并为企业创造更大的价值。健全人员流程要做好四方面的关键工作，具体如下。

1. 将人员流程和策略流程、运营流程连接起来

健全人员流程的第一步就是使其和策略流程的短期、中期和长期目标以及运营流程相连接，只有做到这一点，管理者才能确保公司的人力资源能够完全符合执行策略的需要。

比如一家飞机零件制造商制定了一项新策略，其业务范围由原来的制造产品扩大到为广大客户提供解决方案以及商品售后服务，此外公司还想争取航空公司以外的客户。由于公司的业务性质由单一模式转向多元化发展，人员流程必须做出变更才能配合执行策略所需。为了符合公司发展需要，领导势必要招徕新的销售人才，提升工程师设计解决方案的能力，除此之外，还要提升员工的维修能力。将人员流程、策略流程和运营流程互相连接，有助于企业更好地适应新变化、新形势，顺利完成挑战和任务。

2. 评估和分析人员流失的风险，设计降低人员流失风险的方案，构建人才储备计划

如果员工的市场价值无法得到提升、升迁无望，抑或出现了其他情况，都有可能导致他们离开公司。管理者必须做好人员流失的准备，如果公司能留住高潜质人才当然是值得庆贺的；但是，如果人才执意选择辞职，管理者应尽早做好打算，估测好人才流失后公司所面临的风险。

管理者不能在面临人才流失问题时才去寻找替代人选，而是要在设计人员流程时就做好人才储备工作，为企业储备可以随时接替重要职务的可造之才，以便在核心人才离去后，能及时填补空缺，不至于让正在进行的项目陷入瘫痪。

GE、高露洁、汉威联合等知名企业人员流程是非常健全的，是众多企业效仿和学习的典范。早在 20 世纪 90 年代中期，GE 就已被誉为全

世界最佳领导人才的培养中心，各事业部总裁几乎都成为炙手可热的商业明星，世界顶级的猎头公司目光始终集中在这些人才身上。GE 为了避免人才流失，在人员流程的设计上下了很大功夫，公司除了给予这些人才优厚的奖励外，还分给他们退休后可以变现的配股。一旦有重要人才离职，公司能在 24 小时内找到合适的继任人选。2001 年，设备事业部总裁辞职，GE 公司当天就找到了接任的最佳人选。

及早储备可供提拔的高潜质人才既可以有效规避人员流失给公司带来的巨大风险，同时又为员工提供了良好的晋升渠道，为其发挥更大的作用提供了平台。

3. 依据绩效考核对员工进行奖罚处理

绩效考核不能成为一纸空文，管理者应依据考核结果对员工进行奖罚处理。没有人可以保证团队中的每位成员都做到绩效优良，每个人在不同阶段表现也是有差异的。比如有的员工不具备相关的工作技能，无法胜任自己的岗位，经过培训后仍然处于落后的地位，这时管理者就要做出相关的处理；有的员工因为表现出色晋升到新岗位，然而因适应能力较差，不能迅速进入新任角色，导致绩效一直不佳，对这类员工，管理者也需要酌情做出相关处理。

有一家生产精密工业零件的厂商外聘了两位执行官的后备人选。这家企业的产品在全球市场上居于领军地位，已建立了良好的品牌形象。新任执行官之一史坦被委以重任，负责北美洲的营运业务，这项业务创造的利润占据了公司利润总额的 80%。史坦曾经供职于一家全球性跨国电子公司，其工作履历较为符合现在工作的要求。然而他的工作表现却令新公司大失所望，自他上任以来，公司产品市场份额降低，产品的制造成本却增加了，然而他没有采取任何对公司有利的措施，致使公司股价直线下滑。

公司认为史坦刚到任不久，需要时间适应新环境，于是给了他足够的时间调整自己的工作状态。可是到了第二年，史坦的表现还是不尽如人意，业绩仍未达标，公司股价持续跌落。董事会召开了会议之后不得不辞退史坦，可是一切都太迟了，公司股价已经缩水一半，陷入了巨大的危机之中。半年之后，这家曾经辉煌一时的公司就被其他企业收购了。

这则事例说明如果企业未能及时对绩效不合格的员工做出处理，当这类员工担任重要职务时，有可能给公司带来巨额损失。

4. 将人力资源和公司经营成果相连接

人力资源在执行工作中扮演着至关重要的角色，管理者必须对人力资源工作给予足够的重视。人力资源必须整合到公司流程之中，与企业的经营成果连接起来。毕竟企业的利润是靠员工创造的，即使有再先进的设备、再完善的管理模式，去除人的因素，一切都成了空架子。人力资源是推动企业不断向前发展的不竭动力，管理者一定要抓好人力资源的相关工作，使之成为增加企业利润的最大砝码。

设计完善的战略流程，让员工做正确的事

如果说健全人员流程是为了让企业用正确的人，那么设计完善的战略流程便是为了让员工做正确的事。人员流程是把合适的人匹配到合适的岗位上，而战略流程指的是一套有效的行动方案，它是企业对未来的一种规划，包括战略规划、新产品的研发、新流程的开发等。执行力的三大流程——人员流程、战略流程、运营流程是密不可分的，企业在制定战略流程时需要考虑人员流程的各项因素以及运营流程中可能会出现的各种情况，在选拔人才时也应当考虑与战略、运营计划相适应，同时运营计划必须符合战略目标，还要和人力资源条件相匹配。

每个公司的战略目标都有一个共同的特点，那便是让客户满意，令企业具备持久的竞争力，使公司和各大股东取得更多的收益。战略为企业指明了发展方向，使企业有了明确的奋斗目标。那么什么样的战略才算好的战略呢？战略不仅仅是个美好的愿景，也不是简单的数据分析，更不是什么神秘且有诱惑力的预言，只有具备可行性，能顺利执行，战略才能产生价值。制定战略的管理者必须了解市场，对于自身的优势和劣势具有清醒的认识，还要关注战略的具体执行问题。如果仅仅有伟大的战略构想，却忽视了重要的执行环节，那么必然会招致失败。

美国电话电报公司就是因为在执行方面失策而惨败。麦克·阿姆斯特朗担任执行官时，公司没有太大负债，股价维持在44美元左右。公司主营业务为长途语音和数据业务，无线通信业务只占了很小的比例，但这项业务在当时的市场上具有很好的发展前景。由于

竞争激烈，长途电话费率持续下跌，华尔街认为网络公司和有线业者发展潜力巨大。

阿姆斯特朗根据市场趋势，制定了符合新兴市场需求的战略，他想抓住这个大好的机遇，全面满足客户对于信息服务的需求，顾客不仅可以通过电话或因特网获得长途和本地语音服务，还可以通过宽带获得多媒体服务。公司想要实现这个战略目标，就必须得到足够的客户资料，并和客户建立直接联系。可是这些重要资料掌握在地区性的电话公司手中，为此阿姆斯特朗制订了很多种战略方案，其中一项就包括购买有线业者。

阿姆斯特朗制订的战略方案包括四大要素：购买有线业者，和客户建立起直接的联系；为客户提供一整套信息服务，在业界抢占更高的市场占有率；快速实现公司利润的增长，弥补长途电话业务营业额的减少；利用电信法利好，防止地区性电话业者参与业务竞争。

这项战略方案表面看来似乎无懈可击，连证券分析师都对其大加称赞，可是结果却和预期不一样，公司蒙受了巨大的损失。

2001年年末，公司转卖了购入价为1000亿美元的有线业者股份，买主仅对股权部分支付了440亿美元，承担了250亿美元的负债。美国电话电报公司股价暴跌到18美元，巨额资产瞬间蒸发。

为什么看似完美无缺的战略方案，执行的结果却是失败的呢？四大要素看起来面面俱到，但是它们却建立在错误的假设上了。公司购买有线业者耗资巨大，同时长途费率下跌得比预期要快得多，公司股价随之大跌，此时再花巨资收购有线业者，无疑会让公司背上沉重的负债。此外，客户对公司推出的整套信息服务并不是十分感兴趣，公司执行计划时花费的时间和成本也远远超出预期，政府对电信法的管制规定也没有那么严格，地区性电话公司加入了长途电话业务的竞争，长途业者对客户信息的掌握情况也和预想的有较大差距。

美国电话电报公司的失败说明战略方案一定要切合实际，这样才能在执行后取得成功。在错误的假设上制定的战略往往经不起市场环境变化的考验，只要出现了一点新情况，整个战略构架就有可能轰然坍塌，按照错误的战略方针执行工作，公司极有可能蒙受巨额损失。

管理者在制定战略时一定要立足市场，为公司找到准确的定位，准确分析外界存在的机会和威胁以及自身的优势和劣势。战略计划制定完毕后，管理者还要考虑自己设定的假设是否经得起推敲和考验，并拟订各种替代方案，反复权衡比较各个方案的优缺点，做好短期和中期的规划，最重要的是千万不要让战略方案和现实脱节。

管理者有效执行战略 需要做到以下几点。

1. 量化愿景

宏大的愿景会给员工带来巨大的压力，如果一家企业向员工宣布自己未来的目标是成为业界的领导者，会给员工带来一种空泛感，尤其是在企业实力不强时提出与现实严重不符的目标，更会让人产生虚无缥缈之感。勾勒愿景时，必须考虑它的可行性，只有把它转化成一种可以实现的目标，才能起到振奋人心的作用，否则只会徒增压力。企业在建立愿景时，需要将其量化，比如在制订五年计划时，可以把目标定为使企业五年内的营业额翻一番，具体的营业收入和推出新产品的种类，都需要有具体的量化数字。

2. 用简洁有力的口号来传达战略

战略是宏大而复杂的，管理者要想让员工能快速、直接地理解其中的精髓，最有效的方法莫过于将其提炼为简洁有力的口号。这样简简单单、朗朗上口的一句话就能让每一个员工清楚企业的战略目标，比任何翔实的解说都更有效果。

3. 规划结果

很多企业惯于使用平衡计分卡衡量重要指标，如果没有达到预期标准，员工们便会陷入恐慌，这种方法并不能解决企业正面临的问题。管理者可以尝试着将战略衡量方法改成商业承诺，清晰地向员工描述在多长时间内，大家要达成怎样的目标，这个目标必须是可衡量的。例如可以把“开拓新市场”改为“开拓欧洲市场”“开拓亚洲市场”抑或是开拓其他区域市场；列明季度目标，如“第四季度创收 500 万美元”，而后任命一名负责人，负责执行这一战略目标。

4. 规划不必做的事

如果员工执行之前的工作任务已经不堪重负，根本就没有多余的精力再去执行新的战略。这时管理者不能一味地让员工超负荷劳作，优秀的管理者要懂得为员工减负，将不必要的战略内容从计划中去除，让员工只抓重点工作去做，精力有的放矢，而不是在不重要的事情上浪费时间。只有这样大家才能同心同力完成原有工作的基础上实现新制定的战略目标。戴尔电脑从零售市场退出，直接把电脑销售给顾客，省掉了不必要的环节，为企业节省了时间和资源。

5. 开放战略

以前，战略规划只掌控在高层主管手中，开放战略可以让员工在执行工作时更好地使自己的工作符合战略的要求。与此同时，高层主管也可以把战略和绩效评估相挂钩，让员工为了实现共同的战略目标而努力。

6. 实现工作进度自动化管理

很多高层主管在掌控工作进度时花费了大量的时间，从职务上来看，高层主管的主要工作是为公司制定重要决策，而不是管理工作进度，所以必须削减在掌控工作进度上浪费的时间。高层主管可以通过网络工具控制工作进度，监控员工的活动是否依据战略目标进行，有没有偏离轨道，如此一来就可以省下不少时间。

7. 构建执行和战略的良性循环

战略管理就是对执行工作进行必要的管理。管理者需要弄清哪些工作是最重要的，公司哪些活动与制定的新战略有关，以保证执行工作是在战略的轨道上正确运行的。此外，管理者还要充分了解外部环境，全面掌握产业趋势、竞争对手的各项举措以及大体的经济趋势等重要资讯，并且对环境的变化要保持一定的敏感度。在新情况出现时，管理者要审视企业的战略是否符合新形势的发展需要，应采取哪些措施来纠正战略偏差，只有这样才能建立起执行和战略之间的良性循环。

重视运营流程，为实施人员指明工作路径

运营流程指的是执行战略的实施步骤，它为实施人员指明了工作路径，战略目标的达成必须通过设计运营流程来实现。举个简单的例子，一支部队想要过河，其目标是非常明确的，而达成目标的关键在于采用什么方式到达河的对岸，是造船渡河还是架桥过河呢？无论采用哪种方式，这支部队都需要做很多具体工作，而这些具体的操作步骤就是运营

流程。

运营流程体现在运营计划中，运营计划包括公司在未来一年内需要实施的各项方案，确保各项重要指标能达到预定水平，这些方案囊括了新产品上市计划、具体的营销计划及生产计划和物流配送计划等。运营计划必须符合现实，需要财务人员、执行负责人参与讨论后制定，必须考虑到 GDP 成长率、利率高低、通货膨胀等因素，并了解这些因素会对运营计划中的业务产生的影响。还要考虑一些意外情况的发生，比如大客户调整计划会对公司产生什么影响。只有各方面因素考虑周全，才能收获满意的执行结果。

三星是一家全球化的跨国企业，手机是其主打产品，涉及的领域还包括家电和半导体业务。有趣的是，三星比竞争对手起步要晚很多年，然而却能够后来居上，比如它从事家电业务比松下迟了半个世纪，从事半导体业务比英特尔足足晚了 10 年，从事手机通信业务比诺基亚晚了 122 年。三星能在每个领域做得风生水起，其主要原因是每款新产品上市之前企业都制订了一套优秀的运营方案和运营规划，以保证产品能够迅速抢占市场，发挥自身的竞争优势，从而立于不败之地。

三星的运营理念可简单概括为“生鱼片理论”，基本含义就是要把新产品当作新鲜的生鱼片对待，在第一时间以最快的速度销售出去，不能等它变成了不受欢迎的“干鱼片”，再想方设法地处理。三星对每一款新产品都制定了翔实可行的运营规划，确保将公司最先进、最有潜力的产品迅速推向市场，这样就能快速打响知名度，扩大市场份额，为企业赢得更广阔的市场空间和更丰厚的利润。

三星公司的成功离不开完美的运营规划以及一套完善的运营流程。对于新产品而言，只要契合消费者需求，谁能优先进入市场谁就能抢占较大的市场份额。管理者在制订运营计划时一定要有抢占先机的竞争意识，同时不能忽略了市场对于产品的要求，只有为消费者提供优质的产品和服务，企业才能受到广泛认可，进而获取超额利润。新型产品刚刚进入市场时，几乎没有竞争对手，因为具有相同特征的同类产品并没有被其他商家研发出来，所以新推出的产品在市场上可谓是一枝独秀，优势十分明显；即使后来出现了同样的产品，在其参与竞争之前，企业已经积累了一定的利润，并占领了相当大的市场份额。对于创新型产品，最先研发的公司优先享有制定行业标准的权利，这对企业而言又是一大优势。

评估执行者能力，保证实现预期结果

运营流程的关键指标包括营收、营业利润、现金流量、生产力、市场占有率等，包含的项目依据企业实际情况而定。这些关键指标对于改善企业经营成果具有重要意义，其项目的选定是由外而内、由上而下的。由外而内指的是数据必须是外部经济环境和竞争态势的客观反映，同时也为投资人提供依据，使他们明白为何企业的股票比竞争对手更值得投资。由上而下指的是企业目标的设定是由整体到局部进行的，也就是说管理者先为公司设定一个整体目标，而后分解成若干个子目标。有不少公司做法恰恰与此相悖，他们先用预算程序做出各个部门的计划，之后集合成一个整体计划。这类做法会浪费很多时间和精力，因为这样做不仅需要各部门员工反复沟通，还需对重要数据做出多次修改。

设计完运营流程，影响执行的好坏以及执行的结果能否达到预期的关键因素在于执行者，一个优秀的执行者是实现预期结果的有力保证。那么管理者该如何选择执行者呢？具体应该从哪几个方面对其进行能力评估呢？

1. 知识评估

执行者必须充分了解运营流程的相关知识，所谓的相关知识并不是指专业技能知识，而是有关运营流程的管理知识。根据执行者对相关知识的掌握情况，可以将其划分为四个等级。

等级一：执行者熟悉运营流程的名称，也知道关键绩效指标，但是对于其他知识则知之甚少。这类执行者只是关注自身的工作，缺乏全局观念，忽略了运营流程执行的整体性。

等级二：执行者既了解自己负责的运营流程工作，又明白自身的运营流程对于整个公司的运营流程所起的作用，以及与其他环节的员工所从事的工作之间存在的联系。这类执行者能很好地处理自身工作和公司整体绩效的关系，保证运营流程执行的力度和质量。

等级三：执行者不但具备等级二中所提到的全部能力，而且能够高屋建瓴地审视全局，促进执行工作的协调开展，改进执行过程中的错误不足。

等级四：执行者对所属行业颇为了解，能预测行业发展趋势，对于企业未来的发展情况能有一定的预估，并可以将自己掌握的行情运用到执行工作之中，切实提升公司的整体绩效。

2. 技能评估

执行者需要具备与运营流程相关的技能，所谓的相关技能指的并不是工作技术层面的技能，而是有关运营流程管理层面的技能。根据执行者对相关技能的掌握水平，可以将其划分为四个等级。

等级一：执行者具备一定的改进和优化运营流程的能力，可以提出切实可行的优化方案，及时解决一些实际问题。

等级二：执行者拥有自我管理能力，富有团队合作精神，能积极地与团队成员进行紧密协作。由于此类执行者没有得到充分的授权，往往其提出的优化建议需要历经很长的时间才能得到批准实施。

等级三：执行者具备决策能力，能够对运营流程中出现的问题进行决策，在得到授权的情况下，可有效促进运营流程的全面优化。

等级四：执行者拥有创新思维和变革精神，不但能优化运营流程，还具备再造流程的能力，可以大幅度地提升流程的效率。

3. 行为评估

行为评估指标指的是执行者执行流程的意愿，在落实行动的过程中是否能达到流程预期的效果以及推进流程持续改进优化的能力。根据执行者在行为层面的表现，同样可以将其划分为四个等级。

等级一：执行者能完成自己的本职工作，但是无法理解自身行为与企业整体运营流程的关系。在执行过程中，执行者不能将企业的运营流程作为指导自身工作的重要参考依据，进而影响流程执行的流畅程度。

等级二：执行者能以企业整体运营流程作为工作核心，积极参与到整个执行计划之中，促进运营流程效率的提升。

等级三：在工作中，执行者能时刻把自己负责的流程与企业整体流程挂钩，把局部绩效和整体绩效相结合，保证团队成员为了实现企业的整体目标而努力工作。

等级四：执行者具有敏锐的洞察力，并富有创新精神，能优化和变革运营流程，推进项目的高效执行。

根据企业自身情况，活学活用管理思想

不少管理者喜欢到知名企业参观学习，甚至利用参观的机会偷偷地摘录有关企业运营流程的文件，殊不知运营流程的文件并不能揭示一个企业高效运作的秘密，真正有价值的东西并不在于那些有形的文字，而在于蕴含在运营流程中无形的管理思想。运营流程提供的只是工作流程的一个框架，它是可以复制的，但是复制了流程设计，未必能取得预期的理想效果。因为管理思想是其丰满的血肉和灵魂，脱离了管理思想的流程设计不过是一副干枯的骨架，想要凭借这副骨架来复制完美的执行力几乎是不可能的。

管理思想并不是一种僵化的统一模式，它是管理者在日常管理活动中体悟出来的，每一个知名企业的管理思想都有其独到之处，是一种独特的管理之道，尽管以文字的形式传达，却和文字游戏大相径庭，更不是简单地摘抄其他企业的管理文字。有的人事主管自认为十分精通为公司设计各种管理制度流程，但几乎所有的文件内容都是复制别人的管理文字。在信息时代，收集资料并拼凑各种管理文字是一件非常容易的事，但这些看似高明的文字却不具备任何实用性和可操作性。不是从实践中提炼出来的管理思想、管理文字根本不能在实际运营中起到任何指导作用。很多管理者常常责怪员工执行不力，却不懂得从自己身上寻找原因，有时并非员工不想准确无误地执行工作，而是管理者无法正确地运用管理思想来指导运营流程，总是发表一些套话和空话，搞得员工一头雾水，根本不知道该怎样执行工作。

公司的运营流程应该是以管理思想为基础的，运营流程当中应当体现管理思想，管理者需根据企业自身的情况灵活运用管理思想。没有实际管理经验，只会生搬硬套管理文字的人无法胜任设计运营流程的工作，因为他们不懂得何为真正的管理思想。只有管理经验丰富的人才能把流程设计、管理方法和企业文化完美地融为一体，让运营流程汲取管理思想和企业文化的精髓，使企业文化真正地服务于团队，使管理思想成为企业不断向前发展的不竭动力，从而提升公司的核心竞争力。

管理思想必须活学活用，否则就会把企业管死。管理者在设计运营流程时需要保证经营理念与运营基础相匹配，一套明确的、始终如一的经营理念对于一个企业而言是非常重要的，如果它能在实施中贯彻到位，将在执行工作中发挥极大的效能。

美国波音公司为研制777型喷气客机耗资40多亿美元，在研发新型飞机的过程中，公司使用庞大的计算机网络来支持并行设计工作，三年零两个月后飞机研制成功，试飞之后即投入运营。这款新式飞机全长63.7米，从机舱前端到后端的长度为50米，经激光测量最大偏差仅为0.9毫米。

美国电话电报公司以前出产的产品合格率仅为5%，以前的流程设计未考虑生产工艺性问题，导致产品质量不过关。后来公司采用并行设计之后，用计算机进行虚拟检测，从中发现设计中存在的缺陷，使产品合格率提升至90%。

美国波音公司和美国电话电报公司都是依靠并行设计生产出优质产品的。所谓的并行设计指的是将先进的计算机技术、通信技术和现代管理技术相结合，从而辅助产品的开发与设计。并行设计打破了传统的部门分割和封闭执行的工作模式，强调多功能团队协同合作，注重新产品开发的重组和优化。并行设计的理念体现的无疑是全局优化、团队合作、精益生产等现代管理思想，这些管理思想都是极为先进的，蕴含在并行设计流程的每一个环节之中。然而任何管理思想都不是一个抽象的统一概念，需要管理者在具体工作中灵活掌控。

第二章 雷厉风行，做好执行领头羊

许多领导者认为战略执行的好坏关键在于员工，而领导者需要做的是管理好员工，制定合理的规章流程，挖掘员工的潜力以达到预期目标。这样的看法并不全错，然而却忽视了领导者自身行为会对执行结果产生影响的客观事实。人性的本质告诉我们，没有任何人能够被管理，人只能自己管理好自己，而领导者管理好自己的行为，既是为团队执行做好表率、引导团队提升执行力之举，也是最为便捷、最低成本的管理方式。因此，领导者要想领导好团队，首先要明白自身的行为会左右企业的文化，唯有反复地进行自我评定和反省，才能提升自己团队的执行力。

执行者扮演好自己的角色，发展战略才能实现

执行力就是将战略落到实处，是由 CEO 最先掌握并发起，继而带动整个组织形成的一种战略执行能力。如果一家企业输给了竞争对手，很可能是因为它的执行力不如对方造成的。

由此可见，企业迫切需要执行力，而培养企业执行力的关键就是培养好每个执行角色的执行力。

管理专家白勇认为，在具体的执行过程中，执行角色有三种。执行力的角色存在三个层次，不管是最高领导者，中层管理者，还是一线执行人员，都要定位好自己的角色，做好自己的工作。

一、最高领导者既是管理者，又是策略执行的主体

执行，是实现既定目标（战略）的具体过程，是一个非常艰苦、困难和琐碎的过程，而企业的领导者在这其中扮演了一个至关重要的角色——既是管理者，又是策略执行最重要的主体。

许多人认为领导者就是负责制定策略，而执行属于细节事务，不值得领导者费神。不少领导者也认为自己的角色定位在于描绘企业远景，定好策略，至于执行，那是下属的事情，领导者只需要授权即可。这个观念是绝对错误的，相反，执行应该是领导者重要的工作。如果领导者认为做管理不需要执行力，那么其角色定位就有问题。

在一些成功的企业里，最高层领导者往往是一手抓策略，一手抓执行。戴尔公司的创始人迈克尔·戴尔就扮演了强有力的执行者角色。

戴尔公司的成功很大程度上可以归功于戴尔本人的执行力。他极有远见，通常在认定一个大方向以后，就亲自披挂上阵，带领全公司彻底执行。

有一个例子是对戴尔执行力强有力的证明——推动国际互联网的深度运用与普及化。戴尔很早就意识到，互联网将会彻底改变人类的生活形态与工作习惯，而且将成为直接销售的终极利器，因此有必要大力宣传，加强公司对互联网的重视。因此，那一阵子全公司处处可见一张大海报，海报上戴尔本人一脸酷相，半侧着身子，一手直指向画外。海报上还印了一行大字："迈克尔希望你把互联网搞通！"

戴尔还在好几个公开演讲中热情洋溢地强调他对互联网的看法。结果，戴尔电脑有70%的营业额是通过网络下单成交，而且公司内部绝大多数的管理制度及工具，都已经实现网络化了。

因此，作为领导者必须既重视策略，又重视执行力，一手抓策略，一手抓执行力，两手都要抓，两手都要硬。

同时，优秀的领导者不仅自身具有强大的执行力，而且能训练出一批一流的执行人才。杰克·韦尔奇认为，如果我们想让员工成长，就鼓励他们的自信心，赋予他们更多的责任。如果我们将他们最好的想法加以利用，那么我们就有了赢得竞争的机会。可见，领导者作为一个"火车头”，其执行角色的要求还包括：培养下属的执行力，启发下属认识到自己角色的重要性，告诉下属工作的目的是什么，让下属知道你对他的期望，及时告诉下属他做得如何。只有这样的领导者才是一名合格的执行者。

二、中层执行者的角色定位

如果把一个企业比作一个人，高层就是人的大脑，要思考企业的方向和战略；中层就是人的脊梁，要协助大脑传达和执行命令到四肢，即企业的基层。

用一句话来概括中层执行者的角色定位，就是中层经理人既是执行者，又是领导者。如果作用发挥得好，中层经理人就是高层联系基层的一座桥梁；如果作用发挥得不好，中层经理人便是横在高层与基层之间的一堵墙。企业决策层制订的各种方案，需要得到中层的严格执行和组织实施。如果企业中层队伍的执行力很弱，与决策方案无法匹配，那么企业的各种方案是无法成功实施的。

一个优秀的中层必须具备以下执行能力：①领悟能力，要先弄清上司希望你做什么，然后以此为目标来把握做事的方向和方法；②指挥能力，包括合理地分配工作、协调、临场发挥的能力，拥有良好的指挥方法和沟通方法，激发员工斗志和引导员工前进的能力等；③协调能力；④判断能力；⑤创新能力等。

一个中层经理人提高执行力的过程，其实就是提高自身对部门员工领导力的过程。因为要提高部门的执行力，不是光靠经理一人就能完成的，而是要靠中层经理人在领悟了执行目标以后，带领部门所有员工共同努力才能完成。归根结底，中层经理人要对上提高执行力，对下提升领导力。

三、一线执行者的角色定位

一线执行人员包括项目经理、基层指挥者和基层操作者，他们是完成任务的人，也是执行现场的直接参与者，他们需要对自己的角色有充分的认知和准确的定位，执行才能成功、有效。

加拿大有一家酒店以服务卓越著称，而卓越的服务直接来自酒店员工对自身角色的充分认知——让顾客满意是对所有员工的角色要求。一次，有一个客人因为急着赶航班而把行李遗忘在酒店。他在机场给酒店打电话，酒店立即派了个门童给客人送行李。但门童赶到机场时，飞机已经起飞了，这个门童做了一个其他酒店的员工很难做出的选择：买了一张机票直飞客人的目的地，并把行李送到了客人开会的酒店。门童之所以有这样的举动，并不是他的岗位职责决定的，而是因为他对自己角色的理解，他觉得应该采取一切手段为客人排忧解难，这就是他的角色意识。

在执行过程中，每一个执行者都应该定位好自己的角色。在执行过程中，角色认知十分重要，执行者只有扮演了正确的执行角色，执行才能成功，企业发展战略才能变成现实，企业才会进入稳健、快速发展期；否则，即使领导者制定了非常明确的战略目标（事实上，大部分企业都能做到这一点），在执行过程中完成了自己的职责，企业仍然会缺乏执行力，甚至会导致最终的失败。

一千遍空洞的口号，比不上一个具体的行动

领导者能否一呼百应，不在于音量的高低，喊破嗓子未必能换来员工的配合，高喊口号远比不上以身作则更具号召力。领导的职责是什么？领，即带领，指的是作为一名领导就应该走在团队前面，为员工开好路、带好头；导，即导向，意思是领导应该把自己当成一个航标，对整个团队起到导向作用。只有领导者为所有人做出表率，才能让员工在追随自己的过程中潜移默化地受到良好的影响，才能使整个团队弥漫着一股蔚然的新风，呈现出强大的生命力和不衰的战斗力。

孔子曾经说过：“其身正，不令而行；其身不正，虽令不从。”说明领导在“正人”之前必须先“正己”，“正己”就是自我管理的意思。李嘉诚认为，要成为好的管理者，首要任务是自我管理。领导者只有先管理好自己，才能对下属产生直接的影响。要求员工一定要做到的事，领导者自己首先要做到，空喊一千遍空洞的口号，比不上一个具体的行动更加令人信服。

张瑞敏是我国著名的成功企业家，他曾被列为全球30位最受

尊敬的企业家之一，那么他受到员工认可的秘诀是什么呢？除了他出色的工作能力和巨大的影响力外，他身上一个更值得称道的闪光点便是以身作则的精神。

张瑞敏意识到企业的发展离不开对学习的重视，而那时很多中国的企业家都不肯花太多的功夫学习管理。为了让大家认识到学习新知识的重要性，他率先做出榜样。每当看到管理学中有用的章节，他都会把它复印下来，还把自己的见解写在空白处，提出对海尔集团有现实指导意义的结论，然后把资料发放给每一位中高层管理人员，供大家研习和讨论。

每周六的上午，张瑞敏都定期为公司中高层经理人召开培训会，还要求每个部门的每位员工都要有学习母本，在海尔集团的上上下下掀起了一阵学习热潮。1998 年，张瑞敏用《第五项修炼》推动了企业学习型团队的建设。1999 年，张瑞敏专门在《海尔人》上开创了一个叫作“事业部长与杜拉克对话”的专栏，号召员工锐意进取、努力学习先进知识。那时的杜拉克在中国并不知名，日后却名满全国，可见海尔在学习方面遥遥领先于其他企业。

他在管理模式上的创新或许并非是前无古人后无来者，但都是针对时弊提出的，针对性强，十分奏效。例如他推行“日清”的工作方法，自己首先做到今日事今日毕，然后要求每位员工每天把手头上的事进行控制和清理。这个方法有效地改变了员工工作拖延、做事无序混乱的不良状态。张瑞敏持续创新的观点，对员工影响很大，多年来他在企业管理上的创新，不但影响到了海尔企业的每一位员工，还对整个管理界产生了重大影响。

张瑞敏鼓励员工创新的同时，还非常重视产品的质量。为了把好质量关，张瑞敏曾带头砸坏了 76 台外观良好但是质量不合格的冰箱，使“质量第一”的观念深入人心。张瑞敏以实际行动把“质量就是企业生命”的理念灌输给了所有员工，从此，海尔只生产优质产品，赢得了市场和顾客的信赖，最终由一家亏损 147 万元的企业转变成了一个营业额超过千亿元的集团企业。

俗话说：“喊破嗓子，不如做出样子。”领导的言传身教比任何强有力的话语都更能感染员工，领导的所作所为如果能获得员工的认可，就会成为大家争相学习和效仿的榜样，而榜样的力量通常是无穷大的，海尔集团创造的奇迹正说明了这一点。要想带出一个团结上进、永葆青春的队伍，领导者必须身体力行地做出示范，发挥自己的榜样作用，具体应做到以下几点。

1. 领导者要说到做到，不做“思想上的巨人，行动上的矮子”

领导者是企业的核心人物，是团队的带头人，所以一定要注意自己对员工的影响。领导者不能只说不做，单方面要求员工按照规定行事，而自己只负责发号施令和思考，从不落实到行动上。领导者的行为和做派员工一直都看在眼里，如果领导总喜欢扮演思想家的角色，从不考虑用实际行动来证明自己的观点，那么员工便会认为这样的领导表里不一，当然也不愿意主动配合他的工作，只会表面上应承和附和他，实际上根本就没有完全遵守领导者的指令。领导者的信用破产往往意味着领导力的破产。

2. 领导者要言必行，行必果

制定规则，就必须首先带头遵守规则，想要带动大家努力工作自己首先要有奉献精神，只有这样员工才能遵规守纪，愿意追随领导埋头苦干。表率作用可以产生巨大的影响力，它能在员工心中形成一种无形的感召力，进而转化为积极的行动。

3. 领导者要成为执行的榜样

在日常管理工作中，困扰许多领导者的一大难题就是员工的执行力不足。若要真正解决这一难题，领导者必须带头模范执行、严格执行自己的工作，为全体员工树立标杆，以此产生示范效应。领导者只有让自己变成一个完美的执行者，才能带动员工提升执行力，解决团队执行不力的弊病。

4. 领导者要严于律己，率先垂范，提升个人影响力

领导者必须以高标准要求自己，起到率先垂范的作用。领导者的领导力往往是由其榜样作用确立起来的，身先士卒的领导者比善于说教的领导者更具有领导力。领导者只有自己达到了高标准才有资格要求员工，否则员工根本不可能从心里敬服。领导者在号令员工时，首先自己要做出表率，不要妄想自己什么都不做，就能轻而易举地遥控员工。影响力不是说出来的，而是做出来的，领导者只有把事情做到位，才能影响员工，使其把工作做到位，从而带领团队迈上一个崭新的台阶。

在员工心里撒下信任的种子，推动其良性循环

信任是企业管理的一个关键要素，对于任何组织的正常运行来说都不可或缺。在企业衰退时期，组织内的不信任感会加剧。因此，了解如何建立和保持信任，比以往任何时候都更为必要。是哪些因素导致了组织内的信任或不信任？组织内不同层级的员工之间是否有可能建立信任？

一队商人骑着骆驼在沙漠里行走，突然空中传来一个神秘的声音："抓一把沙砾放在口袋里吧，它会成为金子。"有人听了不屑一顾，根本不信；有人将信将疑，抓了一把放在袋里；有人全信，尽可能地抓了一把又一把沙砾放在大袋里。随后他们继续上路，没带沙砾的走得很轻松，而带了的走得很沉重。

很多天过去了，当他们走出沙漠后，抓了沙砾的人欣喜地发现口袋里那些粗糙沉重的沙砾都变成了黄灿灿的金子。

一个执行力过硬的团队领导者应该让自己的员工明白，在漫长的人生中，时间、责任就像地上的沙砾，唯有紧紧抓住机遇、勇于承担责任的人，才能将这些普通而又粗糙的沙砾变成可贵的金子。不紧紧抓住机遇、不愿承担责任的人固然过得轻松潇洒，但他们的生命长河会黯淡粗糙，始终无法发出金子般灿烂的光辉。

管理者和员工之间建立信任，是一个基于重复行为的循环过程。当管理者的行为值得信赖时，员工就会更加信任他们，进而鼓舞自己以更大的热情投入工作，并展现出组织公民行为。反过来，员工更加热情地投入，又会增进管理者对他们的信任。就这样，组织内形成了一个良性循环的信任圈。这个循环的开端，在于管理者通过自身行为向员工灌输信任。管理者的六种重要行为，有助于在员工心里撒下信任的种子。

1. 一贯性和可预见性

如果管理者做事始终如一、具有可预见性、前后不矛盾，并且总向员工解释各种决策和行动，就会在员工心中激发起更大的信任。反之，如果管理者做事冲动，经常朝令夕改、任意而为，就会失去员工的尊敬和信任。员工可能仍会听从他们的命令，但因为不了解命令背后的道理，所以心里常感到非常沮丧。

2. 正直诚信

仅凭决策的一贯性和可预见性，还不足以在员工中间营造信任的氛围。为了赢得信任，管理者必须在行动中体现诚信，也就是说，管理者的行动必须符合道德准则。这意味着管理者不能说空话，要做到言出必行，而且是切切实实的行动。

3. 公开沟通

这是信任关系的另一个基本变量。不管真相会多么令人不快，管理者也绝不能向员工隐瞒。如果管理者只是一味地回避问题，员工就更有可能自行其是，或者干脆跳槽。

4. 分派工作和授权

管理者应把工作分派给员工，并且授权给他们，这样做也能激发员工的信任。

5. 关爱员工

如果管理者对员工表现出真正的关切，留意他们是否融入团队，就更有可能赢得员工的信任。在这一点上，同理心最能帮助管理者激发员工的信任。

6. 忠诚

为了保持建立的信任，管理者必须对员工表现出忠诚。当员工的工作遭到外界质疑时，管理者应该站在他们这一边，为他们辩护。即使最后证明员工有错，管理者也要支持他们。

如果管理者能够以上述六种行为来对待员工，就会在员工心中建立起信任，而员工也会以同样积极的组织公民行为来回报管理者。

这种公民行为体现在工作本身、同事合作以及整个组织三个方面热忱的员工会自觉、出色地完成任务，并且不会只做工作合同中规定的内容。公民行为还会推动员工与同事精诚合作，不计较是否在同一个部门、团队或项目。组织内的信任氛围就是这样营造出来的，员工会因为身处这样的组织而感到自豪，并做出积极的行动。当听到有人批评自己所在的企业时，这种归属感会激励员工挺身而出，捍卫自己的企业。他们还会积极参与企业发起的各种社会责任活动。简言之，组织公民行为有助于确保企业这艘大船以适当的速度航行在正确的航线上。

在任何文化中，承诺、正直、诚实和忠诚，对培养信任关系而言都极为重要。所有这些价值观都可以转化为行动，推动信任的良性循环。

果断把握住机遇，才能把团队引向光明之巅

古今中外，因为善于把握机遇而获得成功的名人比比皆是。世界酒店大王希尔顿，早年到丹麦掘金一无所获，两手空空地回到家乡。可是他却因为看到了一个比黄金还要珍贵的商机而迎来了事业的转机，在大家仍盲目地追随掘金热潮时，他一个人默默地建起了旅店，并迅速赚到了第一桶金，为日后进军酒店业奠定了坚实的物质基础。华人首富李嘉诚适时把握准商机，斥巨资购买大量地皮，后来一举成为亚洲地产大亨。机遇不是等来的，它只会留给有准备的人。作为团队的领导者，是否具有对市场敏锐的洞察力，能否嗅到时代的气息，把握大好的机遇，对于企业的发展和团队的未来有着至关重要的影响。一名优秀的管理者，不仅能带好手下的团队，而且能给团队中的每个员工勾勒出美好的愿景，让大家朝着共同的方向努力，成为有利商机的受益者，从而实现个人目标与企业利益的和谐统一。

有的团队的领导者看到别的部门的领导者成功抓住机遇时总是感叹："我怎么就遇不到这么好的机遇呢？"殊不知，机遇不是凭借运气碰到的，而是取决于你对市场行情的变化有着怎样的敏感度，以及在机遇到来之前准备得是否充分。如果你没有做足准备，即使机遇真的降临到自己头上，也会由于瞻前顾后、优柔寡断而痛失良机，进而发出"如果当初，我能迅速做出决策，把握住机会就会……"的后悔之声。

然而人生没有如果，你也没有再来一次的机会。丧失机遇，不但影响个人仕途的发展，也会对整个团队产生消极的影响。试想一下，当机遇来敲门时，团队中的每位成员都为此感到振奋，作为整个团队的核心人物，如果你让机遇从大家眼前溜走，那么员工们又会怎么看待你呢？他们或许会想，跟着这样的领导者埋头苦干还有什么出头之日呢？一个糟糕的领导者，给团队的人心和士气带来的消极影响是不可估量的；而一个优秀的领导者，应具备敏锐的洞察力和雷厉风行的做事风格，果断地把握住机遇，从而把整个团队引向光明之地。

加藤信三就职于日本狮王株式会社。有一天，他起晚了，因为

怕迟到，他洗漱非常匆忙，刷牙时把牙龈都刷出血了。在上班途中，他很是懊恼，心情久久不能平静。在将要赶到公司时，他的脑海里猛然冲出一个念头：别人是不是也曾刷牙刷出血，这和牙刷有关吗？他想，这种事情一定有解决方法，也许里面潜藏着巨大的商机。

来到公司后他把自己的想法跟同事们分享了一番，大家都比较认可他的观点，于是几个人开始研究如何解决牙刷易伤牙龈的问题。大家集思广益，想出了好几套解决方案，比如使用质地柔软的狸毛代替原来较硬的牙刷毛；在刷牙之前用热水将牙刷泡软；在牙刷上多挤些牙膏；刷牙时有意识地放慢速度等。几个人把几个方案都实施了一遍，几乎都没有什么明显的改观。后来，他们一致认为主要问题出在牙刷毛的形状上。他们把牙刷毛放在放大镜下一看，原来牙刷毛顶端都是方的。加藤信三意识到，如果把牙刷毛的棱角改成圆形的，或许用起来就不会使牙龈出血了。于是，加藤信三便开始着手改进牙刷的工作。

经过反复实验证明，改进的牙刷确实有保护牙龈的功效。加藤信三便向公司提出了改进牙刷的建议，公司采纳了他的方案，把所有牙刷毛的顶端全部改成了不伤牙龈的圆形。改良后的狮王牌牙刷销量猛增，受到了消费者的普遍欢迎，为企业创造了巨大的利润，也给团队带来了不小的收益，加藤信三更加受到老板器重，职务得到了晋升，十几年后，他成了公司的董事长。

加藤信三意外地把牙龈刷出了血，却从这种司空见惯的小事中看到了机遇和商机，他无疑具有优秀团队领导者的特质。大多数时候，机遇并不是显而易见的，而且往往稍纵即逝，能成功把握机遇的人少之又少，能因为一次有利的机遇而把整个团队带上一个新台阶的领导者是十分难得的。“有事情发生，便有机会存在。”其实很多被我们忽略的事情都潜藏着机会，等待机会的到来永远比不上善于发现机会。优秀的领导者应该有一双善于寻找和挖掘机会的慧眼，给公司一个蓬勃发展的机会，给团队一个更上一层楼的机会，让团队中的所有人参与其中，共同分享荣耀和胜利果实，完美执行决策，从而实现个人利益和公司利益的双赢。

那么，团队领导者应该如何抓住机遇呢？

1. 加强专业知识和实践经验的积累

有这样一个形象的比喻，如果将团队比作一部车子，那么团队领导者就是掌控方向的驾驶员，驾驶员水平的高低直接决定团队未来的发展动向。团队领导者不但要具备策划的本领，还应该具备预测未来行情的能力，这一切除了个人素质和天赋外，还有赖于专业知识和实践经验的累积，一个经验丰富的团队领导者比其他人更容易发现机遇，并更善于把握机遇。因此，团队领导者平时除了把精力放在管理上外，还要有意识地提升自己各方面的能力，让自己在所从事行业领域变得更为专业和练达，依据自身的资历和敏锐的直觉为自己的团队抓住有利的机遇。

2. 发扬良好的团队合作精神，充分调动员工参与策划的积极性

当今社会，各行各业的市场是复杂多变的，能否抓住转瞬即逝的市场机遇，是对团队领导者决策能力的巨大考验。一个再精明的团队领导者，其个人力量也是极其有限的，所谓“众人拾柴火焰高”，即一个团队的合力一定大过一名出色的团队领导者个人的力量。

优秀的团队领导者不应成为喜好单打独斗的孤胆英雄，而应该最大限度地激发团队成员的潜能，使员工们主动参与到重大项目的决策中来。在团队合作的过程中，集思广益是很重要的，团队领导者不要自恃过高而忽略了群众的智慧。集体的智慧是不容小觑的，领导者要给大家一个畅所欲言的平台，从而充分了解团队成员对于市场前景和公司发展的看法，如果能从员工提供的信息中找到灵感或者得到有价值的点子，对预测市场和日后把握商机都会起到十分积极的作用。

3. 不要忽略寻常的小事，小事有时也蕴藏着商机

有的团队领导者做工作喜欢抓大放小，习惯高屋建瓴、统揽全局，对于小事全然不放在心上，殊不知，那些被忽略的小事其实蕴含着巨大的机遇。加藤信三就是因为留意日常生活小事，才抓住了改良牙刷的机遇，先对手一步占领了行业市场。世上无小事，忽略小事有时就等于对自己关上了机遇之门。

4. 果断抓住机遇，提升自身的决策水平

一个强有力的团队领导者，在机遇面前应当机立断，而不能在做出决策前举棋不定、犹豫不决。所谓“机不可失，时不再来”，考虑时间太长必然会延误有利时机，甚至可能会失去千载难逢的有利机遇，因此，对于领导者来说，决断是非常重要的，它直接影响决策水平的高下。俗话说，“该出手时就出手”，面对良机，领导者一定要果断把握好它，

不要给自己以及自己的团队徒留遗憾。

把目标分解和细化，有效提高团队的工作效率

要想提高团队的执行力，领导者必须把量化的目标清晰地展现在团队成员面前。执行本身就是把目标分解、落实的过程，再宏大的目标如果没有分解和细化也会变得模糊不清，会给执行造成诸多障碍。团队领导者必须明确团队的目标，让员工明白每个阶段需要完成多少工作，这样才能有效提高整个团队的工作效率。

在当今激烈的市场竞争中，时间是非常宝贵的资源，谁能有效利用时间谁就能抢占先机，先发制人，在行业获得优势地位。从另一个角度讲，时间也是一种成本，谁能在较短的时间内完成更多的工作，就意味着谁的工作效率更高，在这个“快鱼吃慢鱼”的残酷竞争时代，高效的企业和团队自然更容易胜出。

美国UPS公司（United Parcel Service，即联合包裹速递服务公司）墙上贴着这样的标语——“我们还可以更快吗？”这表明该企业一直把高效工作当成制胜的法宝。在F1方程式赛车场上，高速摩擦使得轮胎快速消耗，赛车必须保养和换胎才能继续运行，可是世界大赛一分一秒都是不能浪费的，这就意味着换胎的动作必须足够快。那么更换4个轮胎所要花费的最短时间是多少呢？丰田广告里有这样两句广告词，第一句是“一眨眼之间”，这可谓是神速了；第二句更为具体，“换4个新轮胎只要3.2秒”，仅在短短的3.2秒之内就能把四个轮胎全部更换完毕，其速度无疑是惊人的。抢时间就意味着抢胜利，领先1秒，你或许就能成为世界冠军；而落后1秒，你或许就将与这种荣耀失之交臂。赛场上向来都是分秒必争的，快者加冕、慢者落败是一直不变的法则。

俗话说，商场如战场，先行者更容易占尽天时、地利、人和等优势，而滞后者只能沦落为跟班。虽然我们不能把自己转化成一部高速行驶的赛车，但是却可以提升自己的速度，使自身的工作效率最大化。团队领导者的责任就是要把每一位员工培养成高效的员工，充分发挥团队高效

运作的优势，为企业创造更大的价值。

团队领导者不但要懂得讲求时间效率的重要性，还要及时把手头的工作任务进行分解，使执行工作变得明确细致，用确切的数字来描述、规划团队的目标。也就是说，团队领导者要用具体的时间、货币或单位数量来细化工作任务，让每个人都清楚自己的职责所在，以及应该在规定时间阶段内完成的任务。目标不能是一句空洞的口号，它必须以更具体、更翔实的方式呈现出来。目标的完成也不是一蹴而就的，在不同的时间阶段有不同的目标，而定量计算显然比定性衡量更能提高执行力。

那么，团队领导者应该如何量化时间，提高工作效率呢?

1. 目标要量化在每月、每周、每日及每个过程里

在向团队下达任务时，领导者除了要说明任务完成的确切截止日期外，还要让大家明白每一天、每一周、每个月应该完成多少工作。工作时间一定要有清晰的量化，工作的每个步骤、每个过程都要量化。除了讲明团队的整体任务量外，还要落实到每个人，要让每一位员工清楚自己在每一天、每一周、每个月都要完成多少工作。

2. 设计好工作流程，节约工作时间

领导者如果认真审视每个工作流程，总会找到节省时间的有效方法。工作中的有些环节的时间是可以大大缩短的，领导者要想提高团队整体的工作效率，就必须想方设法去控制这些环节的时间，这就意味着需要做出一份出色的流程设计。

何为流程设计呢？以医院为例，病人就诊需要经过排队挂号、取病理表、会诊、与医生面谈、约好下次会诊的时间等一系列流程，即使是治疗感冒发烧之类的小病整套流程下来也至少需要花费 30 分钟。那么能不能缩短整套流程的时间呢？如果我们重新设计一套流程，为护士配备电脑，在病人挂号时护士即可通过电脑通知医生，医生得知信息后在与病人交流时，再通过电脑及时告知药房把开具的药方上的药品准备好，病人与医生面谈交流结束后，可直接去药房窗口取药。这种新的流程比传统流程至少要节省一半以上的时间。管理者提高团队工作效率的有效方法之一就是工作流程的再造。合理高效的流程设计比强行向员工施压或者让大家加班加点埋头苦干更有成效。

3. 教给员工高效管理时间的方法

领导者如果掌握了有效的时间管理方法，不妨把经验与团队成员分

享，不少员工工作效率低下并不是因为懒惰，而是因为不会管理时间。作为整个团队的领导者，应该让每位员工学会怎样充分利用自己的工作时间以及怎样提升自己的工作效率。

工作进展的快慢除了和主观能动性有关，与科学的管理方法更是分不开的。当然，领导者在传授方法时还要注意因人而异，因为每位员工的能力、水平存在差距。如果把员工比作赛马场上的赛马，快马能跑出的最高速度显然不是所有马都能达到，所以一定要使所有员工达到自己的最大速度，但是不能逼迫他们超负荷完成他们达不到的工作量，否则欲速则不达，反而会适得其反。

4. 及时督促员工完成预定的工作量，提高公司整体的运作效率

领导者要对员工的工作情况和工作进度了如指掌，全面掌控工作的完成进度。任务下达以后，领导者要让员工产生紧迫感，督促员工在预定的时间内完成全部的工作量。有的员工自律性很强，有自己的工作规划，能如期完成手上的工作，这样的员工通常不需要领导者费心管束；有的员工做事缺少计划性，工作效率较低，领导者需要及时进行干预，使其提高工作效率。

对于部分需要督促的员工，领导者需要认清真正的问题所在，了解员工在执行工作中所遇到的问题，分析其工作滞后的原因，及时解决问题。究竟是因为工作态度，还是因为工作能力欠佳或者是其他方面的原因导致其工作效率偏低，领导者应帮助他们尽快想出解决方案，使他们的速度跟上团队的整体步伐。

如果没有开除员工的打算，就不要放弃任何一名落后的员工。工作效率低的员工会影响团队整体的工作效率，甚至对公司整体的运作效率也有一定影响，因此，领导者一定要想办法让这部分低效率员工提升工作效率，避免拖团队的后腿。

精英团队里的员工并非个个天生就是精英，他们的优秀有赖于管理者的再塑造，如果管理得法，效率低下的员工也能成为优秀的员工。有时简单的数据并不能客观地衡量一名员工的能力和潜力，比如在营销界，有些长期没有销量的员工在日后脱颖而出，成为了销售冠军。因此，团队领导者切忌过早对员工下结论。

做老板，就要把执行力看作经营成败的关键

很多人把公司经营失败的原因归咎于策略失误，2003年年初，拉里·博西迪、拉姆·查兰和查尔斯·伯克所著的《执行——如何完成任务的学问》一书问世并风靡全球，他们在书中指出，执行力才是企业经营成败的根本原因。

2003年，海信集团的销售收入达到221亿元，增长幅度为14.5%。海信电视、空调、冰箱、手机等主导产品的产销规模都有了较大增长，海外市场开拓、产业结构优化等也取得了不小的成绩，经营质量得到进一步提高。

在成绩面前，海信集团董事长周厚健却谦虚地表示，海信目前亟待解决的问题仍然是执行力不强。他还具体地指出，海信的执行力不强的表现主要有以下三点。

第一，不能按时执行战略，导致好的思路和策略成为空谈；

第二，安排工作不到位，执行任务拖拖拉拉、没有紧迫感；

第三，执行过程马马虎虎，得过且过，敷衍了事。

周厚健表示，执行力低下是企业管理中最大的黑洞，再好的策略都必须通过执行才能显示出价值。如果企业执行力差，将会直接导致企业经营理念的贯彻、经营目标的实现大打折扣，更重要的是削弱了领导者、广大员工的斗志，破坏了工作氛围，影响了企业的整体利益。长此以往，它将会断送企业的前途。

那么，是不是说海信集团没有执行力呢？当然不是，周厚健表示，海信的管理团队和管理机制还是具备强大的执行力基础的。他还举例证明了这点。1995年海信研发空调时，公司内外一片反对声。公司相关人员经过近两年的产品分析、市场调研，最后决定研发变频空调。决策拍板后，集团上下从项目引进、消化，到迅速建成全国规模最大的变频空调生产基地，整个过程彰显了强大的执行力，从而使这个项目获得了巨大的成功。这个项目的成功，不仅仅是决策上的成功，还是执行上的成功。在海信，这样与执行力有关的例子还有很多。

尽管海信集团发展势头如火如荼，但周厚健表示海信集团执行

力不强的观点一点也不夸张。20 世纪 90 年代以后，凡是高速发展而且发展得好的世界级企业，都具有极强的执行力。IBM 前总裁郭士纳曾说："一个成功的企业和管理者应该具备三个基本特征，即明确的业务核心、卓越的执行力及优秀的领导能力。"在他看来，执行力是企业成功不可缺少的特征之一。

思科系统公司是全球领先的网络解决方案供应商。很多人认为，这样一个拥有强大技术和实力的公司，其核心竞争力肯定是技术，但是思科系统公司原副总裁林正刚却认为公司的成功不在于技术，而在于执行力。

由此可见，世界级的大公司是多么重视执行力。那么，为什么很多企业执行力不足呢？具体原因如下。

第一，管理者没有对执行力常抓不懈，往往虎头蛇尾，导致企业无法始终保持高效的执行力。第二，公司的管理制度不严谨，经常朝令夕改，让员工无所适从，这也会影响企业的执行力。第三，制度本身不合理，缺少操作性和针对性，或者过于烦琐，不利于执行。比如，处理一个文件只需 7 分钟，但由于公司处理文件的制度过于烦琐，文件在中间的环节耽搁太久，导致执行力低迷。

在执行中，很多员工是为领导而做的，领导说什么，他们就做什么。对此，周厚健表示，执行绝不是领导说一句，你就做一件事；领导布置一个任务，你就完成一个任务；执行不是为领导而做，而是为企业而做。

周厚健说："执行的根本目的是为了企业的发展，一切对企业不利的事情都不应该被执行。如果员工非常坚定地执行领导说的话，而不顾企业的根本利益，将会对企业发展带来负面的影响。如果这种执行得不到有效遏制，最终受损的是企业利益。"

那么，如何强化团队的执行力呢？

1. 树立明确的目标，确定执行力的方向

确定目标，似乎是一个老生常谈的话题，但确定目标并不是一件容易的事。确立目标的基础是建立在前期大量的分析调研工作之上的。在制定大目标之后，管理者要将目标进一步分解，所谓"千斤重担大家挑，人人肩上有指标"，这里的指标就是指每个员工的目标。如果每一名员工都能完成自己相应的指标，那么企业的大目标就能得以实现。

从企业“大”目标到部门“中”目标和员工“小”目标，体现了目标的层级关系。正是因为有了目标分解，目标才会越来越具体，越来越有可操作性。当企业目标明确时，大家才会各司其职，而不是像盲人骑瞎马，走到哪算哪；当企业目标明确时，各个部门、各个员工才能在执行中形成一股合力，从而更好地发挥聪明才智，促进目标的达成。

2. 引导员工实现团结协作

团结协作是一种良好的职业道德，企业需要营造一种团结协作的环境。要想做到这一点，管理者可以从这样几个方面入手：一是树立美好的愿景，让员工看得到企业的前景，为共同的奋斗目标而努力；二是建立明确的工作职责、工作目标及合理的薪酬体系，清晰的工作职责与目标有利于员工找准努力的方向；三是加强员工教育，培养他们团结协作的精神。

想要提高执行力，就要让合适的人做合适的事

索尼公司在近年来不断地获得发展，这跟它的管理者能够为人才找到合适的发挥空间是分不开的。演员出身的大贺，被索尼公司提升为公司的总裁，就是最典型的例子。他充分地发挥了自己在乐声和经营方面的特长，仅仅几年时间，就让索尼公司成为全日本最大的录音公司。

“21世纪什么最贵？人才！”这句台词出自知名电影《天下无贼》，它很形象地道出了当今人才对企业发展的重要性。在使用人才的时候，企业要注意“量体裁衣”，要给予人才适合的，可以一展拳脚的岗位。

经常有企业抱怨找不到合适的人才，或者应聘者好不容易经过初试、复试，上岗后的表现却并不让人满意。企业不满的同时，应聘者也在抱怨说自己如何杰出，却英雄无用武之地。矛盾出现的主要原因就是企业没有把合适的人放到合适的位置上。

人事决策要明确人事安排的本质、目的是什么，岗位的任务是什么，什么岗位用什么样的人。我们知道，执行力是有界限的，某人在某方面表现很好并不代表他也能胜任另外一项工作。比如说，一个工程师在开发新产品上也许会卓有成就，但他并不适合当一名推销员；反之，一名成功的推销员在产品促销上可能很有一套，但他对于如何开发新产品却

一窍不通。

所以，在选聘人才时，企业应考虑其执行力是否与职位的要求相匹配。只有将合适的人才配置在合适的位置上，才能使其为企业创造价值。

福特公司工程师哈罗德·斯伯利特曾经大力主张生产一种微型货车，他敏锐地觉察到这种微型货车将会是未来汽车制造业的发展趋势。但是，作为福特公司的领导人，亨利·福特二世还在为之前埃德塞尔开发微型货车的失败耿耿于怀，他认定自己的能力比不上前人埃德塞尔，埃德塞尔都做不到的事情，自己自然也做不到。

正当斯伯利特踌躇满志地提出自己制造微型货车的意见时，福特毫不犹豫地拒绝了。斯伯利特因此对福特公司失望透顶，他认为这家公司已经不能满足自己的发展要求了，于是就有了另谋高就的想法。

当斯伯利特离开福特公司的消息传出时，沃尔沃、通用汽车等福特的竞争公司纷纷向斯伯利特抛出了橄榄枝。最后，福特公司的第一死敌——通用汽车公司捷足先登，得到了斯伯利特的垂青。在这里，斯伯利特研制微型货车的想法得到了该公司总裁艾柯卡的全力支持。在研发新型车上，斯伯利特用了足足五年时间。其间，他也经历了无数次的挫折和失败，但是艾柯卡始终对他充满信心，满足了他的一切需求。

5 年后，斯伯利特的新型微型货车终于上市，并大受欢迎，成为通用汽车的支柱产业。斯伯利特终于在通用汽车完成了自己的心愿，也从此登上了事业的高峰。

从上面的例子我们可以看出，斯伯利特之所以离开福特公司，是因为该公司无法满足他的岗位需求，没有人愿意留在一个不适合自己发展的岗位。但是通用汽车总裁艾柯卡眼光独到，为斯伯利特“量体裁衣”，用合适的岗位和全力支持招徕到他。最后，事实证明，斯伯利特没有让人失望，他为通用汽车公司创造出了他人无法超越的业绩。

“良禽择木而栖，良臣择主而事”，福特公司没能知人善任，导致人才流失。不得不说，亨利·福特二世和艾柯卡两人在用人方面有很大的差距。

英国管理学家德尼摩曾经说过："任何人都有他自己该有的位置，只有将一个人放在适合他的位置上，才能发挥出他身上的潜能。"那么，管理者如何为员工"量体裁衣"呢？

1. 根据员工的性格特点

每个员工都有自己的性格特点和个人爱好，企业的管理者，应该按照下属的优点和喜好合理地分配工作。比如，让成就欲望比较高的下属单独去做一件有挑战的事，并在他完成任务后及时给予肯定和赞扬，从而提升其工作的积极性；让有权力欲望的员工担任与其能力相适应的管理职位。同时，管理者要加强下属对企业认同感的培养，增强员工之间的凝聚力，这样才能激发员工的工作热情。

2. 根据员工的爱好和专长

"闻道有先后，术业有专攻。"这句话是亘古不变的道理。假如我们把瓦匠调去做木匠的活，把木匠调去做瓦匠的工作，最后不仅工作效率低，事情也会做得一塌糊涂。每个人都有自己的长处，而企业管理者该做的就是给予每个人才适合其发展的道路。管理者需要量才适用，按照不同人才身上的不同特质来安排相应的岗位职责，将合适的人才放到合适的位置上。同时，在做这些工作之前，企业管理者要注意记住员工的性格、气质、兴趣和专业等，发现他们的专长。

对许多企业来说，知人善任或许是一件难事，需要管理者花费大量的时间、精力去观察、了解每一个人才的能力范围。有时候，为了寻找一个关键职位的适当人选，管理者大伤脑筋，这样会使企业管理者行事过于小心翼翼。但这种小心翼翼是必需的，否则，当发现因为用人不当而造成重大损失时，就无可挽回了。这样的教训，在企业当中并不少见。

第三章　令行禁止，提高团队的战斗力

执行力就是团队成员按质按量、一丝不苟地完成团队任务的能力，至于衡量的基本标准则是由上级或客户来制定。执行力决定着团队的生存与发展，兴衰与成败。如果一个团队的执行力不强，那么即使个人执行力再强也没有意义。只有提高团队执行力，集合整个团队的力量，才能最终实现团队所设定的目标。

不要拖延，立刻、现在、马上行动

在西点军校，每个学员都要接受一个观念："不要拖延，立即行动！"皮鞋要及时擦干净，被子要及时叠整齐，学员不容许有丝毫的拖延。试想如果不是擦皮鞋，而是在战场上、在修筑工事、在对敌冲锋时，拖延的习惯将会给自身、给全军带来多么可怕的后果。这并不是把问题绝对化。因为商场和战场一样，工作就像战斗。要想在商战中立于不败之地，管理者就要充分激发员工的执行力，从而带出一支高效的、有战斗力的团队。

朱先生是温州乐清五金机械厂的老板。1992 年金秋，朱先生因出差住在上海的一家饭店。一天晚上，他吃完晚饭后在街上瞎逛。朱先生很喜欢逛街，他将此称为"跑信息"，或者说"捡钞票"。

在逛街过程中，朱先生发现有一家食品店门口排起了一条长队。他走近一看，发现大家都在排队买板栗。顿时，朱先生敏锐地意识到这里头有商机。为什么他这么认为呢？因为他信奉一条发财之道：人群密集的地方，财神爷就在微笑。

朱先生观察到买板栗的人买到板栗后，由于急于尝鲜，往往猴急地剥、咬，结果把板栗弄得支离破碎，有时候还弄得满脸脏兮兮的，那样子真叫一个狼狈。看到这里，朱先生的大脑里突然闪现了三个字“剥栗器”，对呀，如果有剥栗器多方便啊。他在大脑中迅速画出了剥栗器的草图，假如使用镀锌铁皮制造的，成本大概 2 角，售价大概 3 角。

10 分钟之后，朱先生推开了那家食品店的大门，他找到店老板，向他推销剥栗器。食品店的老板对朱先生所说的剥栗器很感兴趣，表示越早上市越好，并希望朱先生在两个月内能将货送到。朱先生笑着对店老板说：“两个月？不！我一个星期就能把剥栗器给你送来。”

当天晚上，朱先生便用传真把剥栗器的草图发给了温州老家的工厂。在工厂技师和员工的全力配合下，两个小时后，一副模具生产了出来。接着，冲床开始运转，剥栗器实现了大批量生产。三天后，朱先生派人把剥栗器运往上海。一时间，大大小小的炒栗贩子都成了朱先生的客户。

人们常说这是一个“大鱼吃小鱼”的时代，其实，更准确地说，这是一个“快鱼吃慢鱼”的时代。速度在企业竞争中越来越重要，当企业决策出台后，要求的是立刻、现在、马上去执行，绝不容许有半点拖延，这样的执行力才是最高效的。

上文中的朱先生从“人们辛苦地剥板栗”这一举动中看到了商机，并以出人意料的执行速度，将剥栗器迅速生产出来。他既解决了人们剥板栗的困难，又从中狠狠地捞了一桶金。毫无疑问，朱先生是一个快速、高效的执行者，他的团队也是一个有高效执行力的团队，这就是他成功的重要原因。

试想一下，假如朱先生画出剥栗器的草图之后，没有在当晚就把草图传回工厂，待其出差结束，回到公司后，才和员工商量、讨论，再决定是否研发，最后才到生产部门。这一套管理流程走下来，看似科学严谨，但是却会耽误很多时间。若按照这一流程，也许当朱先生将剥栗器生产出来时，已经有人抢先一步推出了剥栗器。

在当今激烈的市场竞争中，衡量一个企业、一个团队、一个员工的执行力，关键是看速度和效果。如果一个团队能在保证完成任务的同时，以远远快于同行的速度去执行，那么这个团队将所向披靡，这个企业将前景无限。反之，如果团队执行速度慢，则很容易贻误战机，这样一来，再完美的执行也会失去价值。所以，但凡成功的企业家都倡导“立刻、现在、马上”去执行。

1999 年 2 月的一天，马云带领从北京回到杭州的 18 人，在自己家里召开了一次全体会议。这次会议之后，18 个像马云一样的“疯子”就开始迅速行动起来。其实，当时很多人并不理解马云的创业意图。当马云把网站的经营模式和盘托出时，程序员不同意，一些编辑人员也反对，他们对电子商务模式的认识还停留在 B2C（Business to Customer，即企业与消费者之间的电子商务）和 C2C（Business to Customer，即消费者与消费者之间的电子商务）上。这也不怪他们，因为当时世界上成功的电子商务模式只有这两种。

在 18 人中，多数人认为马云的脑袋里装的 B2B（Business to Business，即企业与企业之间的电子商务）模式不可能成功。马云努力倡导自己的想法，但是没能说服他们，在这种情况下，马云当机立断，坚决地下了命令：“你们立刻、现在、马上去做！”

马云下令后，团队没有任何怨言，大家分头行动，快速执行。事后马云说：“我很少固执己见，一百件事里难得有一件。但是有些事，我拍了自己的脑袋，凡是觉得自己有道理的，我一定要坚持到底。”在后来阿里巴巴的发展过程中，像这样的情况出现过很多次。

有人说，阿里巴巴不是计划出来的，而是在“立刻、现在、马上”的执行理念中干出来的。在马云的带领下，阿里巴巴团队朝着自己认为正确的方向疯狂奔跑，最后他们成功了。

当然，每个企业都渴望高效的团队执行力，但是执行力的提高并不是件简单的事情。企业要想为执行提速，必须建立一套完善的控制制度。这套制度要为执行排除不必要的障碍，比如，消除繁杂的程序、严重的等级制度、官僚主义、推脱责任、拖延等不正之风。这套制度还要求每个管理者带头落实，每个员工严格遵守，并且大家还要互相协作。只有这样，团队执行力才能成功提速。

执行讲业绩和结果，而不是借口和如果

巴顿将军在他的战争回忆录——《我所知道的战争》中，记录了这样一个故事："我要提拔人时，常常把所有的候选人排到一起，给他们提一个我想要他们解决的问题。我说：'伙计们，我要在仓库后面挖一条战壕，8米长，3米宽，6米深。'我就告诉他们那么多。我有一个有窗户或有大节孔的仓库。候选人正在检查工具时，我走进仓库，通过窗户或节孔观察他们。我看到伙计们把锹和镐都放到仓库后面的地上。他们休息几分钟后开始议论我为什么要他们挖这么浅的战壕。他们有的说6米深还不够当火炮掩体。其他人争论说，这样的战壕太热或太冷。如果伙计们是军官，他们会抱怨他们不该干挖战壕这么普通的体力劳动。最后，有个伙计对别人下命令：'让我们把战壕挖好后离开这里吧。那个老混蛋想用战壕干什么都没有关系。'"最后，巴顿写道："那个伙计得到了提拔。我必须挑选不找任何借口地完成任务的人。"

"不找借口"是优秀执行者的必备素质。"不找借口"也是西点军校流传已久的传统。

在西点军校，不管长官问什么，学员只能回答："报告长官，是。""报告长官，不是。""报告长官，我不知道。"除此之外，学员不能多说一个字。当长官向学员下达指令时，学员必须重复一遍军官的指令。当长官问学员："有什么问题吗？"学员通常的回答是："没有，长官。"这就意味着学员接受了长官的命令，意味着承诺和责任，剩下的就是不找借口、绝对执行。

当长官问："为什么不把鞋擦亮？"如果学员回答："哦，鞋脏了，我没时间擦。"那么，很可能遭到长官的一顿训斥。因为长官关注的是结果，而不是似是而非的借口。没有任何借口是西点军校奉行的重要的行为准则，它强化了每一位学员的执行力，提高了每一位学员的责任心。

从西点军校走出来的学员在工作中很少找借口，因为“不找借口”的理念已经烙刻在他们的思想里。

德国国家足球队也有“不找借口”的传统。他们在足球场上取得过辉煌的战绩，其中最大的原因就是彻底贯彻教练的意图，承担自己的角色所担负的任务。即使球队在场上比分落后，全队陷入困难，他们也一如既往地执行既定战略，不找任何借口。他们从来不会说：“如果我们没有落后，我绝不会放弃防守，疯狂进攻。”这种执行精神是每个企业管理者都应该具备的。

徐某是山东朱氏药业集团一家分公司的营销部经理，主要负责产品营销业务，深得上司的器重。然而，有一次由于他执行不力，一笔重要的业务被别人抢去了，给公司造成了较大的损失。事后，领导询问他为什么错失这笔业务，他说：“如果不是我的脚伤发作，我就不会晚半小时到达，那笔业务就不会被对手抢去。”

原来，徐某曾经历过一次车祸，他的脚在车祸中受伤了。不过，伤并不严重，只是轻微的跛，根本不影响正常行动，也不影响他工作。如果不仔细看，谁也不知道他跛脚。

领导听了他的解释，虽然不是很高兴，但是考虑到他给公司做出的贡献，就原谅了他。没想到，领导的宽容非但没有换来徐某的悔改，反而使他越来越频繁地找借口。每当遇到有点棘手的业务时，他就会以腿脚不便为由来推诿工作；如果有比较好的业务时，他就会跑到领导面前说：“我的脚不行，公司应该在业务方面对我照顾点。”

渐渐地，徐某养成了找借口的坏习惯，每当执行不力时，他就会找借口推脱责任。时间一长，他的业绩下滑了很多。领导原本器重他，见他越来越爱找借口，对他感到非常失望。终于有一天，领导忍无可忍，将其扫地出门。

乔治·华盛顿曾经说过：“99% 的人之所以做事失败，是因为他们有找借口的恶习。”一旦养成找借口的恶习，员工所表现出来的拖拉、磨蹭、推诿、效率低下等毛病，会严重影响整个团队的合作氛围。这样的员工将会因此失去别人的好感，尤其是其上司和其下属，当然，还有同事。也许某些借口看似合情合理，但是如果不能在工作上取得良好的业绩，最终受害的是员工自己。

职场是一个靠业绩说话，而不是靠借口生存的地方。俗话说："躲得过初一，躲不了十五。"找借口能混一时，却无法一直混下去。比如，有位管理者在一家公司工作了十多年，一直没有获得晋升，相反，老板一步步将他降级到更低的职位，最后，他被降级为一名普通的仓管员。他对此感到很是不解，于是找老板理论，他认为自己就算没功劳，也有苦劳。但是老板却说："我降你级，是因为你没有取得业绩，而别人取得了业绩，我必须对别人表示认可。"这位老板的话是非常有道理的，他用实际行动告诉员工们：职场讲的是业绩，讲的是结果，而不是讲如果，讲借口。

不平凡与平凡之间，就差那么一点点

胡适先生曾经写过一个十分有趣的寓言故事，叫作《差不多先生传》。在寓言的开头，胡适写道："差不多先生的相貌和你和我都差不多。他有一双眼睛，但看的不很清楚；有两只耳朵，但听得不很分明；有鼻子和嘴，但他对于气味和口味都不很讲究。他的脑子也不小，但他的记性却不很精明，他的思想也不很细密。他常说：'凡事只要差不多，就好了。何必太精明呢？'"在接下来的故事里，这位差不多先生不仅在工作时算错了账，生活中误了火车，最后甚至因为请错了医生而送掉了性命。

当我们强调差不多就是差很多这个理念时，大部分人都会不忿。比如，我和某某都差不多，凭什么领导让他晋升而不是我？再比如，我们的产品和某公司的产品都差不多，为什么消费者买他们的产品却不买我们的产品？在这些事情背后，其实都隐藏着一个关于执行力的道理，那就是：差不多就是有差距，有差距就是差很多。所以，一个具有执行力的团队绝不会放弃任何可以提高的细节。

20世纪70年代，格茨·维尔纳白手起家创建了属于自己的

DM连锁店。在经营中，他发现要想提高团队的执行力，就必须让团队注重细节。所以，有时他会为了提醒团队注重细节而做出一些特别“古怪”的行为。

有一次，当维尔纳像往常一样走进一家DM分店时，他马上发现了问题，并要求分店经理拿扫帚来。这家分店的经理感到非常疑惑，但是又不敢拒绝。于是他一边把扫帚递给维尔纳，一边说：“维尔纳先生，我不明白您要它做什么？”维尔纳微笑着指了指地下的灯光对经理说：“你看，店里灯光的亮点现在刚好聚在地上，这样白白浪费了我们的能源。”于是，维尔纳用扫帚柄拨了一下上面的照明灯，让灯光的亮点刚好照在了货架上。

曾经有人对于维尔纳的做法表示质疑，他们说，如果在团队管理中，这样的小事也要由大老板过问，并且亲自动手，岂不要把他活活累死？可是，这种激励团队精益求精的做法非但没有把维尔纳累死，反而让他成为拥有1370家连锁店、2万名员工的大老板。早在2002年，DM连锁店的销售额就已经高达26亿欧元。维尔纳也成为同行业中最富有的人；2003年年初时他的个人财产就已经达到9.5亿欧元。维尔纳在解释自己提高团队执行力的心得时说：“这样做给人留下的印象远比下达批示深刻得多。当然，我不可能每天到所有的分店跑一圈，每一个细节都不放过，但是，‘商业教皇’布鲁诺·蒂茨说得对：‘一个企业家要有明确的经营理念和对细节无限的爱。’”

维尔纳对团队的管理告诉我们，不平凡与平凡之间，往往差的就是那么一点超越，而正是这一点点造成成就上的巨大分野。比如在田径赛的短跑项目上，百米十秒的成绩和九秒的成绩就差一秒，但是这就是业余水平和世界冠军的差别。再比如，在吉尼斯世界纪录上，榜上有名与否或许就取决于一个、一分钟、一米甚至一毫米的差距，但这就是世界之最和默默无闻之间的差别。所以，一个团队要想拥有高效的执行力，那么团队成员必须达成“差不多”就是“差很多”的共识。这样的团队才可能一丝不苟地执行领导者的命令，并自发地将手中的工作做到无可挑剔。

那么，应该如何激发团队成员追求完美的潜能呢？

（1）让成员投身于其热衷的项目。让成员处于正确岗位的另外一种方法是，找到成员的真正爱好所在，并看他们是否能把其热情投入岗位中。这有时候或许某些经验不多的成员会被调到其兴趣所在的岗位。如果根据他们以前的工作表现，管理者确信他们能胜任岗位，那么这样做是非常值得的，因为他们的热情将是学习和成长的强烈渴望。一旦他们全力以赴，其热情将是创新和成长的强大动力。

（2）要退一步思考，谁是领头羊的最佳人选。除了寻找有能力胜任岗位的人选或对岗位有热情的人选之外，管理者还需要关注那些有成功纪录的人选。有时候良机只有一次，他们或许会错失。所以，即便要把某些成员调离某些重要岗位，管理者都应该在最佳时机使用最佳人选。

一勤天下无难事，一懒世间万事休

懒惰属于人性中的一部分，人在天性上喜欢追求轻松愉悦的感觉，对压力和辛劳存在些许排斥，尤其体现在对待工作的态度上。懒惰的员工把劳动当成苦役和负担，总是想方设法地减轻自己的劳动量，逃避自己的职责，他们不能专心投入工作，也不能从工作中得到任何精神满足，他们在物质方面所得也十分有限。“一分耕耘，一分收获”，懒于耕耘的人当然不可能有什么收获，没有人会把高额的薪水支付给在工作上经常偷懒的人。这正从反面印证了马克·吐温的一句话：“一个人在工作中得到的享受越多，从中获得的报酬也就越多。”不懂得享受工作乐趣，被“懒惰因子”完全操控的人获得的报酬当然少之又少。

懒惰的人在问题面前，总是急于得出结论，从不愿耗费一点精力来思考自己的结论是否正确。他们惯于依赖以往的经验和直觉判断，不想花费时间去做任何实地考察，面对艰苦的工作能推就推，毫无进取之心和探索精神，结果往往会走错路，不但让自己走向失败，还会给企业带来麻烦。

肯德基进入中国市场之前，公司派一位执行董事来中国考察市场。他来到北京街头，看到川流不息的人流，大多数人穿着都不怎么讲究。仅凭这一点，他就向总公司报告说，肯德基在中国有潜在消费者，但无大利可图，消费水平低，想吃的多，但掏钱买的少。由于他没有具体进行相关信息的收集、整理，而是仅凭直观感觉、经验就做出预测，被总公司以不称职为由降职处分。接着，公司又派了另一位执行董事前来考察。在北京的几个街道上用秒表测出行人流量，然后请500位不同年龄、职业的人品尝了肯德基的样品，并详细询问他们对炸鸡的味道、价格、店堂设计等方面的意见。不仅如此，他还对北京的鸡源、油、面、盐、菜及北京的鸡饲料行业进行了详细的调查。经过总体分析，他认为，如果肯德基进入北京市场，虽然每只鸡只能获取微利，但消费群巨大，仍能获得巨大利润。果然，北京的第一家肯德基开张不到300天，赢利便高达250多万元。

第一位执行董事得出结论时非常草率，他没有做任何考察就认定肯德基在中国市场打不开销路；而第二位执行董事做了许多工作，收集了不少更有说服力的证据。两位执行董事也许在能力上并无太大差距，只是前者过于懒惰，而后者更加勤奋且更有责任心。

懒惰会使人失职，如果管理者不能清除团队成员身上的懒惰因子，那么他们的工作则极有可能被懒惰所毁。“一勤天下无难事，一懒世间万事休”，懒惰之人从来就不会主动思考问题，也不可能积极主动地做事，遇到难题要么绕路走，要么就推给别人。懒惰就像病毒，如果一小部分人身上携带了懒惰因子，而管理者没有及时干预和控制，那么这种懒惰病毒就会在团队中迅速蔓延，直至毁掉整个团队的健康运转。因此，管理者一定要把这种有害的病毒从团队中清除出去。

那么，如何让员工清除自己身上的“懒惰因子”呢？

1. 平衡挑战性目标和现实目标

管理者可以通过设定积极目标和督促员工定期汇报工作进度，来建立绩效文化。但是目标不能太高，否则员工很快就跟不上，并且认为自己永远无法达成目标。这就意味着管理者必须定期重新评估目标的可实行性（至少一个季度一次），从而决定他们是否需要减少或者增加工作任务。

2. 不要给出所有的答案，培养员工独立思考的能力

管理者、领导者并不是必须要包揽所有的好想法。如果员工因为没有事先征求管理者的意见而犹豫不决，那说明管理者没有合理地赋予他

们权力。

如果员工不能自己做决定，那管理者应当改变策略。当他们就某一问题给出相关信息，并询问该怎么做时，管理者应该反问他们："你们是怎么想的？"一开始，他们也许会很惊讶，但经过多次之后，他们自己会先思考，充分讨论并提出建议，然后再来找管理者。管理者应该让员工知道"为什么"，从而达成共识。

3. 及时跟员工沟通新的进展和策略转换

最糟糕的事情是，员工已经有成形的想法做某事，结果管理者提出一个全新的方式，这会严重影响他们的日常工作。当管理者突然告诉他们新方式时，他们会自然地抵触和怀疑。无论何时，只要有可能，管理者应事先告诉员工有变化，让他们知道相关原因。如果管理者这样做，员工会很高兴。如果员工不同意管理者说明的原因，他们可以表达自己的不同见解，甚至可以在最终方案敲定之前提出警告和问题。

当管理者还在制订计划或更改策略时，还有一个更好的方法，就是让团队成员集思广益、献计献策，然后管理者将他们的点子和反馈汇集在一起。有时候，或许管理者不得不在团队中搞"突然袭击"，但必须尽量别那样做。即便不得不那样做了，管理者也要找时间告诉员工决策背后的原因。

让"小宇宙"爆发，克服团队拖延症

明明任务就摆在眼前，已经看得见领导"催债"的样子；明明只要轻轻抬手拨个电话、点一下鼠标发封邮件即可，可是"再等等，就一下下"的心情依然支配了所有的行动。于是，天亮了又黑，"死期"将近，在渐渐沮丧的心情中，潜能的"小宇宙"却逼近爆发的边缘——一名拖延症患者诞生了。

一、拖延症的特点

拖延症患者通常有如下心理特点

（1）对抗压力。因为每天压力很大，所以要做的事情一直被拖下来。

（2）没有自信。因为每次完成任务都达不到自己最高的能力，对自我能力的评估会越来越低。

（3）操控别人。他们着急也没用，一切都要等我到了才能开始。

（4）受害者心态。我也想知道自己怎么会这样，为什么别人能做的自己却做不到。

（5）我太忙。我一直拖着没做是因为我一直很忙。

（6）顽固。你催我也没有用，我准备好了自然会开始做。

二、拖延症的危害

“拖延症”这个毛病，并不是当代所独有的新事物。“明日复明日，明日何其多。我生待明日，万事成蹉跎。”早在清代，就有诗人以诗句的方式提出了拖延症这个话题。不过拖延症正式成为病症，国外对其研究不过才一二十年，在金发碧眼的国度，它被称为 procrastination。

对于拖延症的成因，科学家们认为远不止懒惰那么简单。拖延症可以归结到完美主义，因为要求完美，所以非得谋篇布局，等万事俱备才“开场”；它也可以归结到抵制和敌意，任务太难了，我不喜欢这个头儿，所以我懒得做；它还可以归结到对自己没有信心，我能做好吗？我能让大家满意吗？在这样的纠结中，时间也一分一秒过去了。

杰森就职于一家颇有声望的律师事务所，他刚涉足律师行业不久，所以感到不是很适应。虽然攻读法律专业的他具有相当丰富的理论知识，对于接手的案件也能进行较为专业的分析和思考，但是他总是把主要工作向后拖延，比如必要的背景调查、约见客户和拟写案件小结等。

每次临近庭审日期时，他都在紧张地赶写案件小结，由于过于匆忙，他的工作经常完成得差强人意，他总是找借口说：“如果能多给我一个星期时间，我做得一定会比现在好多了。”杰森为自己开脱的理由无疑具有自欺欺人的性质，真正使他在工作上表现不尽如人意的根本原因不在于时间不足，而在于他事事追求完美，因此习惯做事拖延。尽管在大学期间，他学习成绩十分优异，但是真正投身于律师行业后，他对自己的能力产生了怀疑，不相信自己能把工作做到十全十美，他一再地拖延工作，结果使自己陷入了僵局。拖拖拉拉的坏习惯使他输掉了很多场官司，这使他感到分外沮丧。

其实对日常生活来说，拖延未必等于误事。拖延症这个毛病，有时候看起来还真没什么大不了的——把该干的活留到最后期限，加班加点赶工也能完成；有时候甚至因为在压力下“小宇宙”爆发，在赶工时觉得自己思维敏捷、文思泉涌，工作反而比平时完成得更好。然而，拖延症患者并不总有好结果，一次“豁边”可能就彻底改变其人生轨迹。通常情况下，工作拖延以后，压力更大，仓促完成之后工作质量更是难以保证，有时拖延还会错过很多改变命运的良机，有的人因为拖延错过大单生意，有的人因为拖延错过升学机会。

三、拖延症的“治疗”

时至今日，已经有了不少关于拖延的研究，为我们提供了很多可借鉴的办法。我们认为，治疗团队成员拖延症的步骤如下。

1. 对目标任务完成时间进行全盘反思，必要时做出合理调整

作为团队的领导者，如果团队的部分员工工作进度滞后，在催促拖延症员工推进工作时，应当有如下反思：下达命令时是否讲明了工作任务完成的明确时间？任务截止的时间节点安排得是否合理？任务负责人与任务目标是否匹配？任务截止日期是否应当做出适度变更？

在交代任务时最好不要对下属说越早完成越好，因为这样做就等于没有明确指出任务应该完成的确切时间。任务截止日期一定要精确到年、月、日，要让团队成员明白在规定的时间内必须完成规定的工作量，不给他们提供拖延的温床。

团队成员不能如期完成工作，是由很多主观和客观的原因综合造成的，在员工身上分析各种原因之前，团队领导者也应对自己做出的决策反思一番，自己制定任务时，时间节点安排得是否合理。如果在一般情况下，员工处理一项任务需要 3 个工作日，而领导者只给员工留了 2 天时间，这种时间安排显然是不合理的。表面看来，员工没有达成目标，是在拖延工作；而实际上是领导者加大了他们的工作量，对其抱有不切实际的期望，那么失望便在所难免了。

团队之中，人与人之间的能力和专长是有差异的，当任务负责人和任务目标完美匹配时，工作效率自然会非常高；反之，任务负责人并不适合做分配的工作，工作效率自然低下。作为团队的领头羊，领导者必须了解团队成员的特质，使其与任务目标一一匹配，这样每个人才能及时完成规定的工作任务。

假如遇到了不可抗力，比如说同事生病请假、合作方项目出现了变

更等情况，任务截止日期就应当做出合理的调整。此外，如果领导者认识到自己制定的任务完成期限并非合理，而且是不可实现的，也应该调整任务截止日期。

2. 让团队中的每一位成员认识到他们对于项目整体目标的重要性

大部分工作都是枯燥乏味的，员工在一定时期内会对工作产生厌倦情绪，以致把手头必须马上完成的工作一拖再拖。许多员工认为自己只是个微不足道的角色，在项目的整个环节中无足重轻，因为缺少动力，做事的节奏始终很慢。领导者必须让员工明白团队中的每个人都是非常重要的，他们的工作对于整体目标具有重大意义，在肯定他们的价值的同时，激发他们的主人翁责任感，使其为实现团队整体目标做出最大的努力和贡献。

3. 分解目标任务

如果完成目标任务所花费的时间过长，为了不拖进度，不妨先提交部分结果，让其他部门先用起来，然后陆续提交其他成果，确保在整体目标任务截止日期内配合其他部门达成企业的整体目标。这种分批量提交工作的方法可以有效推进项目的进行，同时能很好地分散压力，避免员工在高温高压的环境中产生抵触情绪，不失为一种克服团队拖延症弊病的有效方法。

抓住执行中的细节，提升总体业绩

对于绝大部分人来说，我们的才智都属一般，很难做到“一心二用”。所以，对待工作，我们必须专心、专注、专一。简单地说，具有高效执行力的团队就是要让自己的团队成员能够“专注工作”。因为只有足够专注的员工才能够抓住执行中的细节，从而提升团队的总体业绩。

密斯·凡·德罗是20世纪最伟大的四位建筑师之一，在被要求用一句最概括的话来描述他成功的原因时，他只说了五个字“魔鬼在细节”。他反复强调的是，不管你的建筑设计方案如何恢宏大气，如果对细节的把握不到位，就不能称之为一件好作品。

当今全美国最好的戏剧院不少出自德罗之手。他在设计每个剧院时，都要精确测算每个座位与音响、舞台之间的距离以及因为距离差异而导致的不同的听觉、视觉感受，计算出哪些座位可以获得欣赏歌剧的最佳音响效果，哪些座位最适合欣赏交响乐，不同位置的座位需要做哪些调整方可达到欣赏芭蕾舞的最佳视觉效果，更重要的是，他在设计剧院时要一个座位一个座位地去亲自测试和敲打，根据每个座位的位置测定其合适的摆放方向、大小、倾斜度、螺钉的位置等。他这样细致周到、为顾客考虑的工作态度，使他成为一个伟大的建筑师。

密斯·凡·德罗之所以能够认识到细节的重要性，同时将工作中的细节做到极致，就是因为他对自己的工作足够专注。而足够专注的工作者才可能在执行时把握住每一个细节，从而避免整个团队的心血毁于一旦。

日本 SONY 公司与 JVC 公司在进行录像带标准大战时，双方技术不相上下，甚至 SONY 推出的录像机还要早些。两者的差别仅仅在于一盘带的时长，JVC 一盘带是 2 小时，SONY 一盘带是 1 小时，其影响是使用 SONY 的录像带看一部电影经常需要换一次带。仅此小小的不便就导致 SONY 的录像带全部被淘汰。

那么，应该如何让团队成员抓住执行中的细节问题?

“专心工作”是好员工必备的一项素质。大体来说，员工专心工作表现在以下三点。

1. 专职工作，严禁兼职

前段时间，笔者在各种媒介上，包括圈子内都听到很多友人提到“兼职创业”。笔者认为，如果“兼职创业”确实能够不影响自己的本职工作，那么这种“兼职创业”是可以尝试的；然而，在现实中，大多数的“兼职创业”都是在用企业的钱培育自己的“小事业”，最终不仅本职工作没有做好，“兼职事业”也是一团糟，而且特别容易遭人非议。在笔者所负责的区域内，是严禁员工从事兼职工作的。道理很简单，你根本无法做到“一心二用”。工作是需要我们用心、专心才能去完成的。

2. 定岗定员，各负其责

每个员工都有自己最核心的、最专一的，也是唯一的工作。在自己的岗位上，员工就必须发挥自己所有的聪明才智，做好自己的本职工作。

如果一项工作同时由多人负责，那么最后的结果必然就是谁也不负责，事情越做越糟。

3. 集中精力，做好本职工作

聚焦 80%的时间和精力从事自己最核心的、本职的工作，这也是最能体现员工个人的价值和能力、为企业或单位创造更大效益的标志。每个员工都会有各种烦琐的杂事，但是作为一名优秀的员工，必须学会80/20 定律[①]，将宝贵的时间和精力聚焦到最核心的、最本职的工作上。只有这样，才能创造出真正大的价值和效用，为企业多做贡献，也变相地验证了自己的价值。

4. 勇担责任，主动暴露问题

具有专注力的员工，永远都是那些勇于承担责任的员工，因为他们有自信、有魄力，能带动团队中其他成员共同成长。上级对其放心，下属愿为其“拼命”。勇于承担责任的员工始终是企业所青睐的，是时代的弄潮儿。这样的员工，就事论事，不回避困难、不逃避责任，勇于面对现实和困难，直面挑战，带领团队中的其他成员实现逆境突围。当遇到问题或者困难时，主动、及时将问题暴露出来，拒绝遮遮掩掩，分析问题并且快速解决问题，同时总结、反省，从而不断提高自己的学习能力和解决问题的能力，这样的员工只会越走越顺。

二等员工等任务，一等员工找任务

在领导者心中，那些只会被动接受任务的员工往往属于二等员工，而一等员工则会自己主动找到属于自己的任务，并且果断执行。的确，在一个团队中，那些懂得主动找任务且果断执行的人往往更受欢迎，他们也更容易获得晋升的机会，而只知道被动等待领导分配任务的员工，往往给领导者留下难堪大任的印象。成功往往更青睐于那些懂得寻找任务且果断执行的人。

---

① 即二八定律，又称帕累托法则（Pareto's Principle），意大利经济学家帕累托发现的。他认为，在任何一组东西中，最重要的只占其中一小部分，约20%，其余 80% 尽管是多数，却是次要的。

一位在东欧生活的老人来到美国，当他走进曼哈顿的一间餐馆时，却遇到了与自己国家不同的情况。当他坐在餐桌旁等着侍者拿餐盘来为他点菜时，等了很久，也没有人来为他服务。直到他看到有一位女士端着满满的一盘食物过来坐在他的对面，他的心里更加疑惑了。

老人问自己对面的女士，这个餐厅怎么没有侍者？女士告诉他："这是一家自助餐馆。你可以到那边去排队，从头开始选择你喜欢吃的菜，然后到另一头去排队，他们会告诉你该付多少钱。"说着，女士指着餐厅的前台，那里果然有许多食物排成长长的一行。

老人按照女士的指示，饱餐了一顿。当他回到家里时，对自己的孩子说："从此我知道了在美国做事的法则：在这里，人生就是一顿'自助餐'。只要你愿意付费，你想要什么都可以。但如果你只是一味地等着别人把它拿给你，你将永远也成功不了。你必须站起身来，自己去拿。"

其实，不只是在美国，在世界的每一个角落，人生都是一顿"自助餐"。主动执行意味着每个人都要靠自己主动出击，去寻找机会；同时，还要自己顶住命运的压力，直到自己将所有的困难都转化为辉煌的成功。

几乎在世界上的每个角落，都有一个老人的笑脸。他有着花白的胡须，黑色的眼睛，笑容可掬。这个和蔼可亲的老人就是著名快餐连锁店"肯德基"的招牌和标志——哈兰·山德士上校。

1890 年 9 月 9 日，哈兰·山德士出生于美国印第安纳州亨利维尔附近的一个农庄。在父亲去世之后，山德士开始帮助自己的母亲照顾弟妹，分担重任。7 岁那年，他竟然学会做 20 种菜，成了远近闻名的烹饪能手。

直到 40 岁，山德士才开始自己的创业之路。他来到肯塔基州，开了一家可宾加油站。来往加油的客人很多，而且这些长途跋涉的人常常是一副饥肠辘辘的样子。山德士想，为什么我不顺便做点方便食品，来满足这些人的要求呢？于是，山德士推出了肯德基炸鸡的雏形，由于味道鲜美、口味独特，受到了热烈欢迎。

很快，炸鸡的名声超过了加油站，很多人专门驾车几十公里来这里不是为了加油，而是为了一尝山德士的手艺。于是山德士就在马路对面开了一家山德士专营餐厅。他潜心研究炸鸡的特殊配料，使炸成的鸡表皮形成一层薄薄的、几乎未烘透的壳，鸡肉湿润而鲜美。至今，这种炸鸡配方还在使用，但调料已增至40种，而这就是肯德基最重要的秘密武器。

1935年，由于山德士的炸鸡闻名遐迩，肯塔基州州长鲁比·拉丰向他颁发了肯塔基州上校官阶，人们开始叫他“亲爱的山德士上校”。同时，随着客人越来越多，山德士发现自己店里的人手明显不够，炸鸡的供应明显无法满足客人的需求。就在这时，压力锅出现在美国人的生活中。山德士觉得，压力锅可以大大缩短烹制时间，又不会把食物烧煳，这对于制作炸鸡而言是再好不过的事情了。

1939年，山德士买了一个压力锅，他做了有关烹煮时间、压力和加油的试验后，终于发现一种独特的炸鸡方法。这个在压力下炸出来的鸡是他所尝过的最美味的炸鸡，至今肯德基炸鸡仍沿用这项妙方。可是“二战”的爆发改变了这个世界上的很多事情，也使已经66岁的山德士上校变成了一文不名的穷人。为摆脱困境，他突然想起曾经把炸鸡做法卖给犹他州的一个饭店老板，他们每卖1只鸡，付给山德士5美分。

66岁高龄的山德士上校开始了自己的第二次创业。他带着一只压力锅，一个50磅的作料桶，开着他的老福特上路了。身穿白色西装，打着黑色蝴蝶结，一身绅士打扮的白发上校停在每一家饭店的门口，从肯塔基州到俄亥俄州，兜售炸鸡秘方，给老板和店员表演炸鸡，然后把特许经营权卖给他们。但是整整两年过去了，没有人愿意相信他，他被拒绝了1009次。终于在1952年，当山德士上校第1010次走进一个饭店时，得到了一句“好吧”的回答。盐湖城第一家被授权经营的肯德基餐厅建立了，这便是世界上餐饮加盟特许经营的开始。也是哈兰·山德士上校第二次迎来了自己的人生辉煌，创建了现在这个世界500强企业——肯德基。

年过花甲的哈兰·山德士上校在人生的“自助餐”面前没有等待，而是坚持执行，直到用自己的努力换来了人生的大餐。由此可见，懒惰地等待只会让我们的满腹才华永无出头之日，而主动出击却能给我们赢得大展身手的机会。希望每一个渴望拥有执行力的人都能够牢记：二等员工等任务，一等员工找任务。

那么，应该如何让团队成员主动成为一等员工呢?

虽然在工作中，奖金、期限、监管、威胁或其他激励因素能够产生短期的积极效果，却也掩盖了它们对即时绩效以及员工长期敬业度的负面影响力。相比之下，内部激励更容易增加员工的长期敬业度。这是因为每个人都有三种基本心理需求。

1. 能力

能力是一种因知识渊博、技术娴熟和经验丰富而感觉受到重视的需求。对每位员工来说，给予其培养和展示能力的机会及支持都是有力的内部激励因素。

2. 关系

关系是一种与同事协作完成工作的需求。不管扮演什么角色，大多数员工都希望与他人协同工作。研究显示，这种内在需求比赢得奖励或避免惩罚等外在需求更强烈。此外，与他人展开有效合作有助于不同的观点和经验的融合，能够提高业务成果。

3. 自主

自主是一种在指导原则内，自我调节实现业务目标的方式的需求。在工作中，没有人有百分百的自由，因为所有人必须为共同的成果做贡献。但是，人们仍渴望自主，或自由掌控自己的工作，进而支持他人的工作。在现有工艺、流程和规则下允许一定程度的个人灵活性可帮助员工在企业环境下茁壮成长。

事先做好计划和准备，执行效果更完美

古人说：“凡事预则立，不预则废。”意思是，不论做什么事，都应事先做好计划和准备，否则，就很难把事情做成。苏联著名教育实践家苏霍姆林斯基曾经说过：“敏捷而有效率地工作，就要善于安排工作的次序，分配时间和选择要点。”

在执行中，管理者应鼓励员工学会制订计划，按照计划去执行任务，

这样效果会更好。怎样做计划呢？其实，只需要对所要做的工作划分步骤，分清阶段，规划好每一步做什么，每一天做什么，这样就能按部就班地把任务执行到位。

哲人说，成功的人生需要正确的规划。其实，要想成为优秀的执行者，也应该善于做计划。有计划地执行才能让执行效果更完美，而盲目地执行，走一步算一步，走不通再换，往往容易失败。

“巴基斯坦齐亚·哈克将军一行75人来华，由于气候恶劣，专机难以在北京降落。经磋商，决定改由上海着陆。现在专机正向上海飞来，两小时后到达，请立即做好迎接准备！”这是1977年11月4日，上海著名的锦江饭店接到的一项紧急任务。

接到任务时，距客人到达饭店仅有两个小时，时间非常紧迫，但丝毫都马虎不得。该怎样完成这个紧急的任务呢？锦江饭店的经理任百尊放下电话后，第一件事就是组织接待班子，急召得力干将开会，为这两小时的“战斗”做一个计划。

在会上，任百尊说：“大家听清楚了，两小时后车队就要到达上海，所以我们的工作必须在120分钟之内完成。这么庞大的国宾队伍需要75套客房，由一百辆轿车组成的迎宾车队，供一二百人用膳的国宴……这一切必须在两小时内按时、按质、按量完成！”

命令一下，全体动员，各个员工该做什么事情，都有了具体的安排。在客人到达酒店的前10分钟，任百尊开始检查客房，推开房门之后，仔细打量，只见地上、墙壁上、天花板上都一尘不染，床面平挺、毛毯平顺。他点了点头，然后又检查床头的插花，只见那些花枝含苞待放、造型新奇、典雅大方。

检查完75间客房之后，服务员已经各就各位，准备迎接来宾。这时，厨师长向任百尊报告，厨房一切就绪，只等客人到来，就可以准时开饭。

就在这时，任百尊接到电话：“国宾车队已到达淮海路茂名路口，两分钟后进入客房。”

齐亚·哈克将军一行人在锦江饭店住得非常满意，他们对这里的服务赞不绝口。直到那一刻，任百尊才放下那颗悬着的心。

任百尊仅用两个小时，就安排饭店完成了高规格的接待任务，这种高效、到位的执行，是每个企业都应该具备的成功元素。任百尊之所以能圆满完成任务，与他接到任务后正确的计划和安排是分不开的。这种统筹全局的能力，是制订有效计划的重要保证，也是每个员工能够按时、按质、按量完成任务的保证。

看过警匪片的人都知道，警察接到报案后，会在第一时间赶到现场，然后针对现场的情况，制订“斗匪计划”，在哪个地方安排狙击手，从哪个地方开始突破等，这个计划是制伏劫匪的重要保证。如果没有这个计划，很难想象警察该如何完成任务。

其实，当我们在工作中接到一个任务时，也应该在第一时间制订一个计划。这个计划可以写在纸上，也可以记在脑子中，这样才能从容不迫地去完成任务。许多优秀的企业家都十分重视有计划地执行任务，李嘉诚就是这方面的高手。

当年李嘉诚为了将长江塑胶厂的塑胶花打入北美市场，他特意制作了精美的产品广告画册，并通过香港有关机构，了解到欧美各贸易公司的地址，然后把这些广告画册寄出去。不久之后，有一家实力强大的贸易公司对长江塑胶厂的塑胶花产生了浓厚的兴趣，他们对李嘉诚的报价也颇为满意，并表示会在一周之后派人来香港参观，以便更好地考察工厂，洽谈合作。

李嘉诚对这家公司十分重视，他了解到该公司是北美最大的生活用品贸易公司，销售网络遍布美国和加拿大。如果能够拿下这个客户，与它建立长期稳定的合作关系，那么对长江塑胶厂的发展十分有利。李嘉诚知道，该公司派人来香港考察，并不是考察他一家公司，怎样赢得该公司的信任与合作，才是他要做的事情。

当时，长江塑胶厂论实力、产品质量、企业规模，都算不上老大。拓展欧洲市场时，由于企业规模有限，而不被客户信任。因此，他决定吸取之前的教训。李嘉诚是怎么做的呢？他立即召开公司高层会议，宣布了一个艰巨的任务计划。

在一周之内，将塑胶花生产规模扩大到令外商满意的程度。为此，要把旧厂房退租，把可用的设备搬迁到新厂房，购置新的设备，安装调试设备，招聘新人并对新人进行上岗培训。这一切都要在一周之内完成，任何一个环节出了问题，都可能使这个计划前功尽弃。尽管只有短短的 7 天时间，但李嘉诚带领员工从容不迫地执行任务。哪组人该干什么，哪些工作由谁做，每一天的工作进度，李嘉诚都安排得十分妥当。

7 天之后，当那家公司的代表抵达香港时，李嘉诚新厂的设备已经完成了调试。李嘉诚让副手负责安排全员上岗，自己开车去机场迎接客人。与此同时，李嘉诚已经派人在港岛希尔顿酒店为外商预定了房间……

一切都在李嘉诚的计划之中进行，最后，那家公司与李嘉诚签订了长期的合作协议，李嘉诚也由此蜚声全港，成为著名的“塑胶大王”。

李嘉诚能够赢得那家公司的信任，靠的不是运气，而是高效的执行力。正因为有了如此高效的执行力，李嘉诚才能在短短的 7 天里，完成一项如此浩大的工程，完成一个看似不可能完成的任务，最后把一个崭新的塑胶厂展现在商家眼前，赢得了商家充分的信任。

第三维 资本运作

——高效融资，助推企业腾飞

资本运作是一门学问，也是一门艺术，它就像一架隐形梯子架在地狱与天堂之间。若资本运作得当，则企业经济实力大增，就会沿着梯子爬到天堂；若资本运作失败，企业就会跌入万劫不复的地狱并赔上相当一部分身家。而且，在资本运作的过程中，没有演习，只有实战，成功的企业家们也正是在这“血流成河”“生灵涂炭”的资本运作竞技场上完成了财富的积累。

第一章 备受“钱荒”煎熬的中小企业

“问渠那得清如许，为有源头活水来。”一个人纵有万贯家财，如果坐吃山空，不思进取，也会千金散尽。企业本身除了要有充裕的资金，还要有良好的融资能力，以实现更好的经营。

资金链是企业可持续发展的血液，也是企业命运的喉咙。一旦企业的资金链发生断裂，所有的技术研发、新品开发、利润等都是纸上谈兵，企业面临的将是一场生死之战。

自改革开放以来，中国中小企业如同雨后春笋，冲破被雨水浇灌过的政策地面，以或顽强或脆弱的姿态冒出。顽强的背后，是中小企业一直吃力地维持着资金链的安全，“很差钱”已经成为绝大多数中小企业生产经营中面临的紧迫问题。面对“钱荒”，中小企业处在备受煎熬的“十字街头”。

企业的裂变式增长离不开资本运作

资本运作是实现企业的裂变式增长的重要因素。高效的资本运作，不仅能及时地供应给企业源源不断的发展资金，同时也能增强企业的资本实力，优化企业的资本结构，从内部打造企业的综合竞争力。

一、资本 PK 资金

不少企业在发展中会注重企业资金的累积，而忽略企业资本的创造。对于企业而言，资金是不可或缺的，但资本也同样重要。企业如果能够成功地运作资本，便能获得源源不断的资金，及时地供应企业生存和发展所需的血液。

资金同资本不同，资金是企业的流动性资产。企业资金包括现金、银行存款、可以变现的有价证券等。资金的主要目的是为了满足企业生产经营活动中的各种支付，比如员工的工资、培训，原材料，生产器械，宣传等投入。

企业的生产发展离不开资金，资金是保证企业正常生存和发展的物质条件，企业项目的启动需要充足的资金支持。对于企业来说，再好的计划、项目，如果没有资金支撑也会搁浅。充足的资金保障是企业竞争最大的优势。有了充足的资金，企业才能积极地应对外界的变化，并做出改变；而资金不足只会让企业在机会面前畏首畏尾。

与资金不同，资本的目的并不是为了完成支付，而是为了完成从资本到资本生产，然后获得资本和利润的过程，企业从这个过程中获取利润。企业的资本可以是资金，也可以是实物，厂房、设备、机器、人才等可以为企业创造价值的都可以是资本。从这个意义上说，资金是企业资本流动性资产的一部分。企业拥有充足的资本便能创造更多的财富，让企业的资金链更加流畅。

对于企业来说，满足其发展所需的流动资金不可少。同时，企业也要有能够创造更多利润的资本。这样才能保证企业的发展资金不断流，并及时地应对市场变化做出相应的决策。

二、资本运作成为企业的战略选择

资本运作同企业的生产经营同属于企业经营的范畴。企业若想发展壮大，仅仅将眼光停留在资金层面是不够的，还需要有一定的资本运作能力。

从广义上说，资本运作是通过对企业产业结构进行调整，实现企业的全部资本和生产要素达到最大最优的配置，实现企业的全部资本的有效运作。从狭义上说，资本运作是指独立在企业生产经营之外而存在的价值化、证券化的资本，或者说是可以被价值化或证券化的资本，企业通过组合、优化配置、流动等手段提高企业的运营效率和经济效益的经营活动。

企业进行资本运作的最终目的是实现企业利润的最大化和企业资产的保值增值。尤其在竞争激烈的互联网时代，不懂或不能有效进行资本运作的企业，是无法抵挡互联网竞争洪流的。于是，越来越多的企业开始重视资本的运作，通过融资、投资、并购重组、参股等不同形式实现企业资产的保值和增值，从而扩大企业规模。

资本运作是企业实现成长与发展的重要途径，是企业经营的重要战略。它对企业发展的重要作用表现在以下几点。

1. 优化企业的资本结构

企业的资本运作和资本结构是相互影响的。不合理的资本结构将会影响到企业日常的生产经营活动，不利于企业投入资本的有效运营，在很大程度上会阻碍企业的发展；而科学有效的资本结构则能保证企业投入的资本发挥出最大的效用。同时，企业资本运作的有效进行，又能在一定程度上减少企业的资金成本，让企业的资本结构趋向科学合理。

2. 有效地盘活企业的闲置资本

在企业的生产经营活动中会出现一部分闲置资金。这部分资金不仅没有发挥本应发挥的作用，还会因为闲置造成企业内部资源的浪费，影响到企业的生产经营。而企业通过投资、入股等资本运作的方式能有效地盘活企业内部的闲置资金，为企业创造更多的效益，提升企业资本的收益水平。

3. 有效地优化企业的产业结构

企业为了提升自身的发展，打造市场竞争力，会对企业内部的产业结构进行调整。但是，产业结构调整，会或多或少地给企业带来一定的风险和损失。企业通过资本市场的运作，调整内部产业结构，则能有效地降低风险和损失，有利于企业产业结构的调整。

4. 间接地完善企业的制度体系

有效的资本运作有助于提高企业效益，扩大企业规模。为了企业持续性的发展，企业需要对内部制度进行变革，完善企业内部的制度体系，协调内部员工的关系。所以，从这方面来说，企业的资本运作有助于间接地完善企业的制度体系。

5. 拓宽企业的融资渠道，增强企业的资本实力

资金是企业发展的血液。但是，我国的中小微型企业发展所需的流动资金比较多，但由于它们规模小、资信低，可抵押的固定资产比较少，银行贷款的方式并不能有效解决它们的流动资金需求的问题。而企业通过高效的资本运作，可以解决发展所需的流动资金需求，增强企业的资本实力。

资本运作同企业的发展壮大息息相关。正是这种不可缺少的促进关系使资本运作应该被每一个企业纳入发展战略之中，企业应通过更加高效的资本运作促进自己在互联网时代持续发展。

中小企业和金融机构之间的鸿沟

“相对于大而无当的扩张，不计后果的掠夺性发展，小带给我们的感觉会更加美好。”40 多年前，英国经济学家舒马赫所写的《小的是美好的》，成为声讨现代工业文明弊病的一部经济学宝典。舒马赫认为，资源密集型的大型生产导致经济效益降低，贫国与富国的差距拉大，造成资源枯竭和环境污染，人们应当超越对“大”的盲目追求，提倡小型机构、适当规模、中间技术等。

带有美学意味和辩证法思想的“小的是美好的”理念，在今天的世界经济中得到了证明。有经济学家认为，一些发展中国家腐败现象日益严重，金融体系隐患重重，但正是由于一大批活跃的中小企业，经济的基础还能巩固住。无论发达国家还是发展中国家，中小企业都是经济发展和社会稳定的重要支柱。德国把中小企业称为国家的“重要经济支柱”，日本则认为“没有中小企业的发展就没有日本的繁荣”，美国政府更把中小企业称为“美国经济的脊梁”。

自改革开放以来，中国中小企业如同雨后春笋，冲破被雨水浇灌过的政策地面，以或顽强或脆弱的姿态冒出。《2017—2022 年中国企业经营项目行业市场深度调研及投资战略研究分析报告》表明，目前我国中小企业有 4000 万家，占企业总数的 99%，贡献了中国 GDP 的 60%、税收的 50% 和城镇就业的 80%。

以“温州模式”为鲜明经济特色的温州，其突出特征就是以中小企业为主体的民营经济迅速和不断地发展。以工业企业为例，据有关部门统计，温州的大型工业企业只有 16 家；而经工商注册登记的各类中小工业企业数量却占企业总数的 99% 以上，在企业总产值、利润总额、出口总额中的比重分别约占 97%、85% 和 90%，并提供了 90% 的就业机会。全国 10% ~ 20% 的服装和鞋，70% 以上的剃须刀、锁具和眼镜，90% 以上的打火机，都产自温州，数以万计的中小企业撑起了“温州制造”这块金字大招牌。

在自由竞争的市场经济里，很少有小企业不为将来成长为大企业而努力，而打败对手、做大做强、在行业里脱颖而出，几乎也是所有企业家的梦想。但在现实中，大企业毕竟只是金字塔顶端的极少数，中小企业承担着吸纳就业、创造产值、提供产品与服务的主要任务；同时，出于成本考虑，大企业越来越多地将外包业务交给中小企业。数量多且涉及面广的中小企业，恰恰是催生大企业成长的必需土壤，是推动现有大企业不断提高创新力与竞争力的最大力量，也是其保持与提升社会整体活力的根本所在。

然而，就是如此庞大且不可或缺的群体，却从其诞生之初，就一直面临着融资难、“输血难”的困局。由于金融体制存在缺陷，中小企业和金融机构之间横亘着一道难以逾越的鸿沟，被称之为“麦克米伦缺口”。这个名字起源于英国的麦克米伦爵士，他是现代金融史上第一个正视中小企业融资难题的人。1931 年，麦克米伦在调研了英国金融体系和企业后，提交给英国政府一份《麦克米伦报告》，其中阐述了中小企业发展过程中存在的资金缺口，即资金供给方不愿意以中小企业提出的条件提供资金。

世界范围内的中小企业融资，都存在因长期资金供给不足而形成的“麦克米伦缺口”。西方国家早发现了这个问题，对“麦克米伦缺口”的重视加深，在组建了相当数量的中小金融机构后，完善了相应的金融体系。与此形成鲜明对比的是，我国现行的金融体系和金融资源配置具有典型的政府主导特征，在中小企业发展过程中，“麦克米伦缺口”呈现出放大趋势，融资难已经成为众人皆知且无可争议的事实。

近些年来，央行存款准备金比率已调高 15 次，累计高达 17.5%；一年期加息 6 次，一年期贷款基准利率达 7.47%；银行对中小企业贷款利率普遍上浮 30% ~ 40%。与此同时，中小企业的经营成本却开始上升——能源和原材料涨价、劳动力成本上升、出口退税率下降、资金成本过高、人民币升值以及新劳动合同法实施都是因素之一。

银根紧缩与融资需求的扩大，组合成一个不折不扣的矛盾体。尤其是 2007 年至 2011 年，美国次贷危机及全球金融危机将实体经济“传染”，并造成大面积蔓延，中国中小企业受困于国际经济整体疲软，甚至出现大面积关门现象。在一些商业活跃地区，40%的中小民营企业已经处于关、停、半停工状态，甚至倒闭。

在作为中国民营经济风向标的温州，有20%的企业处于生存危机之中。有的行业有半数以上的企业倒闭，有的行业甚至全行业情况都不乐观，比如纺织业、打火机业等劳动密集型产业和对材料依赖程度强的产业，都面临着一些困难，生存压力非常大。

在金融危机的肆虐下，全球经济萎靡造成的需求不足，固然是中小企业不景气遭遇的不可忽视的原因；但其中也不乏一些企业，既有市场也有订单，但就是缺乏生产所需的资金。此时，资金短缺像一个顽疾，在金融危机营造的经济大潮下，旧病复发，而且日益恶化，最终致使企业被资金链锁住了喉咙，市场向它招手，而它却呼吸困难。

中小企业发出缺钱的“吼声”，政府不会视而不见、充耳不闻，由中央到地方、由行政机构到职能部门多次出台鼓励加大对中小企业放贷的政策。为了直面全球金融危机，中国政府大刀阔斧地采取了一系列经济刺激计划，加大了货币供应量，为实体经济“输血供氧”。2014年人民币贷款增加9.78万亿元，同比多增8900亿元，创下历史最高水平，3月末M2（广义货币——流通中的现金+支票存款+储蓄存款）余额为53.06万亿元，同比增长25.51%。市场的资金充足，犹如飘浮在沙漠上空的一片片雨云，中小企业在翘首以待的时候，却发现大滴的雨水都淋到了大型企业或大中型项目工程上，自己却连发梢都没有沾湿。

政策从制定到执行之间还存在时滞效应，时间差的界定并没有具体的期限，中小企业可以寄希望于政策，但不能寄托全部希望于此。一味地等待政策的阳光照射让自己茁壮成长，倒不如自己去寻找养料。中小企业要正视自身的不足，建立完善自身的信用体系，在日益推陈出新的融资渠道中找到适合自己的一条道路。融资难并不是难于上青天，而解决融资难问题也不是不能完成的任务。

中小民营企业与国有企业的地位差异

姚梅镇的《国际投资法》一书中提到，国民待遇，又称平等待遇，标准是指外国人同本国国民在享受权利和承担义务方面有同等地位，即授予外国人所享有的权利，不得低于本国国民所享有的同等权利。这原本是一种外交手段，具体运用到中国经济领域，指的是国有企业与中小民营企业的地位差异。

改革开放的春风，吹开了中小企业之花，却没有完全实现“翻身农奴把歌唱”的理想，中小民营企业仍面临诸多障碍与困扰：有些地方对中小企业仍存有偏见，中央政策落实到地方就完全变了味道，一些行业的市场准入还存在障碍；一些地方政府扶持力度不够，服务意识差，有的甚至还对中小企业“卡、压、拿”，致使中小企业融资难，人才缺乏，自主创新能力弱。中国民营经济研究会会长保育钧就曾表示：“《关于鼓励支持和引导个体私营等非公有制经济发展的若干意见》贯彻得并不理想，其核心是放宽市场准入，但目前中小企业发展还面临行业垄断的障碍。”

行业垄断限制了中小企业的经营范围，却没有限制其进入行业的发展，中小企业完全可以避开被垄断的行业，在“自由行业”里驰骋商场。只要中小企业有一两样“看家本领”即核心竞争力，就能够赢得属于自己的生存空间，小并不是弱的代名词，发挥核心竞争力，小企业也可以做成强企业。

如果说行业垄断只是中小企业遭遇不公平待遇的小插曲，融资难则是主题曲。与“根正苗红”的国有企业相比，中小企业，尤其是中小民营企业，在国有企业与外企的夹缝中生长起来，既缺少政策的“哺育”，又缺少资金的“滋养”，虽然营养不良，却一直以极强的生命力顽强地生长着。面对日益激烈的市场竞争，面对大型企业的强势进攻，中小企业因为力量的分散和悬殊，经常会发出哈姆雷特式的感叹：生存还是死亡，这是个问题！

长期以来，扶持企业的政策不断出台，中小企业却始终存在政策短板。囿于本身生产规模小、缺乏储备资金，中小企业只有向银行伸手。

有业内人士表示：“中小企业融资渠道一般仅限于银行，银行一般都要求其进行实物抵押，但中小企业能拿出来的实物并不能满足银行需求。”调查显示，85.5%的受访中小企业认为贷款难，与之前相比，虽然贷款手续相对简化了，但抵押、担保条件却更加苛刻，贷款成本节节升高。

从建立之初起，银行就一直被视为“管钱”的部门，在投资手段缺乏的年代，将钱存进银行成为居民的第一选择。而由于中国特殊的国情，新中国成立之后，中国金融体系一直以国有企业，尤其是国有大企业为主要对象设计实施。改革开放多年来，金融体制改革的成绩也有目共睹：金融总量不断增加、金融业务不断拓展与创新、货币市场与资本市场不断发展……但成绩不能掩盖缺失，金融体系被国有银行垄断的局面依然没有改变，以国有经济为导向的金融体制安排，使得国有商业银行与广大中小企业在融资体制上不对称，造成对中小企业的一种“制度性歧视”，致使中小企业的资金需求始终被排斥在正规金融体制之外。

改革开放之前，中国实行计划经济，并不存在金融市场，政府采用行政手段直接分配稀缺资本，虽然可以保证处于优先发展地位的重工业获得足够的资本支持，却牺牲了生产率高的部门，构筑了一道屏障。改革开放以后，国家对经济的控制逐渐放松，国有企业改革一步步走向深入，国家对国有企业的财政拨款也改为银行贷款，并先后重建四家专业银行，20 世纪 90 年代初还恢复了证券市场，外汇管理业逐渐放宽。

在政策温室里成长起来的国有企业，在完全市场化之前，还保留着原有的政策负担，不具备自我生存能力，而金融市场化必然导致其资本成本的大幅上升。政府贸然完全放手，势必让大部分国有企业无力负担资本成本而无法生存。为保护国有企业，金融体系市场化不能一蹴而就，仍带有较强的政策性，而四大专业银行 80%以上的贷款也专供国有企业。非国有的中小企业与银行贷款很难牵手，在金融市场上则表现为缺乏公平竞争的市场环境和健全的法制，非市场因素迟迟不能散去，金融体系没有起到为技术创新与经济增长配置资本的作用。

作为中国金融体系的“排头兵”，银行并非对中小民营企业漠不关心，央行多次发布支持中小民营企业发展指导意见，支持力度也在不断加强。但由于终身责任制和零风险要求，使得金融机构普遍存在“惜贷”“慎贷”现象。这也是中国特色所致，即基层信贷经理对中小企业贷款的积极性微弱。基层信贷员没有放款权力，只有推荐权，却要承担 100%的收贷、收息责任。一旦被贷出的款项出现回流不畅，信贷员的收入待遇也会蒙上一层阴影。

贷款管理终身制，是指相关责任人在对其所负责的某笔贷款完全收回前对银行必须永远承担责任的制度。将责任和义务严格明确无可厚非，可以有效防止信贷员“乱贷”“私贷”，防止造成大笔的坏账、呆账，有利于杜绝徇私枉法，但一项严格的制度往往也会抹杀行动的灵活性和许多的可能性，背负着终身责任的重壳，面对着存在诸多不确定性且毫无背景可言的中小企业，信贷员很难对其提起兴趣。而缺乏信贷员的推荐，将国有企业和大企业作为优质客户的银行，自然更是对中小企业视而不见。

信息、标准与责任的严重不对称，抑制了银行投放贷款的主动性，致使一些可以看见前方不远处美好未来的企业，也被拒之门外。“惜贷”固然是主要原因，除此之外还有深层次的原因：一是法律、制度对中小企业信贷权利保护不够，金融机构只有通过逆向选择方式来自我保护；二是金融机构普遍缺乏中小企业贷款风险评价机制，银行就会认为“天下中小企业一般黑”，有放贷之心者也不敢轻易放贷。

不可否认，中小企业融资难不排除自身的短板，例如管理不善、资信相对较差等，但金融体系给中小企业的不同等待遇更卡住了中小企业融资的脖子。对中小企业而言，银行的贷款标准高，而中国的现实状况是，大部分的中小企业，无论是初创的还是发展中的，其基础管理都比较薄弱，缺乏良好的公司治理机制，基础管理材料（包括财务状况）也不理想。这个现实不仅与中小企业自身有关，也与其外部环境，甚至与法制的不健全、税收制度的不完善等都紧密相关。

经济学家吴敬琏也曾呼吁给中小民营企业国民待遇，“资金与政策对一个企业的发展来说绝对重要，甚至起到了决定性作用，但是民企在资金上比不过外企，在政策支持上比不过国企，它承受着来自这两方面的双重压力”。

总之，中小企业难以从银行获得贷款，主要原因是资信等级低，缺乏抵押物和担保。而要解决这些问题，银行首先需要增强为中小企业提供融资服务的意识，创新金融业务，主动为中小企业提供融资服务。中国建设银行浙江省分行就与阿里巴巴网络公司合作开发了新型贷款产品——“网络联保”，只要有3家或3家以上企业通过阿里巴巴发起，并最终组成一个联合体，共同申请贷款，就可能获得建行贷款。这种无抵押、利息低、贷款额度高、零门槛的贷款业务，很快受到了中小企业的欢迎。

此外，商业银行也应积极推出票据融资、授信贷款、个人创业贷款、循环额度贷款、小企业联保贷款等为中小企业量身定做的金融产品，为中小企业融资开辟渠道。

给中小民企多一点公平，多一点宽容，他们将会做得更好，这是中小民企的呼声。罗马帝国不是一天就可以建成的，中小企业待遇是特定国情与时代所赋予的，根深蒂固的思想停留在脑海中，想要在短时间内完全改变并非易事。但只要时代的步伐还在前行，眼看着中小企业一天天的蜕变与发展，停留在脑海中的思想观念也会发生变化，制度在完善，思想在改变，中小企业与国有企业平等发展不会是遥远的未来。

中小企业融资的软肋——信用

“诚者不伪，信者不欺。”诚信不一定会为企业带来显而易见的利润，但不诚信的企业一定会被拉入黑名单。

融资是一个互动行为，一头牵着企业，另一头连着金融机构。中小企业在抱怨融资难的同时，也不要只把焦点放在金融体制的缺陷和不足、银行的“嫌贫爱富”等方面，还要看到自身的局限。其中，信用正是中小企业的软肋。

诚信，既是将企业与消费者相连的纽带，使产品能够顺利地到消费者手中，实现利润回炉；也是企业获得生产经营所需资金的筹码，“飞鸟择良木而栖”，资金也会选择流向安全的地方，即有信用的企业。在市场经济条件下，企业融资就是一种信用关系和信用行为，而信用正是企业跨入银行大门的名片，是企业与银行合作的首要环节。只有“知根知底”，银行等金融机构才有可能提供授信，企业才会获得融资。

做假账是企业不诚信行为的一种，短期内看似可以获取高额利润，似乎有利于企业；但把眼光放长远来看，却为企业诚信抹了黑，为以后企业从金融机构贷款增加了难度。诚信缺失，就像紧箍咒，套在企业头上，让其在后悔的同时，感受到贻害无穷。

成立于2012年的某科技实业公司，是一家从事电子通信产品、智能系统等相关技术开发、销售的高科技企业。该公司抓住了市场热点，发展得如火如荼，2015年即实现净利润3581万元，累计缴纳关税1.2亿元，也因此被评为“重合同守信用”企业。原本是“坐得正、行得端”的诚信企业，在2017年却发生两次违规行为：一是少报多进，被海关罚款3万元；另一次是原产地申报不符，被海关罚款1000元。此后，海关把这家公司列入“黑名单”交给银行，给该企业以后的借贷信用留下了不光彩的一笔。

中小企业在诚信缺失的道路上越走越远，导致其融资越来越难。中小企业将商业银行的歧视性待遇视为耻辱，与此同时，中小企业还贷也是商业银行心中永远的痛。到期贷款不还，或无力偿还银行贷款，是中小企业普遍存在的现象，有的企业想方设法躲债，甚至有些企业在借贷时就没有还的打算。据中国工商银行专项调查，某行业中有16800多户中小企业逃废贷款达879亿元，占该行同期中小企业贷款户数与贷款金额的4.6%与8.4%。

信用是以偿还为条件的借贷行为，由承诺和兑现两部分组成。狭义上的信用缺失是指有还款意愿但没有还款能力，或者有还款能力却没有还款意愿，都会造成信用内容上的不完整；而广义上的信用缺失还包括整个社会缺少信用记录、信用征集、信用调查、信用评估、信用担保、信用管理等完善的信用制度体系。

为减少不良资产，银行往往在企业贷款时提出抵押担保要求。1998年以来，各商业银行也普遍推出了抵押担保制度，但是只有极少数3A级（3A是银行信用等级中最高的一级，最低为C级）以上的黄金客户，可以在授信度内享受30%左右的信用贷款。3A级别对多数中小企业来说，是可望不可求的。不仅如此，仅有39%的中小企业参加过资信评估，而且其中80%以上的中小企业评级结果在3B级以下，30%以上的中小企业甚至在B级以下，更有61%的中小企业没有参加过资信评估，找不到任何的资信记录。

而在中小企业贷款未获批准的原因中，信用缺失居于首位。一个毫无诚信记录的企业，很难赢得银行的支持，银行不是赌坊，不会拿资金赌一个企业的未来；更何况，银行门前也是车水马龙，面对着信用等级高的企业，银行更是无暇顾及懵懵懂懂的中小企业。信用缺失使银行与中小企业之间的信息不对称，最终导致中小企业信用贷款只有15%的可怜数字。

克尔凯郭尔说：“你如何信仰，你就如何生活。”中小企业在信用建设上已经浪费了过去的时间，只有在以后的时间里快马加鞭，才有机会跟上大企业的步伐，也才能重新获得银行的信任。中小企业要树立信用意识，制定信用发展战略，加强信用管理；在推进信用建设过程中，将企业的各种信用理念以制度化的形式表现，将其渗透到各个层面，落实到各个环节；在此过程中，不仅企业高层要高度重视，身体力行，全体员工更需要积极参与。企业中的每一员，既是企业诚信的建立者和执行者，也是监督者，只有这样，中小企业才能提升整个企业的整体信用水平。

“勿以善小而不为，勿以恶小而为之”，信用建立之路十分漫长，可能需要数年甚至数十年的时间，其中还要付出克制欲望等艰辛，稍有不慎，诚信大厦就会顷刻坍塌。守住信用是一个任重而道远的任务，也是一场艰苦卓绝的斗争。在这个过程中，企业要绷紧每根神经，护住诚信大旗紧紧不放。

家中栽下梧桐树，引来资本金凤凰

融资的路有千条万条，但对于成长性差、技术含量低、只会“以量取胜”的墨守成规的企业而言，却只有死路一条。

无论是政府、中国银行、外国资本还是担保公司，处于产业链末端的弱势企业很难得到这些掌握着“财政大权”的机构的青睐。市场经济讲究优胜劣汰，总有一波又一波的企业倒下去，并催生着更具潜力的企业崛起。金融风暴的大洗牌，也是大浪淘沙的过程，那些生存能力差、缺乏活力的企业被淘汰也属正常。政府要救援的是优质企业，银行与外国资本更愿意把款贷给能给它们带来利润回报的企业。互助组织不是慈善机构，即使是具有自救性质的互助组织，一样是“嫌贫爱富”，如果一个企业总拖互助组织的后腿，组织一样会把这个企业拒之门外。

所以，缺乏竞争力的企业，在资金困难年代，往往扮演着皮球的角色，被不同的机构踢来踢去，折腾得精疲力竭，却拿不到一分救命钱。只有苦练内功，具备高成长性，才会在融资时少碰几次壁，多拿几笔资金援助。

与温州相似，江苏也是全国经济的排头兵。2008 年 7 月 21 日，苏州一家生物能源开发有限公司拿到了苏州工业园下属创投公司投放给该公司的第二笔贷款——100 万元。苏州工业园所创立的创投公司，其援助的目标为科技含量较高、研发创新能力强的中小企业。这家公司符合创投公司的要求，轻松拿到了贷款。

山东朱氏药业集团有限公司是业内出了名的科技型企业，连续6年以100%的速度快速发展。该公司也遇到了资金匮乏的危机，一直积极寻找“融资租赁”“信贷扶持”等金融服务。一家设备制造商公司看中了朱氏药业的高成长性，决定为朱氏药业数百万美元的设备提供5年免息贷款，使朱氏药业转危为安。

塑料化工贸易类企业吴泰花费2700余万元巨资买下一家有着20多名博士的公司，为自己的研发力量添砖加瓦。当吴泰被质疑资金链问题时，该企业老总胸有成竹地说：“银行是需要盈利的，关键看企业在行业中的地位、盈利模式和下端客户的实力。”注重创新的吴泰2008年上半年的销售总额与去年同期相比增长80%，自然更容易拿到贷款。

“时势造英雄”，经济困难时期，一向行走在媒体、民间舆论边缘化地带的优秀企业开始锋芒毕露，它们因优秀卓越的生存智慧而显山露水，并成为融资渠道上的常胜将军。

家有梧桐树，才能引来金凤凰。要想吸引资金的目光，中小企业必须先提升企业综合竞争力，以增强自身融资能力。

具体应做到以下几点。

（1）塑造良好形象。在不同场合，企业形象的定义不同，银行眼中的企业形象就是信用。银行决定是否打开资金大门，将企业迎接进来的关键就是信用。因此，中小企业一定要以诚信为本，树立良好信誉，遵守国家政策、法律法规，按时缴纳税款，以防止在银行、税务、工商等有关部门留下不良记录。

（2）优化产业结构。中小企业不仅要拓宽自己的资金来源，还要不断优化自己的产业结构。无论是银行还是其他金融机构，都对那些产品科技含量高且市场潜力大的企业青睐有加，其资金也倾向于流入高新技术产业。因此，中小企业要重视产业升级，增加对市场前景好、科技含量高且附加值高的产品投入，将一些高污染、低产出、高消耗的产品淘汰，这样才会对金融机构产生吸引力。

（3）提高金融知识。中小企业融资难，一部分是由信息不对称造成的。一方面，各家银行在中小企业融资方面已经推出了一些创新产品；另一方面，由于不了解信息，中小企业会错过一些贷款品种。事实上，中小企业也并非只有通过担保或者提供抵押才能获得贷款，只要适时地向银行展示和宣传自己，主动向银行咨询适合自己的融资产品，中小企业就可能以较低成本获得银行支持。

除了提升企业的综合竞争能力，企业完善的财务管理也是获得银行信任的重要因素。因此，就算企业成立时间再短、规模再小，也不能在财务上马虎，也要做到“麻雀虽小，五脏俱全”。中小企业应通过完善企业财务制度、有效预测企业现金流量、建立资本预算系统、加强间接费用控制等措施加强财务管理。

当资金链在各方告急时，企业绞尽脑汁寻找融资的锦囊妙计，甚至异想天开天上会掉馅饼砸到自己。其实，就算“金点子”再好，如果大家群起而用之，也会失灵。避免资金链危机最有效的方法，往往是企业看来最常见甚至最“稀松平常”的手段。只有做好这些基本功，企业才不会在暴风雨来临时那么惊慌失措。

第二章 中小企业如何跨过融资的坎

资金是企业生存的血液，也是企业持续发展的推动力。任何一个企业的创立、生存、发展、成熟，都要以投入、保持和再投入、再保持一定数量的资金为前提，融资过程贯穿在整个企业的运行和发展中。据有关资料统计显示，中国的中小企业平均寿命仅有2.9年，每年都有30%左右的中小企业倒闭，有62%中小企业的倒闭是由于融资问题得不到解决而引起的。解决融资是企业健康成长必须面对的问题。

债权融资：拿别人的钱为自己办事

某个食品加工企业为扩大生产，开发了一个新的项目。项目总投资1.5亿元，目前该企业的固定资产是5000万元，之前的银行贷款尚有3000万元没有偿还且已经展期，以该企业名下物业做抵押。现在该企业需要借款1亿元，用来偿还到期贷款，并完成项目的建设。

因为银行借款未还，所以该企业不能从银行再贷款，只有通过其他的渠道来解决资金的问题。

该企业通过一个金融公司融资，具体是这样操作的：金融公司先将该企业之前的3000万元银行贷款偿还，同时物业重新做抵押登记，然后金融公司再借给该企业3000万元帮助其完成项目的后期工程。

该食品加工企业正是利用债权融资解决了资金运作的困难。那么什么是债权融资呢？债权融资又是怎样进行的呢？

债权融资也叫债券融资，指企业通过借钱的方式进行融资。债权融资成功后，企业首先要承担资金的利息，另外在借款到期后要向债权人偿还本金。债权融资的用途主要是解决企业营运资金短缺的问题，而不是用于资本项目的开支。债权融资按渠道的不同主要包括银行信用、民间信贷、债券融资、信托融资、项目融资、商业信用及租赁等。

债权融资虽有一定的风险，但相对股权融资来说风险较小，主要包括担保风险和财务风险。作为债权融资主要渠道的银行贷款一般有三种方式：信用贷款、抵押贷款和担保贷款。为了减少风险，担保贷款是银行最常采用的形式，这就使得债权融资面临着担保风险。

担保风险主要是指企业间大量互保的现象。大量互保容易使企业间形成一个担保圈，一旦圈中的某一家企业运作出现问题，有可能会引起连锁反应，导致其他企业面临严重的债务风险。

财务风险主要指企业资产负债结构出现的问题。当企业用债权方式进行融资时，财务费用的增加会对企业经营造成很大压力，如果企业的净资产利润率达不到借款利率，企业的借款就会给企业股东带来损失。更重要的是，债权融资将提高企业的资产负债率，从而降低企业再次进行债权融资的能力，如果企业不能通过经营的赢利降低资产负债率，并获得足够的现金流来偿还到期的债务，等待企业的可能就是破产。

债权融资获得的只是资金的使用权而不是所有权，负债资金的使用是有成本的，企业必须支付利息，并且债务到期时须归还本金。债权融资具有财务杠杆的作用，能够提高企业所有权资金的资金回报率。除在一些特定情况下，债权融资可能带来债权人对企业的控制和干预问题，但是一般不会对企业产生控制权问题。

债权融资的好处是不涉及公司的股权，也就是说，不涉及股东对公司的产权和管理权，公司仍可保持独立的企业和项目运作模式。债权融资一般期限较短，只适用于弥补流动资金“头寸”的不足，而不适宜应用于新建项目，特别是投资回收期长、见效慢的项目。

债权融资可以抑制企业的投资冲动。自资本市场建立以后，股权融资就成为企业融资的首选。企业发行股票后，募集的资金除非有特殊情况，否则不会回流到投资者手中。这种融资方式恰好迎合了企业经营者重规模扩张的传统经营意识，在一定程度上会迟滞经济增长方式的转变。

而债权融资则可以有效抑制企业的投资冲动，促使企业提高募集资金的使用效率，有利于提高企业经营效益。

债权融资可以强化对企业经营行为的约束，企业通过债权融资获得的只是资金的使用权，需要在一定期限内连本付息。俗话说，欠债还钱，天经地义。企业在这种强力的约束下，必须考虑怎样经营才能用好借来的钱，并以最安全的方式使其产生最大收益，而且能够保证足够的现金流。由此可见，债权融资有利于企业由粗放经营向集约经营的转化，有助于企业诚信水平的提高。

债权融资有利于完善金融市场价格形成机制。资金的价格是利率，要使利率能够客观反映资金的供求状况，必须完善金融市场的产品体系。在这个体系中，企业债权是必不可少的，因为它能够反映出资金最大需求方——企业能够认可的资金价格水平。从某种程度上讲，忽视了来自企业的资金价格信号，金融市场最终形成的价格就会扭曲。

美国经济学家梅耶曾经提出过一个关于债权融资优先性选择的啄食顺序原则，具体顺序是：①内源融资；②外源融资；③间接融资；④直接融资；⑤债权融资；⑥股权融资。即在内源融资和外源融资中首选内源融资；在外源融资中的直接融资和间接融资中首选间接融资；在直接融资中的债权融资和股权融资中首选债权融资。[①]

当为新项目进行融资时，公司将优先考虑使用内部的盈余资金，其次是采用债权融资，最后才考虑股权融资。也就是说，内部融资优于外部债权融资，外部债权融资优于外部股权融资。所以从本质上说，啄食顺序原则理论认为存在一个可以使公司价值最大化的最优资本结构，并且以不同性质的资本进行排序的方式，给出了决策者应当遵循的行为模式。

啄食顺序原则的前提是市场化经济、较高的证券化程度和发达的资本市场。不难看出，经济的国际化趋势使我们在上述三个方面与发达国家的差距日益缩小。在这样的大背景下，我们有必要及时对现行融资模式进行反思，给企业债权融资应有的地位。

---

① 内源融资主要是指公司的自有资金和在生产经营过程中的资金积累部分；外源融资又可分为通过银行筹资的间接融资和通过资本市场筹资的直接融资（直接融资包括债权融资和股权融资）。

股权融资：用企业的控制权换取资金

股权融资属于直接融资的一种。所谓股权融资是指企业的股东愿意让出部分企业所有权，通过企业增资的方式引进新的股东，同时使总股本增加的融资方式。股权融资所获得的资金，企业无须还本付息，但新股东将与老股东共同分享企业的盈利与增长。股权融资的特点决定了其用途的广泛性，既可以充实企业的营运资金，也可以用于企业的投资活动。长期以来，人们都认为股权融资是大企业的事，与中小投资者、小本创业者不相干，其实并非如此。对于中小投资者来说，股权融资也是一种较为现实和便捷的融资方式。

2004年，张毅到云南旅游，被云南的工艺品所吸引，回北京后，张毅拿出了自己积攒的10万元钱，开了一家云南工艺品店。经过张毅的努力经营，小店赢得了不错的口碑。

2007年，张毅想将这家云南工艺品店发展为连锁店，但他发现自己面临着资金短缺的问题。在这种情况下，张毅想到了融资。

在经过一番“算计”之后，张毅决定让出小店45%的股权来为自己融资。随后，张毅在报纸上刊登了自己寻找投资人的意向。经过一个月的选择，张毅选择了一个和自己一样有着云南情结的人做自己的合伙人。经过融资，张毅的云南工艺品小店终于得到了长足的发展。

可见股权融资并不只是大企业的专利，同样适用于小企业甚至是小本创业者。但是，在进行股权融资时，管理者需要注意对企业控制权的把握。

1998年，张冀光创办中国企业网；1999年9月，该网站被当时的中国数码收购了80%的股份。融资后，张冀光担任总经理，对方另派一人担任董事长。2003年8月，中国企业网更名为中企动力科技股份有限公司，进入上市辅导期。而2004年春节以后，一直与该董事长保持良好合作关系的张冀光发现双方的矛盾越来越大。该董事长要求公司发展更快、盈利能力更强；但张冀光认为企业的发展速度已经比较快了。

2004 年 3 月 29 日，该董事长签发了一纸董事会决议，宣布罢免董事总经理张冀光的职务。事情发生后，张冀光认为该董事长要自己离开的方式是不合法的，称当天并没有召开任何会议并且某董事签名是伪造的，该董事会决议无效，并为此对簿公堂。结果，失去了对公司控制权的张冀光后来还是不得不离开了自己一手创办的中国企业网。

在争夺创业企业控制权方面，有一个非常成功的例子，就是当当网的李国庆及其团队，他们利用巧妙的战术，达成了自己绝对控股当当网51%的心愿。

当当网于 1999 年年底成立，当时国内互联网公司大多都赔钱。在很多投资者看不到胜利希望的时候，当当网却在 2002 年实现了营收的基本平衡，并在 2003 年实现了完全盈利。李国庆开始为争取当当网的控股权而努力。

为顺利夺得公司控股权，李国庆采取了正确的策略。这体现在两个方面：第一，2003 年 6 月，当公司全面盈利已经成为现实的时候，李国庆向当当网的三大原始股东——美国数据集团、卢森堡剑桥、日本软银提出让股东奖励创业股份的要求，希望将增值部分的 50%分给管理团队作为奖励。但是这一计划遭到了三大原始股东的强烈反对，他们认为李国庆要价太高。李国庆当即采取了一个措施，马上宣布将另起炉灶，做一个与当当网竞争的公司，并随即将这一消息广泛传播，给对方一个“此事已定，没有商量”的印象。由于当当网是由李国庆与其创业团队一手做起来的，三大原始股东一直都未插手经营，对网上书店不熟悉，对中国市场也缺乏了解。他们深知，李国庆及其团队一撤退，刚刚步入盈利阶段的当当网必垮无疑，相比给予李国庆及其团队以“创业股份”的奖励，让对方成为控股大股东，当当网垮掉的损失将会更大。

第二，当时美国老虎基金亦看好当当网的前景，准备进入。老虎基金不希望丢失当当网原来的管理层团队，不希望李国庆带领团队离开当当另起炉灶，与当当展开竞争。李国庆就利用这一有利形势，推动老虎基金出面与当当网的三大原始股东美国数据集团、卢森堡剑桥、日本软银进行谈判。最后三方达成协议，由老虎基金出面，向美国数据集团、卢森堡剑桥、日本软银购买了一部分当当网的股份，转赠给李国庆及其管理团队。

李国庆的这种做法可谓是一石三鸟。第一，当当网的三个原始股东获得了“就坡下驴”的机会，并通过老虎基金获得了相当的股权溢价套利；第二，老虎基金由此获得了进入当当网的机会，补全了在中国的投资产品线；第三，也是最重要的，李国庆及其团队如愿以偿，由原来45%的股份增至51%，获得了当当网的绝对控股权。

对此，李国庆说：“一定要绝对控股，没有51%绝对不行！企业不是由资本创造的，而是由企业家创造的！如果不控股，人人都有可能被董事会开掉。”

李国庆的这个案例，为很多年轻人在创业之初如何更好地进行股权融资树立了典范，值得年轻创业者学习。

我们反复说创业者在股权融资的时候一定要重视对企业的控制权，其实说到底，重视对企业的控制权就是为了保护创业者的利益。年轻人创业，除了赚钱，更多的则是为了圆自己的梦想，实现自己的理想和抱负。创业者往往对自己一手创办的企业有着深厚的感情，而中途加入的投资者，大多是因为有利可图，其最终目的就是为了赚钱。由于两者目的的不同，使得双方看问题的角度和出发点存在很大差异，也容易因此产生矛盾。在张冀光的案例中，我们可以清楚地看到这一点。投资者可能更热衷于变现，急于看到现金形式的努力成果，那么，在融资过程中，他们可以不重视企业的控制权；而对于想做一番事业、在创办企业过程中寄托了自己理想的创业者，必须重视企业的控制权。像上文提到的当当网的案例一样，对于李国庆而言，当当网不仅是赚钱的工具，更是实现自己梦想的依托，只有掌握了控制权，才能让在自己心中描绘的蓝图成为现实。

金融租赁：古老产业与现代金融的结合

老王现在需要一件生产设备，但手中没有足够的资金去购买；而此时，老张却恰好有足够的现金可以购买这套设备。于是，老王就把自己想要购买设备的意愿告诉了老张，老张根据老王对此设备的特定要求和对供货人的选择，购买了老王所需的设备，然后以租赁的形式把该设备租给了老王。

老王获得了设备，老张获得了收益，双方都得到了自己想要的，这就是现在已经十分流行的以租代买的融资方式——融资租赁。

租赁是一个古老的行业，融资租赁是一种依附在传统租赁上的金融交易，将金融与产业更有效地结合起来。在金融日益产业化的今天，融资租赁作为一种特殊的金融工具，应该承担更大的责任。

二战以后，美国工业化生产出现过剩，生产厂商为了推销自己生产的设备，开始用各种办法为用户提供金融服务，比如，以分期付款、寄售、赊销等方式销售自己的设备。在这个过程中，由于生产厂商的所有权和使用权同时转移，资金的回收存在较大风险。为了降低风险，有人开始借用传统租赁的做法，即销售的产品的所有权保留在销售方手中，购买人只享有使用权，等出租人融通的资金全部以租金的方式收回后，才将销售的产品的所有权以象征性的价格转移给购买人，这种方式被称为“融资租赁”。1952 年美国成立了世界第一家融资租赁公司——美国租赁公司。

自 1952 年，美国成立了世界上第一家具有现代意义的融资租赁公司，到 20 世纪 80 年代，租赁已经成为很多发达国家继商业银行贷款后的第二大融资方式。现在，融资租赁在世界范围内仍然是一个朝阳产业，是银行贷款与资本市场以外的“第三条道路”。融资租赁到底是一种什么形式的租赁呢？又包括哪些实际内容呢？

融资租赁又称设备租赁或现代租赁，是指实质上转移与资产所有权有关的全部风险和报酬的租赁，资产的所有权最终可以转移，也可以不转移。融资租赁业务是经中国人民银行批准经营融资租赁业务的单位和经对外贸易经济合作主管部门批准经营租赁融资业务的外商投资企业、外国企业开展的。

在如今的商品经济社会企业竞争激烈，犹如“大鱼吃小鱼”，企业尤其是中小企业要想避免被大企业吞并，就必须时刻了解市场行情，生产符合市场需要的产品。由于科技的发展，产品的更新换代速度在不断加快，设备的淘汰老化周期也在不断缩短。企业的资金犹如人体的血液一样，是有限的，只能用在最急需的地方。融资租赁的出现，为企业解决了资金不足的问题。融资租赁是集融资与融物、贸易与技术更新于一体的新型金融产业。由于其融资与融物相结合的特点，租赁公司可以在企业出问题时回收、处理租赁物，因而融资租赁对企业资信和担保的要求不高，非常适合中小企业。融资租赁属于“表外融资”，即不体现在企业财务报表的负债项目中，不影响企业的资信状况。这对需要多渠道融资的中小企业而言是非常有利的。融资租赁有以下几方面好处。

（1）企业可以根据自身需要，事先选定某特定规格、数量、类型的设备，请租赁公司出资买下，然后再租用该设备。融资租赁既能解决企业因资金短缺不能购置设备的问题，又能改善企业的技术装备，提高劳动生产率。融资租赁以其较高的安全性，推动了中小企业的设备升级和技术改造，使中小企业产业结构优化，提高了产品的市场竞争力与附加值。

（2）融资租赁有利于企业资产重组和企业组织结构调整。生产企业可以将部分或全部固定资产卖给租赁公司，然后再租回。这就使得原有固定资产变现，企业在一定时期内只是付租金，这对解决企业流动资金、并购资金或投资注册的股本金、盘活存置资产、有效整合固定资产具有重大意义。

（3）融资租赁有利于提高企业的经营管理水平与资金的使用效率。承租方只拥有设备的使用权，出租公司拥有对公司出租资产的所有权，承租方需要在一定时期内缴纳租金，因为承租方经营业绩的好坏直接影响到出租方的利益，出租方就会利用自身的种种优势提醒“监督”承租方，否则，出租公司可以收回出租资产。所以承租方只有提高经营水平，才能保持对出租资产的使用权。

（4）融资租赁有利于企业利用外资，扩大出口竞争力。融资租赁这种以物为载体的融资方式，可以在引进先进技术设备的同时，减少引进外资的投机成分，降低金融风险，便于企业对外资进行有效监管，扩大企业利用外资规模，提高引进外资的质量。

（5）融资租赁有利于加强中小企业与大企业的联系，以达到密切合作、共同提高的作用。一般而言，中小企业资金常常处于短缺状态，无力购买所需的大型设备，而大企业却往往有许多生产设备处于闲置或积压状态。融资租赁一方面使中小企业有机会使用成本低廉、比较适用的技术设备，另一方面也改善了大企业商品流通不畅、生产企业流动资金短缺的状况。

融资租赁的价格优势和可支付性通常在账目上比银行贷款更有优势。投资期限内，承租人的资产流动性没有减少，对外融资也没有增多，因为租赁公司为投资物筹措了资金，并把它记入了自己的资产负债表内。这意味着承租人无须开列一个资产负债表的增单，这有利于资本充足率的稳定。另外，融资租赁的租赁费会从税款中扣除，这样节省下的税金也是不可小觑的。

作为一种促进设备销售的手段，租赁的重要性越来越显现出来，因为生产商和零售商不仅希望向客户提供优质的商品和服务，也希望提供最理想的融资方案。此外，从出租物的保养到完整的管理服务，例如车队管理或是综合全面性的 IT 项目，各种有选择性的外包服务，能够使承租人大大地受益。

员工持股计划：增强企业员工的主人翁意识

关于员工持股，最典型的案例就是华为。

创办初期，华为很难融到资金，最后华为采用了内部员工持股融资的方式。20 世纪 90 年代末，华为启动员工持股计划，每股价格1元。

从 2001 年开始，华为实行期权改革。改革完成后，员工获得的股票转化为虚拟受限股，即所谓的“期权”。公司通过工会实行员工持股计划，员工持股计划参与人数到2012年12月31日止为74253人。

全体在职持股员工选举产生持股员工代表，并通过持股员工代表行使有关权利。员工持股计划将公司的长远发展和员工的个人贡献有机地结合在一起，形成了长远的共同奋斗、分享机制。

华为的员工持股实践证明，实行企业员工持股的做法，能够形成资本所有者和劳动者利益共同体，助推资本裂变。

员工持股在许多国家存在和发展，其中影响较大的有美国的员工持股计划、俄罗斯的员工参股制、德国的职工参与制、荷兰的员工持股以及西班牙的蒙德拉贡。

在中国，员工持股一直是企业领导或关键人才类的员工关注或希望妥善解决的问题，也是经济界的热点话题。员工持股计划是一种新型股权形式，是指企业内部员工通过投资购买、贷款购买或红利转让、无偿分配等方式认购本公司部分股权，委托员工持股管理委员会（或理事会）集中管理，员工持股管理委员会作为社团法人进入董事会参与按股分享红利。员工持股制是一种常见的企业激励方式。

让员工持股对公司业绩究竟有无促进，这个看上去仅靠直觉就能得到肯定回答的问题在历史上却争论良久。现在看来，这个问题的答案是显而易见的。人人都有老板梦，都想为自己干活而不只是替别人卖命，让员工持有公司的股份，能激发员工的工作热情，而满怀热情的员工是公司更高效率的第一保证。

在美国，员工持股计划已经成为很多著名的大公司招揽人才的重要手段，基本上大部分的上市公司都实行了员工持股计划。以微软为例，由于80%的员工都有认股权，所以管理者根本不用担心员工是否忠诚、是否会努力工作，也不用为激励员工而大费脑筋，这种方法使员工的利益与公司的命运更紧密地联系在一起。微软的巨大成功和员工持股有着很大的联系，而通过员工持股也使很多追随盖茨的人成为百万富翁。

那么，员工持股计划究竟有哪些优点，让这些大公司都热衷于使用这种方法激励员工。

（1）员工持股有利于劳资利益关系的协调。这从美国的员工持股计划可以看出。美国的员工持股计划迎合了各方的利益要求，这也是员工持股计划得以在美国发展起来的重要原因。一方面，通过实行员工持股计划，使一般员工获得生产性资本，成为有产阶级，分享资本的好处；另一方面，在美国优惠税制条件下，将企业的股权转让给本企业职工，企业所有者能从中得到比不实行员工持股计划更多的好处。这样做的最终目的是缓解公司内部管理阶层与雇员的矛盾，改善雇员的社会地位，增强雇员工作的动机和责任感，从而提高公司的市场竞争能力。

（2）员工持股有利于满足广大员工改革所有权制度的普遍要求。如果资本只掌握在少数人手中，那么也就意味着大部分的利益也集中在少数人手中，作为员工来说，是分享不到资本增长的好处的。长此以往，就会造成严重的分配不公，从而影响公司长久稳定的发展。因此，需要建立起使资本所有权分散化的新机制，使员工都有可能获得劳动收入和资本收入，而员工持股计划在一定程度上实现了这一目标。

（3）员工持股有利于提高职工在企业中的地位，激发职工的智慧和干劲，也有利于企业克服风险和困难。德国和荷兰的员工参与制的突出作用，除了力图建立劳动和资本的利益协调机制外，就是要建立起企业决策和经营管理的共同参与机制和企业风险的共担机制，消除广大劳动者群体社会边缘心理和社会底层地位。西班牙的蒙德拉贡联合公司（MCC）更是使职工群众全面地成为企业的主体和主导力量。因此，雇员股份所有制参与也被认为是向“雇员作为共同企业家”理想的靠近。

（4）员工持股有利于员工队伍素质的快速提高。由于员工在企业中地位的变化，劳动、经营、管理积极性的提高，其学习钻研业务技能、经营管理、企业文化的积极性必然会提高，业务技术水平和经营管理能力以及文化素养也必然会得到较快的提升。

（5）员工持股有利于促进股份公司规范化运作。员工持股计划的实行调整了企业股权结构。员工作为企业的股东，可通过其代表、股东大会选举进入董事会或监事会，增强企业的约束机制，有利于实现企业的民主管理。凡此种种，对完善企业法人治理结构和促使公司规范运作都是有利的。

有些经济学家认为，实行员工持股的企业与未实行员工持股的同类企业相比，劳动生产率高出30%左右，利润大约高出50%，员工收入高出25%～60%。

总之，员工持股计划使得员工的工资收入将与企业经营的好坏有直接关系，而且还影响员工最后的分红收益。员工持股计划会使员工与公司结成利益共同体，达到风险共担、责任共负、效益共创、利益共享，这样不同层面的员工都会自觉或不自觉地将自己的利益与企业的利益牢牢地捆在一起，企业与员工形成了“产权—责任—利益”的纽带关系。员工不仅感到自己是在为国家、社会和企业劳动，更是在为自己劳动，员工更加关心企业的经营、财产安全，工作更有积极性，也更爱护企业，自觉为提高企业的经济效益出谋划策、多做贡献。通过实行员工持股计划，企业有效地调动了员工的劳动积极性，增强了企业的凝聚力和向心力。

员工持股计划是以员工获得公司股权的形式给予其一定的经济权利，使员工自身利益与企业利益更大程度地保持一致，从而勤勉尽责地为公司的长期发展而服务的一种制度。员工持股计划对改善公司治理结构、降低代理成本、提升管理效率、增强公司凝聚力和市场竞争力起到非常积极的作用。

贸易融资：中小企业的资本解困之道

中小企业融资难在我国一直是一个大问题，由于各种各样的原因，我国中小企业的资金链一直处于较为紧张的状态，长期存在企业融资难以满足其实际需求的问题。中小企业要解决融资难这一问题，就必须突破传统融资渠道，针对其自身的特点，发展更加有效的融资模式。而在这方面，贸易融资以其方便快捷的特点在补充性融资手段中成为一枝独秀。

国家认定的高新技术企业之一——瑞谷科技（深圳）有限公司，是复兴通信、华为技术等通信设备制造商电源系统产品的供货商，该公司具有非常好的发展前景。

2005 年，该公司投入大量资金对研发和生产流程进行改造，同时成功地完成了技改项目，使得公司的生产能力和劳动生产率得到了显著的提高。但是由于市场恶性竞争，该公司的生产经营陷入了极为被动的局面。

为了走出困境，公司必须尽快获得资金援助，而此时中国工商银行向该公司抛出了橄榄枝，工商银行为该公司设计了以复兴和华为的应收账款办理中小企业融资，有效地解决了该公司资金紧缺的困难。

在工商银行的帮助下，公司成功克服了发展初期的生存危机，之后工商银行又积极协助该公司引入战略投资者加盟公司。工商银行根据该公司的发展情况，重新对该公司进行服务定位，重点对该公司提供综合性的金融服务，由最初的接受各类日常结算服务，逐步转变为应收账款治理、日常活动资金贷款支持、银行承兑汇票和海内信用证的开立等一套完整的融资品种的综合运用，同时工商银行还与企业签订了“上市一路通”的服务协议，为企业提供上市参谋服务，正确地引导该企业向实现资本市场上市的目标前进。

工商银行为瑞谷科技（深圳）有限公司提供的金融服务其实就是贸易融资的一种形式。贸易融资是银行的业务之一，是指在商品交易中，银行运用结构性短期融资工具，基于商品交易（如原油、金属、谷物等）中的存货、预付款、应收账款等资产的融资。相对普通的流动资金贷款而言，贸易融资模式无论风险度、银行准入门槛还是审批流程、速度等方面都具有明显优势。

首先，贸易融资准入门槛较低，这有效地解决了中小企业因财务指标达不到银行标准而无法融资的问题。传统银行流动资金贷款过程中，银行调查企业的规模、净资产、负债率、盈利能力及担保方式等情况是必不可少的环节；而在贸易融资过程中，银行无须套用传统的评级体系，而是重点考察贷款企业单笔贸易的真实背景及进出口企业的历史信誉状况。这就使得原有的担保原则被弱化，对一些因财务指标达不到银行标准而难以获得融资贷款的中小企业来说，他们可以通过真实交易的单笔业务来获得贷款，通过不断的滚动循环来获取企业发展所需要的资金，从而缓解了融资难题。

其次，贸易融资审批流程相对简单，企业可以快速地获取所需资金。传统的流动资金贷款由于审批流程繁杂冗长，一般来说，银行要对贷款企业的基本情况、财务指标、发展前景、融资情况、信用记录、可抵押物或可担保单位等各个方面做出严谨的调查，所以，常常会发生银行审批完毕后企业已经不需要融资的情况。而贸易融资方便、快捷的地方在于银行只要调查清楚贷款企业单笔贸易背景，并结合企业历史信用记录，落实相关要求后就可以放款，时效性强。

再次，贸易融资业务可以扩大银行收入来源，调整收入结构。从银行方面来讲，国际结算作为支柱性中间业务，有利于扩展银行中间业务收入。银行可以从直接贸易融资中获取大量的中间业务收入，如收取手续费，既包括出口贴现、保理业务、开立银行承兑汇票等业务的手续费，也包括在合理范围内对中小企业贸易融资收取一定的手续费，这将有力促进银行收入结构调整。

最后，贸易融资比一般贷款风险低，能有效降低银行风险。中小企业流动资金贷款具有风险高、成本高、收益少的特点，很容易产生资金挪用风险。而贸易融资业务则注重贸易背景的真实性和贸易的连续性，通过对企业信用记录、交易对象、客户违约成本、金融工具的组合应用、银行贷后管理和操作手续等情况的审查，确定企业在贸易过程中产生的销售收入构成贸易融资的第一还款来源，融资额度由贸易额扣除自有资金比例确定，期限限定与贸易周期匹配，资金不会被挪用，风险相对较小。

正是因为贸易融资具有高流动性、短期性和重复性的特点，而且强调操作控制，淡化财务分析和准入控制，所以更适应主体资质偏低，融资金额小、次数多、周转速度快的中小企业。贸易融资有利于银行与企业之间形成长期、稳定的合作关系，还能实现银行对企业资金流和物流的控制，有利于实现对风险的动态把握，避开企业经营不稳定的弱点。因此，着力发展贸易融资，对于缓解中小企业融资难的问题具有长远的现实意义。

在我国，银行获准能够进行的贸易融资服务主要有以下几种。

1．信用证融资

信用证融资是出口商可以考虑的融资方式之一。出口商可通过信用证向银行申请专项贷款，从而实现融资。通常情况下，当出口商资金紧缺、短期内又无法争取到预付货款时，信用证融资则可以帮助出口商顺利开展业务、把握贸易机会，缓解企业流动资金压力。但这种方式必须倚靠信用证结算方式进行，未采用信用证结算方式的订单则无法申请信用证融资。

2. 订单融资

订单融资是指企业凭信用良好的买方产品订单，在技术成熟、生产能力有保障并能提供有效担保的条件下，由银行提供专项贷款，供企业购买材料组织生产，企业在收到货款后立即偿还贷款的业务。在订单融资中，只要企业手里有订单即可向金融机构申请贷款，方便快捷，但是前提是要能够提供担保。

3. 供应链融资

供应链融资是银行基于供应链中的核心企业，针对其供应商的采购行为和经销商的销售行为开展的融资服务。核心企业的优质信誉能够使银行在一定程度上降低信贷风险系数。核心企业通过银行的帮助，能够做到信息流、物流、资金流的充分整合；供应商和经销商则可以解决融资难的问题。供应链融资比较适合中小企业，但是金融机构对整个供应链的考察是非常严格的，需要一定的时间。企业的审查较为复杂，由于要考察，所以需要一定时间。

4. 买方信贷

买方信贷是指金融机构向境外借款人发放的中长期信贷，用于进口商（业主）即期支付中国出口商（承包商）商务合同款，促进中国产品、技术和服务的出口。此类信贷贷款期限较长，利率也较为优惠。但不足之处就在于无论是借款人还是出口商，都需要具备中国政府授权机构认定的资格，这是比较难的。

5. 信用保险融资

信用保险融资是指销售商在投保信用保险并将赔款权益转让给银行后，银行向其提供贸易融资，在发生保险责任范围内的损失时，信用保险机构根据《赔款转让协议》的规定，将按照保险单规定理赔后应付给销售商的赔款直接全额支付给融资银行的业务。这是一种信用授信方式，出口商一般无须提供担保，并能够灵活选择融资币种，利于企业避免汇率风险。这种融资方式的前提是企业必须先投保出口信用保险。

VC 和 PE：风险投资与私募股权投资

VC 和 PE 是近年来常常遇到的两个英文缩写，他们分别是 Venture

Capital 和 Private Equity 的缩写，即风险投资和私募股权投资。

VC 和 PE 都是通过私募形式对非上市企业进行的权益性投资，然后通过上市、并购或管理层回购等方式，出售持股，从而获利。不同的是风险投资是私募股权投资的前期形式。

2010 年 7 月 8 日，国内顶级 VC 机构鼎晖投资宣布，注资入股蓝海电视传媒。鼎晖投资注资入股蓝海，受其承诺投资额超过千万美元。这是鼎晖首次投资对外传播媒体。

传媒行业往往投资规模大、投资回收周期较长。但是面对已经十分成熟的西方传媒市场，蓝海却能在短短几年内站稳脚跟。目前，蓝海有线频道已在美国多个主要城市落脚，包括纽约、洛杉矶、华盛顿、波士顿等。

蓝海电视传媒的董事王树，是主导这轮投资的鼎晖投资合伙人，不得不提的是，他还是腾讯最早的风险投资人。

作为风险投资立足海外的民营商业媒体公司，蓝海在国内尚属首例，但是媒体产业是个“烧钱”的买卖，相对于成本投入，蓝海目前的广告收入、付费电视节目收入微乎其微，仍在摸索更好的盈利模式，此次堪称“史无前例”的投资能否让蓝海走得更远，实现中国文化的“扬帆出海”，仍有待于时间的检验。

风险投资一方面被认为是企业的孵化器，但另一方面又被称为企业的隐形杀手。这其中的利害关系可见一斑。如果在市场上发现了一个发展前景比较好的种子企业，那么风险投资就会盯上这个企业。

风险投资具有以下几个特征。

第一，投资的目的是追求超额回报，而不是获得企业所有权，所以绝大部分风险投资人会在得到丰厚利润和显赫功绩后从风险企业退出。

第二，投资对象多为处于创业期的中小型企业，且大部分为高新技术企业。

第三，风险投资人积极参与到被投资企业的经营管理中，以提供增值服务，风险投资人会尽最大的努力来满足被投资企业各个发展阶段的融资需求。

风险投资人大量的资金支持，会给企业提供能够超速发展的后备动力；对于企业的股权结构、财务结构和人事结构来说，风险投资可以使公司发展更加透明化和健康化；风险投资的加入，也就等于为公司带来了一股新势力，带来了新的客户、新的管理方式以及新的分析问题的角度。这些新的机遇，不仅促进了企业自身的发展，也帮助企业朝着现代化的公众公司发展方向迈出坚实的脚步。

私募基金起源于美国。1976 年，华尔街著名投资银行贝尔斯登的三名投资银行家合伙成立了一家投资公司，专门从事并购业务，这是最早的私募股权投资公司。全球已有数千家私募股权投资公司，黑石、KKR[①]、凯雷、贝恩、阿波罗、德州太平洋、高盛、美林等机构是其中的佼佼者。

众多的私募股权投资公司在经过了 20 世纪 90 年代的高峰发展时期和 2000 年之后的发展受挫期之后，重新进入上升期。据英国调查机构 2007 年 2 月统计，世界共有 950 只私募股票投资基金，直接控制了 4400 亿美元。

私募股权投资是指投资于非上市股权，或者上市公司非公开交易股权的一种投资方式。私募基金是与公募基金相对应的。公募基金即我们生活中常见的开放式或封闭式基金。面对大众公开募集资金，国内的入门起点一般是 1000 元至 10000 元不等；而私募属于“富人”基金，入门的起点都比较高，国内的起点一般为 50 万元、100 万元，甚至更高，基金持有人一般不超过 200 人。大型的私募往往通过信托公司募集，普通投资者很难加入其中。国内私募股权投资基金经过多年的发展，成为仅次于银行贷款和 IPO 的重要融资手段。私募基金有以下几个特点。

第一，私募基金通过非公开方式募集资金，其销售和赎回都是通过基金管理人私下与管理者协商进行的，很少存在公开市场的操作，一般不需要披露交易细节。

第二，在募集对象上，私募基金的对象只是少数特定的投资者。私募基金圈子虽小但门槛却不低。

第三，在投资对象上，私募基金一般投资非上市公司，很少投资上市公司。私募基金流动性差，因而不存在现成的市场供非上市公司的股权出让方与购买方直接达成协议。

私募基金的主要运作方式有以下两种。

第一种是承诺保底，基金将保底资金交给出资人，相应地设定底线，

---

① KKR 集团，Kohlberg Kravis Roberts & Co.l.p.，简称 KKR。

如果跌破底线，则自动终止操作，保底资金不退回。

第二种是接收账号（即客户只要把账号给私募基金），如果跌破约定亏损比例（一般为 10% ~ 30%），客户可自动终止约定，对于约定盈利部分或约定盈利达到百分比（一般为 10%）以上部分按照约定的比例进行分成。此种方式主要是针对熟悉的客户，还有就是大型企业单位。

VC 与 PE 虽然都是对上市前企业的投资，但是两者在投资阶段、投资规模、投资理念和投资特点等方面有很大的不同。现在很多传统上的 VC 机构也介入 PE 业务，而许多传统上被认为专做 PE 业务的机构也参与 VC 项目。比如，著名的 PE 机构凯雷也涉及 VC 业务。区分 VC 和 PE 的简单方式是，VC 是对企业前期的投资，而 PE 则是投资企业的后期。2006—2007 年，中国 VC 走出一条不同于美国 VC 的道路，具体表现为对于传统行业的投资和投资阶段的后移，VC 投资越来越 PE 化了。

企业发展的需要企业领导人从整体出发，综合考虑 VC 和 PE 的利弊，合理利用 VC 和 PE。因为如果 VC 和 PE 用得好，就可以为企业发展披荆斩棘，开山造路；如果用得不好也极有可能伤及自身，遗祸数载！

打造企业在互联网时代的输血系统

长期以来，我国的金融市场都被银行等传统的金融机构垄断，金融市场活力不足，很多金融需求没有得到充分的满足。在这个问题上，企业的融资需求一直是未被满足的大空白。

企业为了生存发展，需要足够多的资金。这使得企业的融资需求比较大。然而，现实情况却使得企业融资道路困难重重。以银行为代表的传统的金融机构融资门槛高，多向大企业看齐，并不愿意受理那些中小微型企业的融资。这些使得中小微型企业在资金出现断流时，常因融资艰难而出现生存危机。

在互联网积极地拥抱传统行业的情况下，互联网金融获得了很大的发展机会。2013 年 6 月以来，互联网金融可谓炙手可热，从余额宝的诞生到众多“宝宝”的加盟，从阿里小贷到京东供应链金融，从“三马”卖保险到银行业的互联网化，这一系列的变化来之迅猛，一时间互联网金融成为人们街头巷尾的热门话题。互联网金融的出现，为企业提供了一条新型的融资渠道。对于企业来说，如果能够有效地利用互联网为企业融资，则更能保证企业的健康发展。

互联网金融是更加注重用户体验的金融创新，也是促进互联网与金融深度融合的新兴业态，为我国金融产业带来新的发展机遇。互联网金融不是互联网和金融业的简单结合，而是在实现安全、移动等网络技术基础上，被用户熟悉接受后，自然而然为适应新的需求而产生的新模式及新业务。互联网金融的发展经历了网上银行、第三方支付、个人贷款、企业融资等多个阶段，并且越来越在融通资金、资金供需双方的匹配等方面深入传统金融业务的核心。

金融同互联网技术相融合，以开放、共享、平等、协作的互联网思维做指导，对传统的金融模式进行革新，由此推动了我国金融新形式的出现。互联网金融在近几年得到了井喷式的发展，给中小微型企业的融资带来了希望。

互联网同金融的抱合，解决了中小微型企业融资难的问题，有效打造企业在互联网时代的输血系统，及时地为企业供应新鲜的血液。

同传统的金融机构融资相比，互联网融资门槛比较低，即使是没有较高的市场信誉度，在经济能力方面也不太强的中小微型企业也可以选择互联网融资。因为低门槛的设置，互联网融资的吸睛能力比较高。那些急需要融资，但是又被银行等传统的金融机构排斥在外的小型企业便把目光放在了互联网融资上面。

互联网融资因为借助互联网技术，在很大程度上节省了企业的融资成本。互联网融资因为借助互联网平台，可以将融资方的需求信息公布出来，让更多的人看到。有意向的投资者，可以同融资方在平台上进行信息匹配，以寻找到最合适的交易方。这种形式实现了金融脱媒。同时，金融机构只需要在互联网上搭建一个平台，这要比传统金融中建设营业网点花费的成本小太多。这些因素都将减少企业的融资成本。

借助互联网融资不仅融资成本低，融资效率也比较高。互联网融资充分利用互联网技术，一个平台上可以接收到海量的信息，投资者和融资方的信息匹配度高，也较为方便。同时，互联网云计算技术在融资平台上的运用，使得平台能够同时处理多个融资业务，在很大程度上提高了融资审核的效率。因为互联网融资不像传统金融机构的融资需要融资方提交各种材料、走多个审核程序，在很大程度上节省了时间，提高了融资的效率，从而能够有效地为那些急需要资金的企业提供资金。

互联网融资因为其门槛低、成本低、效率高等优势，被众多中小微型企业选择，为那些急需要发展壮大的企业提供了所需的流动资金，在很大程度上提高了中小微型企业的资本运作的能力。对于企业来说，资金链条不能断，在发展过程中，要时刻保持自己输血系统的畅通，互联网融资是实力欠缺的中小微型企业可以选择的输血道路。

第四维 营销管理

——颠覆式思维，“卖”向成功

经商是世界上古老的行当之一，“营销”二字是对经商的一种当代说法。营销之道的核心在于探寻和揭示规律性的东西。规律看不见、摸不着，但确实客观存在，规律揭示的是七行八业运作的神秘法则和诀窍，规律的感知需要人们持续研习和琢磨，在自己的大脑中发生复杂的“化学反应”后才能获得。掌握了营销规律，也就精通了做营销的“门道”，没有掌握规律就是“不上道”，研习营销之道的重心在于寻“道”、传“道”，启迪自己悟“道”。

第一章 解决好人的问题，营销业绩更辉煌

企业之间的营销较量，绝不是仅通过资金、资源等硬实力的比拼来分出高下。营销是企业管理的一环，因而，营销领袖之间领导力和影响力的碰撞，才是决定企业营销竞争成败的关键。身为一名营销领袖，为企业带来多少业绩上的提升自然是评价其能力的直观指标。但是一名成功的营销领袖，必然会先管人后管业绩，人才是业绩的基础，只有打造一个强大的营销团队，才能争取骄人的营销业绩。

营销管理的核心在于创造

做好营销管理，对于企业营销工作的开展具有非凡的意义。有了良好的管理，企业营销才能井然有序，各个部门之间的配合才会更加流畅，这对于营销效率和效果提升的作用不言而喻。

良好的营销管理，具体能对企业营销工作产生哪些助力呢？首先，良好的营销管理有利于营销人员的合理配置，管理者需要根据营销人员不同的个人能力进行营销团队的组建和内部调整；其次，良好的营销管理有利于企业的可持续发展，在营销的过程中，企业需要不断总结经验教训，不断有针对性地进行工作调整，才能更好地适应瞬息万变的市场；最后，良好的营销管理有利于目标市场的开拓，现代市场需求潜力无限，呈现出跨界、跨领域等全新特征，而唯有凭借营销管理，才能抓准这些市场需求。

营销管理的核心究竟是什么？不同的企业，不同的营销管理者给出

的答案可能不尽相同。完善的营销机制、合理的营销制度、有效的营销渠道、默契的营销团队……这些可能都是不同的营销管理者心中的核心。不过，现代营销学之父菲利普·科特勒指出，营销管理的核心在于创造。

营销管理并不是一种既定的学术理论，同营销概念的演化一样，营销管理也在不断进化。企业想要真正开展好营销工作，就必须根据环境的变化和用户的脚步，做好企业营销的创造性管理，紧随时代的步伐。

在互联网时代下，有一些人认为，随着互联网信息技术的发展和普及，消费者正变得越来越难以受到广告和营销人员的影响，甚至还做出“营销已死”的论断。但实际上，做出这一论断的人则是完全将营销与推销混同起来，其结果完全是谬误的。确实，伴随着买卖双方的信息透明化、对等化程度越来越高，消费者确实不易受到各种推销信息和推销行为的影响。但是，推销并不是营销，营销是一种科学化、系统化的运营管理。营销的最终目标是“消灭”销售，所以，互联网时代带来的营销环境变化并不会使营销管理走到尽头，而是会让营销管理进化到一个全新的层次上。

自现代市场营销理论诞生以来，可以大致分为以产品为中心的营销1.0时代，以客户为中心的营销2.0时代和以价值为中心的营销3.0时代。而科特勒在其著作《营销革命3.0》中则进一步将营销3.0时代划分为三个阶段：第一阶段是吸引用户的思维、心智和精神，并与之建立紧密的联系；第二阶段是帮助用户意识到他们的预期，让他们产生购买意愿，下达购买决策；第三阶段是与用户形成同感、共鸣，并保持可持续性。当前，能否成为一家“营销可持续型企业”的关键就在于能否用以上三个阶段的营销管理为用户带来独特的价值。

科特勒还进一步指出，营销是为了给人们生活中遇到的各种问题提供切实的解决方案，因此，营销管理需要关注的不仅仅是用户，而是广义上的“人”，要以人文主义色彩为人与社会创造、提供更大的价值。

那么，以价值为中心的营销3.0时代是不是营销管理的终极形态，会不会出现更新的营销4.0时代？对于这一问题，目前尚无法断言。但可以预见的是，随着时代的发展以及商业环境的变化，营销概念和营销管理也必然会迎来新一轮演化。正如上文所阐述的，创造才是营销管理的核心。只要以创造性的思维和行为，创造性地应对营销环境的变化、客户需求的变化、市场行为的变化，那么任凭营销世界沧海桑田，企业也始终能凭借创造性的营销管理在市场中屹立不倒。

注重管理力和领导力的双重修炼

谈及企业领袖，我们通常会提到管理者和领导者这两种概念。管理者与领导者之间的区别具体有以下几点。

1. 管理者关注人的行为，领导者关注人的思想

管理者关注的是团队成员的行为，希望每一位团队成员都能够按照既定的规章制度、流程方法去保质保量地完成自己的工作。规则是管理者最关键的指标，只要团队成员能够按照规则行事，管理的目标便达成了。

领导者关注的是团队成员的思想，在恪守基本原则的基础上，鼓励每一位团队成员都能够摆脱既定规则的束缚，多一些创新性的思想，采取一些创新性的行动。领导者没有明确的指标，团队成员提出的或大或小的新思想，都应受到领导者的关注。

2. 管理者关注人的当下，领导者关注人的未来

管理者关注的是团队成员的当下，招聘人员时，他们需要确保该人员具备企业所需要的基本条件和基本素养；安排具体工作时，他们需要确保该人员的知识和技能足以胜任这份工作。当前能力不达标的成员，无法进入管理者的“法眼”，也就失去了挑战和进步的机会。

领导者关注的是团队成员的未来，他们不会因为团队成员当前能力的高低就草率地判断他们能做什么、不能做什么，甚至决定其去向，他们更关注团队成员的性格、进取心等隐性能力，更愿意去发掘团队成员的潜能，帮助他们持续成长。对于领导者来说，团队成员的当前能力并不意味着全部，他们的潜能往往更加重要。

3. 管理者关注人的缺点，领导者关注人的优点

管理者关注的是团队成员的缺点，他们要确保团队成员不存在某些可能会对工作产生不良影响的重大缺点，他们在招募成员、组建团队时，更倾向于寻找没有明显缺点的人，以确保这些人能够按照指示在规定的时间内完成指定的任务。

领导者关注的是团队成员的优点，他们并不会太在意团队成员的缺

点。在领导者看来，只要他们身上的优点能够为企业产生强大的助力，就是优秀的人才。一个人缺点的改正，可能要花一个月的时间，但一个人优点的培养，可能花一年时间都远远不够。所以，领导者更在乎团队成员能够做好什么，而不是他们做不好什么。

另外，具体到一个企业的营销部门，管理者和营销领导者同样存在着区别。那么，究竟是营销管理者还是营销领导者更符合企业的营销需求呢？

在新的商业思维中，越来越多的人认同“领导者要比管理者更重要”这一理念。他们认为，死板的管理只会为企业发展制造各种阻碍，唯有能够成功领导人心的领导者才能为企业发展注入不可阻挡的活力。但事实上，这种观点未必准确。管理者和领导者关注的是两个不同的领域，他们的出发点、行为标准存在很大的差异，但并没有绝对的优劣之分。不可否认的是，现在确实有许多企业因为死板的管理而陷入僵局，但主要原因在于领导者的管理思维和方法过于落后，作为一种科学，管理是永远不会被淘汰的。

管理力和领导力，是两种相关而又截然不同的能力。管理者更多的是运用职权、规章制度等硬权力确保团队工作按照计划顺利开展；领导者则更多的是运用个人魅力、才华等软权力赢得团队成员的认可，为团队发展提供充足动力。管理是按时按量达成团队既定目标的保障，领导则是刺激团队不断成长、增强团队凝聚力的催化剂。任何一位企业领袖，都应该将管理和领导这两种不同的软硬权力相结合使用。只有刚柔并济，企业的领袖才能更好地引领团队与企业前行。

具体到企业营销中，如果营销领袖只有营销管理力，没有营销领导力，那么营销团队就会缺乏拼劲，营销工作也难以取得显著的突破；而如果营销领袖只有营销领导力，没有营销管理力，在特定的营销计划之下，也无法确保团队能够众志成城地达成营销目标。

因此，对于营销领袖而言，不要纠结自己应该成为营销管理者还是营销领导者。一位真正优秀的营销领袖，应该注重管理力和领导力的双重修炼，既要铁面无私地执行既定的营销方案，又要激情澎湃地提出营销愿景，鼓励团队成员积极投入营销创新中。

营销管理要达成的四项目标

有明确目标的管理才能有方向、有策略，才能达成管理所期望的功效，营销管理同样如此。在营销管理实践中，企业通常需要预先设定一个预期的市场需求水平，但在实际中，市场需求水平可能呈现出与预期的市场需求水平不一致的状况，营销管理目标的设定就是为了通过相应的营销管理实践工作使两者尽可能达成统一。

营销管理的实质是需求管理，是对需求的水平、时机和性质等进行有效调节的过程，具体包括满足企业、消费者和终端的需求，满足销售队伍的需求等。而根据对以上不同层面的需求管理标的，营销管理的理想目标的轮廓也清晰地显现出来。

1. 打造一流的营销团队

在企业经营中，任何一个环节的工作要想取得重大成就，都必须依靠团队的力量。无论一个人专业知识和技能有多强，也不可能仅凭一己之力就撑起企业的营销任务。因此，营销管理的首要目标便是打造出一流的营销团队，这是企业取得营销成功的基本保障。

那么，作为营销管理者，如何打造一流的营销团队呢？首先，要选择最合适的团队成员。“物以类聚，人以群分”，在选择团队成员时，营销领导者不能只关注他们的能力、经验等硬实力，还需要格外关注他们的价值观、理念、团队意识等软实力，坚决不把“异类”招募到团队之中。其次，营销领导者要注重营销团队的平衡。要注重团队成员在能力、性格、行事风格上的互补性，不要将过多“同质化”的成员安排在一个岗位上，只有团队互补才能产生更好的化学反应，才能取得“1+1>2”的效果。最后，营销领导者要时刻注重营销团队的优化调节。“流水不腐，户枢不蠹”，想要使营销团队始终保持一流水平，就不能止步不前，而是需要根据团队成员的能力、成绩和当前的营销目标，随时对团队成员的构成或定位作出调整，以实现营销团队不断的优化升级。

打造一流的营销团队，主要就是为了满足企业的需求。无论企业采用何种营销战略，想要达成何种营销业绩，归根结底都需要由一支一流的营销团队去执行。

2. 创造显著的业务绩效

无论营销团队的能力多么优秀、配置多么合理，但是最终仍要用成绩来说话。营销的业务绩效，永远是营销管理评估的硬性指标。无法为企业带来业绩增长的营销是没有任何意义的，营销管理工作的开展，一定要为企业销售业绩带来有效的同比或环比增长。

要想创造显著的业务绩效，首要工作便是确定明确的业绩指标，有了业绩指标才有动力和评估标准。而业务绩效的设定，通常又分为两种形式：一种是设定业绩绝对值，即根据企业的阶段性目标明确营销团队在下一期营销中需要完成多少销售额；另一种则是设定业绩增长率，即根据上一期营销业绩为营销团队设定相应比例，以期在下一期营销中达成该增长目标。

创造显著的业务绩效并不仅仅是为了满足企业的需求，也是在满足消费者的需求。企业能够取得理想的营销业绩，就印证了企业的产品和营销策略满足了消费者的需求，并得到了消费者的认可。

3. 抢占足够的市场份额

业务绩效在很多情况下属于企业的内部指标，它反映的是企业营销团队的当前能力水平和工作成果变动。为了更为真实地反映企业在同行业、同区域市场中的营销竞争力，则需要以市场份额指标加以判断评估。市场份额又称市场占有率，指的是一个企业的销售量或销售额在市场同类产品中所占的比重，市场份额占比越高，意味着企业对于市场的控制力越强。

在传统思维下，企业通常只关注市场份额的数量，而忽略了市场份额的质量。市场份额的数量即市场份额的大小，是其在宽广度方面的体现。市场份额的质量则是对其优劣的反映，包括客户满意度、客户忠诚度等指标在内，都是市场份额质量的评价标准。因此，抢占足够的市场份额，不仅仅要求营销团队要达成市场份额的数量目标，还要在市场份额的质量目标上取得高水平。

抢占足够的市场份额也是在满足终端的需求，对于与企业合作的代理商、经销商以及各个销售终端而言，企业市场份额越高，其销售工作就越容易开展，盈利前景也更为可观。

4. 塑造优秀的团队文化

一流的团队，不仅要具备优秀的团队能力，还要具备优秀的团队文化。优秀的团队文化能够为团队注入强大的精神力量，让团队保持充足的动力和良好的凝聚力。团队文化不是由团队管理者独自空想“编”出来的，而是在整个团队的愿景和价值观下共同形成的一种自发的、隐性的精神特质。

不同的营销团队，其团队文化的具体内容有很大区别，不过以下文化特质应该是每一个营销团队都应该具备的：①不畏挫折的拼搏文化；②遵循目标的执行文化；③紧密配合的合作文化；④不断进步的创新文化。具备拼搏、执行、合作、创新文化的营销团队，才能在完成既定的营销任务的同时不断进化。

塑造优秀的团队文化，是为了更好地满足销售队伍的需求。在团队管理中，仅仅以绩效激励去满足团队成员的物质需求是远远不够的，以优秀的团队文化去满足团队成员的精神需求同样至关重要。

如果企业的营销管理能够达成打造一流的营销团队、创造显著的业务绩效、抢占足够的市场份额、塑造优秀的团队文化这四项理想目标，那么企业的营销工作便能以一种最为理想的状态开展，并带动整个企业的运转走向更为理想的状态。

平衡、灵活地运用心术和治术

关于对“术”的理解，人们历来评价不一、褒贬不一。有些人认为，“术”就是通过阴谋诡计、龌龊伎俩来达成自己的目的；而有些人则认为，“术”是治理国家、统率下属的有效工具。其实，所谓的“术”可以分为两类：一类是心术，即通过个人的道德修养和行为作风去影响人心；另一类是治术，即通过权力、策略等引导他人的行为。有心术无治术，“术”就成为满口虚言；而有治术无心术，“术”也就成为小人得志的工具。

关于对“术”的阐述和运用，可以追溯到我国的春秋战国时期，在百家争鸣的局面下，众多学派为各个国家的统治者提供了众多不同的治国、治世之道，而其中影响最为深远的当属儒家思想和法家思想。

以孔子、孟子为代表的儒家思想强调领导的心术，提倡德政、礼治和人治，强调道德感化，认为君主应该达到兼具“仁、义、礼、智、信”的崇高道德境界，以身作则，才能成为优秀的领导者。

而以韩非子为代表的法家思想则强调的是领导的治术，提倡以法治国，以暴力、策略等不同手段来统驭下属，提出领导者应该采用众端参照、必罚明威、信赏尽能、一听责下、疑诏诡使、挟知而问、倒言反听等手段来控制下属的思想与行为。

在现代企业管理中，对于领导的心术和治术则有了新的时代定义。

1．领导的心术包含十项内容

（1）仁爱：领导者不能将团队成员视作工作的器械，要学会关心并满足他们的需求。

（2）宽容：领导者要学会容忍下属的失误或错误，并给予他们改正的机会。

（3）尊重：尊重是双向的，领导者只有给予下属充分的尊重，才能赢得他们的尊重。

（4）期望：有期望才有进步，领导者应给予下属充分的期望，他们的潜能才能得以激发。

（5）合作：领导者不能将下属视作自己的附庸，而是将其视为最忠诚、最坚实的合作伙伴。

（6）沟通：领导者要勤于沟通、善于沟通，深入了解下属的工作状态和真实想法。

（7）服务：领导者要成为下属的服务者，需要协助下属去完成既定的团队任务。

（8）赏识：领导者要善于发现下属的优点，要坦率地赞扬下属的成绩，及时给予激励。

（9）授权：领导者要敢于授权、善于授权，这样做可以在提高效率的同时，为下属创造进步的机会。

（10）分享：领导者要乐于分享，团队达成的任何成果，是属于所有团队成员的。

2．领导的治术包含四种策略

（1）晓之以理：领导者要学会“以理服人”，面对下属犯下的错误不要一味地批评，而是要以具备逻辑性的思想和话语使其明理，使其在认识到自身的错误后虚心接受并做出改正。

（2）动之以情：领导者要善于用真情打动下属，要与下属建立深厚的情感联系，这样更能在对下属进行指导时避免其产生对抗心理和叛逆心理等。

（3）“诱”之以利：团队成员以利益取向决定自己的行为，这并非是不值得赞同的现象。即便个人与团队的愿景高度符合，团队成员的物质及精神需求还是需要被满足，“诱”之以利就是领导者通过各种激励手段引导下属更好地投入到团队工作中的行为。

（4）“胁”之以威：如果领导者能够通过理、情、利实现对下属的正确引导，自然是一种理想的状态，但是在实际的管理工作中，领导者难免需要利用硬性的规章制度、惩罚措施等去限制、修正下属的行为，这种权力同样是领导者开展工作的必要保障。

对于领导者来说，“术”在工作实践中是不可或缺的，心术和治术更是缺一不可。在带领团队开展工作时，领导者的心术是本质和根本，“领导者只有做到心术正，才能游刃有余地使用治术；而如果领导者心术不正，即使其精通谋略、神机妙算，最终也难免会作茧自缚、自取灭亡。”一位优秀的领导者，必须要注重心术与治术的双重修炼，并在实际工作中平衡、灵活地将两者结合运用，从而更好地指导工作的开展。

山东皇圣堂药业有限公司的营销部门经理将下属小王叫到办公室，厉声批评道：“小王，你这个月的业绩是怎么做的？那么差！连新来的员工都比你的业绩好，今天你必须做出深刻检讨！”

小王委屈地说道：“经理，我每天都要拜访十几个客户，没有怠慢每一个客户，但是这个月客户就是不愿意成交，我也不知道到底怎么了……”

经理听后，语重心长地对他说：“小王，你有拼劲是好的，但是做销售不能蛮干，而是要有方法、讲技巧，既然你现在的工作方法行不通了，你就要想方设法地做出调整和改进。这样吧，你下个月再拜访客户后，把详细情况向我汇报，我来给你支支招。”

小王听后，紧张感消除了不少，赶忙向经理致谢。

“不过，”经理又对他说道，“销售人员始终要靠业绩说话，我会尽可能帮助你，但是最主要的还是要看你个人的努力，如果你下个月的业绩还没有改善，那么谁也帮不了你了。”

山东皇圣堂药业有限公司的这位营销经理在教育下属时，就做到了恩威并施，心术与治术并用。既用批评、制度等让小王认识到了自己的工作没有做好，又以和蔼、宽容的态度给予了小王鼓励和改进机会，引导他自我提高，这远比盲目地批评和一味地容忍更有助于下属的成长。

领导是一门艺术，而只有兼具了心术和治术的领导力，才能成为真正的艺术，才能成为领导者凝聚人心、统率下属的强大力量。

主观智慧扭转客观因素的不利

我国有句俗语，叫作“巧妇难为无米之炊”。但如今，有人对这句话“质疑”：既然有现成的米，那么谁不会煮饭呢？很多时候，没有米才是最大的问题，“有米成炊”还能称得上是“巧妇”吗？

如果放眼到市场营销领域，这种“有米成炊”“无米不成炊”的现象更是屡见不鲜。许多营销管理者，在企业的产品或品牌具备绝对市场优势的情况下，能够取得不错的营销业绩；不过一旦企业的产品或品牌没有绝对优势，与竞争对手不分伯仲时，则往往难以达成理想的营销目标。那么，在激烈的市场竞争中，企业又该如何始终保证产品或品牌具备绝对的竞争力呢？如果企业的产品或品牌本身就具备了绝对的市场号召力，那么营销管理者的价值又该如何体现呢？一位真正有智慧、有实力的营销领袖，不能仅仅满足于“有米成炊”，而是要更进一步，力争做到“无米也成炊”。

有些营销管理者，在营销工作开展得不如意时，总是会抱怨产品不好、人员能力不足等客观因素，但是在真正优秀的营销管理者眼中，通过运用主观的智慧可以在一定程度上扭转不利的客观因素。

著名的营销大师卡塞尔曾说过：“买卖无论大小，出售的都是智慧。”他曾创下了两项吉尼斯销售纪录：一是以1美元造就了好莱坞慈善拍卖会最低成交额；二是以天价纪录出售了废弃的城墙砖。

在越南战争期间，美国好莱坞筹划举办一次募捐晚会，由于当时反战情绪强烈，眼看整个募捐晚会就要以冷场告终。此时，卡塞尔在席间找到一位女明星，同她进行了一番交流后向现场观众宣布，他现在要拍卖这位美女的一个亲吻，只需要1美元。而这也成为现场唯一一次成交。

到了1990年，卡塞尔以德国政府顾问的身份主持拆除了柏林墙，而拆除后的废弃柏林墙砖块该如何处置，让政府各界都倍感头疼。此时，卡塞尔又提出，将每一块柏林墙砖块都以收藏品的形式向全世界进行公开销售。最终，这些柏林墙砖块进入了全世界200多万个家庭或公司，也创下了城墙砖售价的世界之最。

卡塞尔主导的这两次营销案例，其客观条件都是相当不利的。在好莱坞拍卖会上，卡塞尔面临的问题是“品牌”不好，在反战情绪下没有与会者愿意响应；而在出售柏林墙砖块时，卡塞尔面临的问题是“产品”不好，虽然柏林墙名声很响，但是废弃的砖块没有使用价值。在这些不利因素下，卡塞尔却依靠自己的智慧发掘出有吸引力的“产品”，为产品赋予了独特的价值定位，因此完成了原本不可想象的营销任务。

优秀的营销管理者，不是只在一切客观条件都成熟后才能交出出色的成绩单，而是能够在产品尚未面世之前就达成交易，能够在产品价值与客户需求不对等的情况下挖掘或赋予其全新的潜在价值。

除了产品和品牌的问题外，营销管理者在搭建营销团队时也同样要做到“无米也成炊”。企业不可能事先组建好一个完美的营销团队交由管理者去领导，组建团队本身即是管理者的任务。优秀的营销管理者能够充分利用自身的才华、魅力、成绩等吸引优秀人才加入其团队之中，而不是按照死板的标准大海捞针般的搜罗团队成员。

在完全开放、竞争激烈的市场中，一些热点区域往往会成为营销的“重灾区”。而一个有智慧的营销领袖，则应该学会“无米成炊”，以“无中生有”的技巧，在竞争对手感到无能为力的地方施展自身的力量，在竞争对手之前展开行动，充分挖掘客户的潜在需求，以开拓更为广阔的市场空间。

通过谋略和行动去造势营销

在营销信息海量化、营销手段同质化的互联网时代，越来越多的企业为了能够最大限度地吸引潜在消费者的瞩目，达成“以小博大”的营销效果，更倾向于采用事件营销的方式来策划具体的营销活动。

所谓事件营销，是指企业通过策划、组织和利用具有新闻价值、社会影响以及名人效应的人物或事件等，吸引媒体、社会团体和潜在消费者的兴趣与关注，以树立独特的品牌形象，并最终促成产品销售的一种营销技巧。而事件营销，又可以大致分为两种类型：一种是根据固定的、现成的热点事件开展的借势营销；另一种则是由企业主动策划营销热点的造势营销。

一个成功的营销领袖，要能够引领“事件”的发生，而不是等待“事件”的到来，即要学会造势营销，而不能一味地借势营销。

比如，四年一度的奥运会和世界杯，是众多企业纷纷争抢的借势营销热点项目，但如果企业因为各种原因错过了这一营销机会，难道营销领袖就要傻傻地再等上四年吗？当然不！像奥运会、世界杯等固定化的热门盛会，虽然号召力强大，但是往往也面临着竞争激烈、营销成本较高的问题，最终的营销效果也未必能达到预期水平。而如果企业的营销领袖能够巧妙地采用造势营销的策略，不仅有助于企业及营销领袖控制成本、时机等诸多客观因素，也更容易开展差异化营销竞争。

每年的“双 11”已经成为众多商家全新的营销战场，而在铺天盖地的促销信息下，真正能够吸引人的新鲜“玩法”却很少。不过，在 2014 年的“双 11”期间，潮流男装 gxg.jeans 却利用造势营销让消费者耳目一新。

潮流男装 gxg.jeans 的造势营销从 2014 年 10 月 16 日便已经展开。当天，一些自媒体达人们纷纷在自己的微博中晒出 gxg.jeans 送出的雨伞，伞上除了“gxg.jeans 双十一下雨就免单”外没有任何信息。这立刻引来了众多网友的热议，“免单是‘脱单’的意思吗？”“还是说凭雨伞可以免费消费？”一时间众说纷纭。

次日，gxg.jeans 在官方微博发布公告称：“今年‘双 11’，只要下雨就免单，要和老天爷对赌，用天大的赌注，给你最强烈的惊喜。”不过，官方微博中仍未对具体的活动内容给予解释。

直到 10 月 22 日，gxg.jeans 才在天猫旗舰店上最终公布了“双 11”免单活动的具体玩法：互动活动共开放 300 个“下雨就免单”的名额；在 11 月 1—10 日，消费者只要将商品加入购物车，即有机会通过抽奖获取免单名额；获得免单名额的300名参与者，如果其所在地区在“双11”当天下雨，最高可减免1111元；即使其所在地区没有下雨，也可以获得300元无限制优惠券。

“‘双11’下雨免单”活动，尽管不像一些人预想的那样是全民都可享受下雨免单，但凭借前期的悬念营造、热点营造，gxg.jeans的关注度已经得到了极大的提升。不管最终“双11”当天下不下雨，不管最终gxg.jeans花费了多少促销成本，实际上都已经在“双11”营销大战中取得成功了。

不过，需要注意的是，造势不是盲目炒作，而是要保证造势符合积极、正面的价值观，符合目标客户群的价值取向，否则，营销造势不仅难以取得预期的效果，甚至还会为企业形象带来负面影响。就以gxg.jeans为例，其目标客户群是20 ~ 28岁之间，追求随性、张扬、爱打扮的潮流青年，因此采用了“下雨就免单”来制作噱头，并首先通过微博展开信息传播，这与目标客户群的心理特征和信息获取渠道高度符合，这也是此次营销取得成功的重要因素之一。

在营销时机成熟时，根据明确的营销方案去执行并不困难，每一个合格的营销管理者都能够做到。但是，真正成功的营销管理者不能仅仅满足于合格，而是要追求卓越，主动去寻找机会、创造机会。这就要求营销领袖们必须学会营销造势，要能够在营销时机不成熟、不理想的情况下，通过自己的谋略和行动去改变“局势”，使之有利于企业营销的成功开展。

做好产品定位，产品才能打开市场

一个企业生产的商品必定要有自己的消费群体。有的是针对少年儿童，有的是面向中老年人，有的则是面向广大的青年。做好产品的客户定位非常重要，如果企业不知道自己的商品要卖给哪个消费群体，那么销售的时候也就非常困难。有的企业在研发新产品的时候会做市场调查，有的顾客喜欢传统古风型的，有的顾客喜欢热情奔放型的，只有产品满足大多数顾客的需求时，企业才能够着手进行生产开发。

美国通用汽车公司准备研发一款新的车型，公司拿出来两种方案进行市场调查。第一款汽车是线条流畅，外表柔美的小轿车；第二款是体形较大，设计奔放的越野车。公司的员工在街上发放调查问卷，希望人们为这两款汽车打分，他们将会根据分数情况选择生产这两款汽车中的一款。经过长时间的调查，员工收回的调查问卷显示，在满分为 10 分的情况下，第一款汽车平均分数为 7.5 分，第二款汽车的平均得分为 5 分。员工把调查问卷结果汇报给通用汽车总公司产品开发副总裁罗伯特·卢茨，他们认为卢茨肯定会选择分数高的第一款汽车来生产。没想到当卢茨认真地看完所有的调查问卷之后说：“我们要生产第二款汽车。”员工们都非常不理解，按理说要生产大众满意度高的第一款啊，副总怎么能够退而求其次呢？卢茨不慌不忙地对员工们说：“请你们仔细看一下这些调查问卷。第一款汽车虽然平均分数高一点，但是大多数的人打分都是在 7 分左右徘徊。而第二款汽车虽然平均分数低，但是有一大部分人打的是最高分，而只有一小部分人打了最低的 1 分、2 分。统观这些调查问卷可以发现这样一个问题：人们不讨厌也不是特别喜欢第一款汽车，而大部分的人非常喜爱第二款汽车，只有少部分的人对第二款汽车比较反感。现在市场上的汽车非常多，人们很难从众多的汽车中挑选出自己喜欢的。而我们此时再生产出一款反响平平的汽车，并不能够增加我们的销售额，反而会影响人们对我们公司新品的期待。”

就这样，经过卢茨的认真分析，第二款汽车很快上市了。这款比平时市场上销售的一般轿车更加独特的设计奔放的越野车得到了人们的一度追捧，汽车在很短的时间内销售一空，并且公司接到排队的订单也接连不断。

做好产品的客户定位非常重要，准确的定位能够为以后的销售不断地赢取利润；如果做不好产品定位，企业生产的商品也许会反响平平，可能面临着滞销的风险。通用汽车副总卢茨不仅为新产品的上市做了认真的市场调查，最重要的是他没有被调查的表面现象所迷惑，而是抓住了事物的本质，找准了客户定位，从而为企业赢得了更加广阔的市场。

周鹏飞是比利时联合商学院的博士，他拥有一份人人都羡慕的工作，年薪高达 20 万元。在一次吃螃蟹的时候，他意外地发现阳澄湖大闸蟹一个要卖到一百多元。而小一点儿的、体貌不完整的、缺胳膊少腿的螃蟹不能叫作阳澄湖大闸蟹，它们只能卖到几块钱一个。虽然产地一样，出身一样，但是体重和形态的差别使螃蟹的价格形成天壤之别。周鹏飞认为如果能够使用这些残缺个小的螃蟹生产蟹黄酱的话，利润一定非常大。于是他决定大干一场，租下了一间房子专门收购这些残缺不齐的螃蟹。这些螃蟹的收购还在一定意义上解决了大闸蟹养殖户们的烦恼，但是如何加工仍然是个很大的难题。把螃蟹加工成蟹黄酱需要进行一次次的调配。经过辛苦的研究，周鹏飞自己做了一套螃蟹加工的机器，代替了手工剥螃蟹，这样既方便卫生又能够保证蟹黄原有的结构不被破坏。终于有一天，周鹏飞的蟹黄酱按照灯笼椒占 40%、蟹黄占 30%的比例调制生产好。按照每瓶 7 块钱的价格，他将蟹黄酱卖给街头超市的批发零售商。他本以为这批产品物美价廉，会在市场上一炮走红，但是没想到过了一段时间，几个合作的批发商竟然回来退货，原因是产品不好销售。周鹏飞的心情一下子跌到了谷底，仓库里由他精心研制的价值 20 多万元的蟹黄酱如果滞销，他所有的投入都将功亏一篑。

正当他为此事一筹莫展的时候，江苏省苏州市阳澄湖大闸蟹行业协会会长杨维龙的一句话提醒了他："阳澄湖大闸蟹是一个高端的品牌，无蟹不成席。一桌饭再好，如果没有大闸蟹，那么看起来也不上档次。"周鹏飞一下子明白了：阳澄湖大闸蟹本来就是一个高端品牌，蟹黄又是螃蟹上的精华，蟹黄酱的定位应该是高端产品，而不是像他这样几块钱卖给街头巷尾的超市，让蟹黄酱和咸菜划为同类。周鹏飞经过慎重思考，又对他的蟹黄酱进行了精致的包装和宣传，力争打造出当地高端特色品牌。要做高端品牌，周鹏飞首先想到的是飞机场，飞机场中所售卖的商品大都是市面上不常见的高端特色产品，阳澄湖大闸蟹作为一大品牌正符合这种要求。但是机场大都有长期的合作伙伴，对他的产品并不感兴趣。周鹏飞一次又一次地和对方沟通并且把产品免费拿给机场售卖，他的诚意打动了浦东机场贸易公司负责人高伟丰，高伟丰觉得他的产品比较符合机场的定位，同意销售蟹黄酱。周鹏飞终于松了一口气。令他惊喜的是，产品摆上没多久，机场的人就打来电话说产品卖得很好，让他再拿一些产品来销售，周鹏飞这才觉得自己终于把他的蟹黄酱定位准确了。接着，他又跑遍了长江三角洲的机场，和7家机场建立起合作关系。找准了产品客户定位后，周鹏飞又把销售渠道扩展到高铁、大型酒店和苏州步行街上的百年老店。起初7块钱都没有人买的蟹黄酱经过包装和宣传，卖到一盒200多元，即使蟹黄酱的价格翻了几十倍，却经常供不应求卖断货。通过这样的加工，周鹏飞让残缺的螃蟹增值几十倍。2012年，周鹏飞公司的销售额突破了1000万元。

通过重新规划并摸清了蟹黄酱的产品定位，周鹏飞让原来廉价的产品变成高端产品，也使得他的企业起死回生。因为阳澄湖大闸蟹本就是一个高端品牌的产品，如果硬把它压低价格或是卖给喜欢吃鸡鸭鱼肉的消费群体，即使价格再低也不会有人购买。而蟹黄对于讲究排场的人来说是不可多得的产品，只有将其定位为高端产品才能实现它的价值。产品定位就是要把产品销售给感兴趣的人群，比如相比中老年人，卡通产品更适合被卖给青少年儿童，而适合中老年的产品却难以进入儿童市场。做不好产品定位，再好的产品也很难打开市场。

只有质量好，顾客才会纷至沓来

企业生存靠的是产品，产品质量的好坏直接影响到企业的发展。消费者通过广告和促销认识产品之后，其关注更多的则是产品的质量。如果使用体验佳、产品质量好，消费者自然就会比较信赖它，成为该企业产品的忠实顾客。而不管产品宣传得有多么好，促销价格多么低，人们一旦发现产品质量出现了问题，很快就会把这家企业拉入黑名单，再也不会光顾。所以，企业要想盈利，最重要的是要严把产品质量关，只有质量好了，顾客才会纷至沓来。很多百年老店和企业深受人们欢迎和热爱的原因，除了它们浓郁的企业文化，更重要的是实实在在的产品质量。

内联升布鞋是我国规模最大的手工制作布鞋的生产企业，它创建于清咸丰三年（1853年），以生产手工布鞋驰名中外，它的“内联升千层底布鞋制作技艺”被列入《国家级非物质文化遗产名录》。内联升布鞋之所以获得如此高的评价是因为该品牌的鞋子优质的质量一百多年来不变。创始人赵廷有着一手娴熟的制作鞋子技术，经由一位京城达官贵人入股资助，他开始创建自己独具特色的鞋店。要说鞋店的特色就是鞋子的质量好，且不是一般的好，好得让人无法挑剔。他店里的精湛技术和良好工艺吸引了京城众多文武百官前来定鞋。古时候，一个人身份地位的象征不仅是衣服，很多时候看的是脚底下穿的那双鞋，因为当时很多人都穿不起鞋，大部分人的鞋只是自己简单编织的草鞋。内联升店名的寓意也非常好，“内”指的是大内宫廷，“联升”意思是穿上店里制作的鞋子就可以官职连升。内联升鞋店很快变成了宫廷百官定制鞋子的标准基地，朝靴成了上层社会的奢侈品。

内联升经过时代的变迁发展至今，店铺的建筑风格仍保留着清代建筑的古香古色。虽然基本上现在绝大多数人都穿得起鞋子，但是内联升的鞋子质量还是一如既往地精益求精。内联升的鞋子做工讲究，制作工艺严格、独特，技艺高深；内联升的鞋子制作难度大、耗时长。内联升对制鞋人员的要求也非常严格，必须经过3年多的培训才能够出师真正地投入生产工作中。内联升布鞋选用上乘的纯棉、纯麻、纯毛等天然材料，鞋底是经过层层布料的叠加制作而成，算起来有30多层。制鞋人员用上好的麻绳在鞋底手工纳大约100针，然后选用上等的织锦缎制作鞋面，磨边、绣花等工序复杂繁多，大的工序有30多道，总工序要上百道。每道工序都有严格明确的标准，讲究尺寸、手法、力度，要求干净、利落、准确。正是内联升布鞋精湛的手艺、良好的鞋子质量吸引了越来越多的人光顾并选购自己喜爱的鞋子。内联升的手工布鞋穿起来舒适、透气、吸汗、养脚，不仅受到中老年人的喜爱，随着内联升的创新，把流行的时尚元素和古朴的中国风相结合，越来越多的年轻人也走进了内联升并成为它的忠实顾客。精湛的手工艺更加成为一种艺术和纪念，它同样成为外国人了解中国文化的一部分，成为人们旅游的纪念收藏，馈赠亲友的佳品。

企业的生存还是需要靠产品说话，如果产品的质量好，得到消费者的认可，企业就会日益壮大，甚至有可能成为“百年老店”；但如果产品质量不过关，消费者被欺骗了一两回后，就绝对不会再去光顾，企业生产劣质的产品等于搬起石头砸自己的脚，这样的企业的道路只会越走越窄。所以，企业想要盈利，必须严把质量关。

第二章 多管齐下抓营销，实现利润多元化

没有一种理论或策略是持久不变的，也没有一种战略是永远适用的，营销方式更是如此。现代市场经济发展迅速，瞬息万变，企业领导者切不可拘泥于固有的经验和定式，而是应该发挥自己的创造能力和果断的决策力，积极探索新的营销方式。只有这样，企业才会吸引到更多的客源，利润才会随之增多。

延伸产品的市场，拓展销售的渠道

一个企业为了盈利，会千方百计地寻找产品销售的途径。如果企业生产出的商品有市场，那么一旦市场打开赢得消费者喜爱，企业很快就会赢得大把利润。但是再好的商品如果找不到合适的市场，没有销售渠道，那么久而久之就会被遗忘，企业也将面临破产。延伸产品的市场，拓展销售渠道还需要企业做出各种各样的尝试，企业只要不错过任何机会，在不断地尝试下最后总会寻找出一种适合自身的渠道和方式。

在信息爆炸的今天，智能手机、平板电脑、台式电脑随处可见，人们获取信息的途径和方式得到进一步拓展。伴随着这种改变，很多纸媒面临着越来越大的困难——卖不出去，读者变少。面对这个问题，很多报刊企业尝试了很多办法进行促销，比如订报刊送牛奶、订报刊抽奖等，虽然能够引起一部分人的关注和订阅，但是大部分人还是对纸媒不感兴趣。如何拓展其他的报刊销售渠道，很多人做了不少的探讨和研究。日本的一家报纸——《每日新闻》也同样面临着这一危机，很多人不愿意

订购报纸导致其亏损严重。

《每日新闻》报纸的领导决定必须开辟出一条新的途径拓宽销售渠道。经过多方面的探讨和研究，他们决定和纯净水公司合作，把报纸印到矿泉水的包装纸上，这样人们在购买矿泉水的时候就能够阅读到他们的报纸。这个新方法并不是一时兴起，而是他们经过认真调查研究市场得来的。大概在2014年的时候，《每日新闻》发现，每天买报纸的年轻人越来越少，但是每天买瓶装矿泉水的年轻人却越来越多。于是，他们决定，将报纸变成矿泉水瓶的包装，这样就多了一种渠道对报纸进行销售，另外还能够培养年轻人每日阅读报纸的习惯。

将《每日新闻》印到矿泉水瓶的包装上这一新鲜的方式立刻引起前来购买矿泉水的顾客的注意。一般的顾客买矿泉水都是走在外面办事时喝的，报纸代替包装纸印在矿泉水瓶上，很多时候还能够让这些顾客通过阅读打发些无聊的空闲时间。由于这种包装方式比较独特，放在超市的柜台里引人注目，很多人为了图新鲜或者想看报纸直接就购买了矿泉水。为了让更多人能够买得起这种印着报纸的矿泉水，他们还特意下调了矿泉水的价格。买这种矿泉水价格便宜而且又能阅读到报纸，人们进入超市都不免会选择这样的矿泉水。

为了保证报纸的可读性，《每日新闻》每天都更新矿泉水的包装纸，并且在包装纸上印有报纸的二维码，消费者通过手机扫二维码就可以阅读到最新的新闻。通过这种渠道的销售，不仅《每日新闻》得到宣传并大卖，就连这种矿泉水也因此而获利。据统计，每一家零售商店一天就能销售出3000瓶这样的矿泉水。

新的销售渠道拯救了《每日新闻》，为了回馈社会，《每日新闻》又推出了募捐活动。消费者购买相应包装的矿泉水，其利润将被捐给相应的慈善机构，这些慈善机构将筹得的善款用于日本地震灾后重建等。这一举措也得到了政府的大力支持，在一些政府性的活动中，水也被定为官方指定用水。

延伸市场，拓展渠道，不仅能为企业自身打开一条更为宽广的道路，在企业发展的过程中还能够拉动其他产品的销售，是一项双赢的活动。

增加销售趣味性，让客户更易接受

企业的利润来自商品的销售，商品销量越高，企业从中赚取的利润就越大。而企业所售的商品要想在市场众多的商品中脱颖而出，还需要商家的促销。销售的方式多种多样，要想独具一格、与众不同，还需要企业拥有一定的智慧和恰如其分的销售手段。

在美国，每年情人节前夕麦当劳都会搞一项活动，为来店里的顾客提供“用爱支付”的幸运机会。这样的销售方式使麦当劳吸引了很多顾客，有很多人图的是新鲜，也有的人希望碰碰运气，博个好彩头。“我要这款套餐，多少钱？”“恭喜您，您是我们的幸运顾客，您的这顿餐饮需要用爱支付。”麦当劳的服务员满面笑容地回答顾客。如果是个小女孩拉着妈妈的手前来就餐，麦当劳就要求小女孩亲吻一下妈妈，然后说声“我爱你”，这样就完成付款了。如果是一对夫妻，麦当劳则会要求他们拥抱彼此，然后互相说句“我爱你”，这样就可以为所点的食物埋单。如果是位年轻的小伙子独自前来，他可以打电话给自己的妈妈，然后对她说“我爱你”，这样也可以完成爱的支付。随着越来越多形形色色的人前来就餐，这项活动变得非常有趣。很多人来麦当劳的同时，也参加了一项“真人秀”，他们看着身边不同的人向所爱的人传递爱的信息。

麦当劳的促销不仅趣味十足，而且非常有意义。很多人为了体验这种新鲜的购买方式都来尝试，即使没有变成麦当劳的幸运顾客，在麦当劳就餐的时候，看到别的顾客向所爱的人表达爱意的时候，自己也会忍不住拨通一个电话问候爸爸妈妈、家人或者爱人。麦当劳在情人节前夕开展这项活动，旨在鼓励人们对身边的人表达爱。生活的繁忙、工作的压力，令很多人在匆忙行走的时候，忽略了身边爱人的感受，而表达爱成了一件羞涩的事，麦当劳给顾客提供了这样一个传递爱的平台，人们都非常乐于尝试这一方式，并且前来光顾。

麦当劳“用爱支付”的活动，虽然提供了很多免单食品，但是其利润并没有因此减少，反而是销售大增，利润上升。“用爱支付”让麦当劳成了一个温馨的爱的港湾。即使是一个普通的汉堡，顾客也能吃出满满的爱意，麦当劳这种独特的销售方式让顾客对它赞不绝口。

人们购买商品的时候都希望物超所值，而销售中加上趣味的技巧，无疑把商品形象化、生动化，使人们更易于接受、更喜爱这款商品。

加拿大有一款新型啤酒——Shock Top，刚开始这款啤酒并不畅销，经销商便考虑如何才能够使这款啤酒畅销并且分析了其遇冷原因。一个叫 Anomaly 的代理商觉得当下市场中的啤酒品牌设计都比较严肃，那么，如何让啤酒品牌设计融入人们的生活，并且更加形象生动化呢？ Anomaly 经过深思熟虑，想出了一个办法——设计出一个为啤酒品牌代言的拟人化 Logo，名叫 Wedgehead（大头橙），它是一片有着莫霍克[①]血统的橙子切片，爱好与人聊天。

这个可爱的 Logo 形象虽然很特别，但是设计者依然觉得似乎少了什么。经过苦思冥想，Anomaly 决定要为这个 Logo 植入装置，配上声音，这样才更独树一帜。顾客前来啤酒屋消费，大头橙就开始打招呼：“你好，今天看起来心情不错，有什么高兴的事情吗？和我一起分享一下吧！”遇到垂头丧气的顾客，大头橙更是会安慰他们：“工作一天辛苦了！快来喝杯啤酒解解乏吧！飞机飞着飞着没有了，火车跑着跑着出轨了，我们比他们要幸运多了。”这时，人们无论心情是好是坏都会同它聊天对话。这样的销售方法很快吸引了非常多的顾客前来消费。在喝酒的同时能够同一位会说话的卡通代言人聊上几句，是一件多么有趣的事情。

随着越来越多顾客的光临，大头橙的话也越来越多了：“先生，您身边的这位女士真漂亮！”“祝你们玩得开心！”“您有什么心事吗？我可以为您分忧！”人们越来越喜欢大头橙，甚至很多时候不想喝酒也要买两瓶，就是为了和大头橙聊上两句。而大头橙仿佛是个心理专家，它能洞察人们的喜怒哀乐，并且恰如其分地和人们聊天逗乐。随着大家对大头橙的喜爱，人们开始相互介绍这一

① 莫霍克人是居住在美国纽约州和加拿大的北美印第安人。

品牌，很多顾客放弃了其他品牌的啤酒转而购买大头橙代言的品牌。很多年轻人觉得新鲜、好奇，他们不仅购买啤酒，还经常拍些照片、视频并传到网上，成为这一品牌的免费宣传者。很快，他们拍的视频在网上取得了非常好的反响，人们都很喜欢这个搞笑可爱的大头橙，大头橙一时间成了网络“红人”。受此影响，Shock Top 啤酒一下子火了起来。很多人慕名前来就是为了一睹神奇大头橙的风采。Shock Top 啤酒不仅销量上升了很多，而且也因此拥有了很多忠实的顾客和粉丝。

在现代社会里，很多人都喜欢标新立异，追求与众不同。而趣味性销售正是迎合了人们这一心理特征——要做就做和别人不一样的。这样不仅能够为顾客带来眼前一亮的感觉，还能够让顾客在购买的同时获得来自内心的快乐和满足。但是趣味性销售的方式对企业的要求非常高，企业不仅要提供质量非常好的商品，还需要通过百般琢磨分析顾客的心理，设计出既能获得顾客喜爱，又能代表自身企业形象特征的促销活动。不过，无论设计趣味性销售的方式有多么困难和不易，如果最终能够得到顾客的欢迎和喜爱，那么企业的一切付出和努力都是值得的。

企业要想长久发展，销售必须走出门

随着商家越来越多，社会竞争日趋激烈，生意就会越来越难做。如果还是一味地被动销售，想着只要坐在办公室里运筹帷幄就可以招来大客户，这种好事发生的概率非常之低，而且这样坐等顾客的方式也势必会影响和制约企业的发展。如果企业想越来越壮大，只有通过自身努力，不断寻找顾客，开拓市场，才能够销售出更多的产品，企业的利润才能够不断增加。

现代社会中积极销售的方式很多，大的公司会派出专门的市场部经理进行市场调查，和社会各界的人士打交道，从而开拓更加广阔的市场；而一些小中型企业则通过下派业务员积极地对潜在顾客进行拜访、开发，从而为企业带来客户和利润。不管通过什么样的方式，主动外出拜访顾客比起在家坐等顾客要强成百上千倍。但是，任何事情都有其发展的规律。积极开发顾客也需要讲究方式和方法，如果只一味地看顾客的钱包，对其进行狂轰滥炸式的推销，有时候反而会引起顾客的反感，起到相反的效果。比如现在有很多卖保险的人，他们非常想推销自己的产品，态度积极地联系顾客，却往往不顾顾客的感受，说起话来总是“万一发生意外会得到如何大的保障”等。可是随着现在人们生活水平的提高、视野的开阔，大家越来越重视生命的质量，每天都希望自己过得开心快乐，如果总有一个人在耳边灌输这些负能量信息，往往会使人反感，以至于现在人们只要一听见谁是卖保险的，第一反应就是离他远一点。

销售和做事一样都讲究战略和措施。一家服装商店由于面临很多的竞争对手，顾客来来往往有时候只是看看或者试试，真正的买家非常少。再加上每逢阴天下雨或是寒冬酷暑，能够去店里消费的顾客更是少之又少。店老板非常着急，周围人们该来的都来了，该买的都买了，而其余的顾客又等不到多少，他恨不得把店挪一个位置再增加点人气。可是无奈商铺的房租太贵，再加上装修等各项费用开销非常之大，搬家是个不现实的解决方法。他的太太说，或许他们可以尝试着出去摆摊增加收入。

他们选择了在各大工厂门前卖衣服。因为工厂的人多，说不定会为他们带来不少的商机。但是经过很多次的努力，他们的收效非常小，常常是很多人看过之后，只有少数人购买或者根本无人购买，这让他们非常苦恼。后来，经过多方面的调查和思考，店老板才发现选择在什么时间卖、在哪儿卖衣服是一个非常大的学问。在各大工厂前面卖衣服是一种上门销售的办法，这样的办法虽然比较方便，但是人们不可能天天买衣服，那些管不住自己钱包的人也是少之又少。那么选择什么时间进行上门销售呢？如果选择工人发工资的那一天去肯定收益很大。琢磨出了这样的方法，店老板决定立刻实施。他首先打听好了各大工厂发工资的时间，然后到了工厂发工资的那一天就去工厂门前上门销售。果然，这天人们非常大方，出手很阔绰，甚至都很少讨价还价。店老板按照这样的规律，轮流去各大工厂前进行上门销售，收效非常好。

做生意的时候店面是固定的，没法挪动，而人是活的，可以随机应变。

当没有顾客去店里消费的时候，商家不妨换一种方法，走出去开展上门销售，这样会为自己带来不少的商机和利润。一个企业要想有长久的发展，也必须走出去，不能只在固定的范围内销售给固定客户有限的产品，适当地对潜在顾客进行上门销售，比起在家坐等顾客的收获要大得多。

让顾客亲身体验，感受商品的美好

人们可以通过多种多样的渠道了解市场上的商品，有的是通过在电视上看广告，有的是通过亲友们口碑相传，但是最实惠有用并且能够达到实际效果的还是体验式销售。因为无论是什么样的产品，顾客只有亲身体验后，才能够感受到其良好属性，进而促进购买。市场上有很多体验式销售，比如在各大超市里，卖豆浆机或者方便面的柜台上总会放着简单的成品供顾客享用。当顾客有购买的意愿并且犹豫不决的时候，体验式销售能够更好地增强他们对产品的了解，体验过之后顾客会更加信赖产品，从而达到让顾客主动、快速消费的效果。

体验式销售是企业花费少量的成本，通过免费赠送或者以非常低的价格让利给顾客，让他们体验到产品的优势。在体验式销售中，企业看似有点亏本，但是只要达到相应的效果，企业就是最大的赢家。很多美容院在开业之际为了扩大影响、招揽新的顾客，总会做大型的体验式销售活动。他们会派员工出去发放大量的传单，有时消费者只需花几十块钱能享受到上千元的服务。一些平时没有去美容院习惯的顾客，花上几十块钱体验美容院全套的服务后，或许会觉得十分满意或是比较划算的。于是这些光临美容院体验而大部分只是抱着试一试态度的顾客，最终却可能在这里花成千上万元钱，成为美容院的固定顾客。

美国 Beautiful Gil 原来只是一家名不见经传的美发机构，它的创始人 Becky 只是一个普通的美发师，他的店在纽约各大时尚美发店中一点儿都不起眼。为了更好地生存而不被很快地淘汰，Becky 既没有扩大店面，也没有高薪聘请知名美发师，而是选择了让更多的顾客在他的店里免费体验做头发的快乐。对于众多的女性来说，做头发几乎是必不可少的项目，听说能够得到免费体验，很多人都乐于前往，这无疑成了口碑相传的活广告。虽然来的人越来越多，但 Becky 对待每一位前来体验的顾客都服务得细微至极，并没有因为不要钱而打折。这些顾客做了漂亮的发型也会向身边的亲朋好友介绍 Beautiful Gil，并且对其赞不绝口。再大的店面都比不上良好的口碑，受到前来体验后赞不绝口的顾客的影响，越来越多的人前往该店做头发。很快地，Beautiful Gil 在纽约扎根立足，不到半年的时间，Becky 在不同的街道开了三家美发连锁店，他的体验式销售取得了成功，并且使 Beautiful Gil 成为美国一家高端的美发连锁机构。

如今，很多商家企业已经尝到了体验式销售的甜头，而很多没有开展体验式销售的企业也在慢慢进行尝试。体验式销售是顾客近距离接受商品的一个途径，它不仅能够拉近商品和顾客的距离，还能够拉近顾客与销售员的距离。

我国做寝具的品牌非常多，而慕思寝室用品虽然创建于 2004 年，却能后来居上，在全国拥有 1600 多家分店，在红星美凯龙、居然之家等大型家居卖场里销量遥遥领先。慕思之所以会获得这么大的成功，是因为他们一直抱着让顾客体验的理念。其他寝具品牌的床和床垫都是在商场里面摆上样品让顾客参考观看的，和一般的寝室用品销售不一样，慕思是将商品摆在商场里让顾客体验。人三分之一的时间都在睡眠，睡眠的好坏直接影响生活的质量。慕思的床垫价位高，是因其聘请了法国知名设计师，将人的身体结构和睡眠环境融入寝具的设计当中。在人们的睡眠中，腰部和臀部的重量最大，一般的床垫会因此而塌陷。而人的脊椎呈一个反 S 的形状，长期塌陷的床垫不能够支撑起身体，就可能导致脊椎变形、腰椎间盘突出等疾病。慕思公司设计出完全能够支撑起身体的床垫，使床垫顺应人体的曲线，完全贴合身体。为了能够让顾客充分感受到这一优势，慕思让前来光顾的顾客进行实际体验。顾客可以躺在床上体验完全不同于其他床垫的感觉，如果感觉舒服，他们可以躺上几分钟、半个小时，甚至可以到专门的慕思体验馆进行一晚上的体验。慕思刚起步的时候并没有像其他家居一样做广告、推广品牌，而是让产品用事实说话，让顾客真正感受到床垫的优越舒适性。和别的床垫不

> 同，慕思床垫还支持全身水洗。因为床垫和人们经常进行亲密的身体接触，人体出汗会让床垫滋生螨虫，时间长了容易得皮肤疾病或者影响呼吸道的健康。慕思让顾客拿着水管亲自冲洗床垫，因为它的3D技术特别注重透气性，保持了床垫的干净清爽。为了使不了解它的顾客充分感受到慕思床垫的舒适，慕思公司向顾客提供了“60天试用，25年保用”的品质承诺。除此之外，慕思还和很多五星级酒店合作，建立健康睡眠体验馆，等顾客睡了一晚上充分感觉到满意后再定制寝具。这种体验式销售的方法让慕思不断地发展壮大，逐渐成为人们心目中的高端品牌。

体验式销售相比于其他的销售方式更能够深入人心，因为人们通过实地考察，购买的都是体验后觉得满意的产品。顾客还能够影响到身边的亲戚朋友，把自己亲身体验的信息和感受传递给周围的人。体验式销售更容易让顾客接受，从而把潜在和有意愿的顾客发展成为商品忠实的顾客。

利用促销活跃市场，刺激顾客消费

在现代社会中，促销成为商家必不可少的一种营销手段。每逢节假日，大街小巷就能看到各个商家的促销。促销既能引起人们的关注，又让利给消费者。如今商家的促销又注入了不少感情色彩，比如父亲节、母亲节、感恩节等，会提前很多天以爱的名义打出促销标语。不管怎么说，在让消费者得到实惠的同时，也能够唤起人们对亲情的表达，无论对商家还是消费者而言都是一种好事，还可以起到让社会变得更温情的效果。

促销的方式有很多种，无论哪一种促销都是为了刺激顾客消费，引起顾客关注。常见的促销方式有以下几种。

（1）利用价格上的错觉混淆顾客的注意。在超市柜台或服装商店里，我们经常会看到商品标价为9.9元、69.9元、299元等。商家巧妙地利用价格上的临界点让顾客产生价格优惠的错觉，其实差的这0.1元、1元钱对商家根本没有任何影响，可是这样的价格标注方法会让更多的人前去购买，并从内心感觉到商品在做打折促销。

（2）逐渐增价。刚刚开业的饭店经常会用到这一促销策略，开业第一天五折，第二天六折，第三天七折……直到恢复原价。这样促销的好处有很多，一来如此优惠的价格会让顾客相互转告，扩大影响力，间接地为饭店做了广告；二来每天逐增的价格会让顾客产生迫不及待的消费心理，认为早买早优惠；第三个好处就是随着天数的推迟、价格的递增，商家虽然做了促销，但是也不至于让自己的利润过于压缩，这样就把损失降到了最低。

（3）一元促销法。这种促销方法是在某一个限定的时间内将一部分商品价格压到最低，进行一元秒杀。很多人得知消息就会在既定的时间前去排队抢购，这样就形成了店铺前面门庭若市的场面，等于免费给商家做了宣传和促销。虽然只有小部分人成功抢购到一元秒杀产品，但大部分前来的顾客也会抱着不能白来一趟的心态选购店内其他的商品。此外，众多人员的聚集也能进一步吸引其他顾客前来购买。

以上的销售方法是企业常用的促销方法，另外还有很多企业为了吸引大众的眼球，经常做一些比较特别的促销，比如，消费者可以团购在网站上团购很多商品，还可以在同城网上进行低价门票酒店的预订等。其实，最高明的促销方法是让顾客感觉不到企业在做促销，却在无形之中陷入了购买产品的“圈套”。

变形金刚在美国市场上非常畅销，是很受孩子们欢迎和喜爱的儿童玩具。但是再好的东西只在一个地方卖，早晚会导致市场饱和。为了避免这一局面的产生，变形金刚公司意图将这一玩具打入中国市场。可是，中国的孩子们对变形金刚并不熟悉，即使公司将变形金刚投放到市场上，人们对其关注度也不是太高。在这种情况下，把商品摆在柜台里无论怎样打价格战都无济于事。于是，公司想出了一个更好的促销办法。为了让变形金刚更加深入人心，公司把几十集有关变形金刚的动画片陆续送给国内各大电视台，电视台能够得到国外进口的动画片都非常高兴。等变形金刚在各个电视台的黄金时段播出之后，立刻在国内掀起了一股追剧的热潮。美国公司认为时机可以了，就把变形金刚玩具投入中国市场。如他们所愿，这款玩具很快就被抢购一空。和其他企业不断压低价格，费尽心思地搞出花样做促销不一样，他们这种促销方式似乎更胜一筹。公司先把动画形象塑造得活灵活现，然后通过人们对它的喜爱推广同款玩具，让人们对玩具注入情感因素从而产生主动购买的愿望。这种促销方式被越来越多的企业运用，并且屡试不爽。

俗话说，会叫的鸟儿有食吃。在大自然中，鸟儿一次产卵通常有五六枚鸟蛋，当鸟蛋被雌鸟孵化出来变成幼鸟的时候，雌鸟就会从外面觅食来喂养这些小鸟。可是都是自己的孩子，雌鸟每次叼来的食物只够一个小鸟吃，到底给谁呢？这时候哪只幼鸟叫得最响亮，雌鸟便会把食物送给这只最活跃的幼鸟。现代社会中，商品的种类繁多，如何能够吸引顾客的眼球，就需要企业经常做促销活跃市场。在促销中，不但顾客得到了实惠，而且企业也能薄利多销，赢得利润。

广告做得与众不同，商品才能畅销

曾经有人说，酒香不怕巷子深。以前的商品买卖活动并不是很频繁，商家很少，有了好的商品顾客自然会找上门来。但是如今商品种类繁多，更新换代的速度更是非常之快。如果还是按照以前的观念来进行今天的销售，企业势必会失去一定的优势。很多时候，企业还是依靠广告来提升大众对商品的认知度。有的企业不惜花费重金在晚上黄金时段播出的天气预报中插播短暂的广告，得到了全国人民的认知感受，这些投资的金钱很快就会变成企业的收益。现代生活中的广告比比皆是，很多时候人们都会产生审美疲劳。可见，企业为商品做广告要与众不同，令人耳目一新。

一个晚上，一家人正在看着电视喝茶聊天，突然间电视屏幕上一片漆黑。大家都不知道是怎么回事，电视机又突然亮了起来，只见屏幕上一位美女拿着一款夜视仪用夜莺般的声音推荐道："您如果还担心黑暗，请使用我公司生产的夜视仪……"原来电视并没有出故障，这是公司做出的广告销售。由于电视上的广告实在太多了，喜欢看电视的人们总是习惯在广告插播的时候不看电视，而是聊天或者吃东西。生产这款夜视仪的厂家老板瑞德里想出了这样的创意广告，他让摄影师对着黑色的屏幕停住三秒钟，然后再转入正常的广告。对各种广告产生抗体和免疫的人们突然面对三秒钟的黑暗，出于好奇大家都会认真地看完。通过广告的介绍和推广，这款夜视仪的销售量大增，商家的利润也随之滚滚而来。

在这个日新月异的时代，人人都在追求与众不同。而广告销售做得太乏味、太枯燥，不仅影响人们的心情和情绪，还会让人们对商品的品位印象大打折扣。所以，要想商品在广告中与众不同，就需要商家费些心思仔细琢磨。就比如这样的夜视仪广告，利用三秒钟的黑暗抓住了人们追求新鲜刺激的心理，又完全符合使用夜视仪的客观条件。所以这个品牌的夜视仪在市场上大卖，企业也获得了成功。

以前科技没有那么发达，大部分人的娱乐方式只有电视。虽然电视上的广告很多，但是为了看电视节目，广大群众不得不接受这些广告。但在科技发达的今天，很多人都不愿意再忍受电视中冗长的广告，手机或者平板电脑等电子产品追剧或者看电影。这时候，电视中的广告对于他们来说已经无关紧要，而对于企业来说，客户群并没有关注他们精心准备的广告，这是一种对资源的极大浪费。此时，聪明的企业家就会通过更加有效的方法为自己的商品进行宣传。

曾经热播的韩剧《来自星星的你》，一度成为人们茶余饭后讨论的热门话题。这部剧播出后，许多人都在寻找女主角穿过的衣服，用过的口红品牌，就连她使用的相机、手机、电脑都成为市场上炙手可热的商品。这些商品并没有被商家投入到正式的广告中宣传，却达到了比明星代言还要好的效果。这就是新一轮的另类广告——电视剧中的植入性广告。这种广告没有像正式的广告一样广而告之，却让人们在潜移默化中喜欢上其中的商品。每一部电视剧中都少不了男女主角打电话、用电脑、穿品牌的衣服、用化妆品等情节，而企业会巧妙地利用这些故事情节让人们很自然地接受这些商品。

《来自星星的你》热播时，三星盖世 NOTE3 手机刚刚上市，三星就为所有的剧组演员配备了这款手机。当女主角跟男主角发短信、打电话的时候，观众都会看到他们用的是同一款 NOTE3 手机，而这款手机屏幕大、分辨率高等优点也通过演员的表演展现得一览无余。该剧的很多粉丝换手机时第一时间想到的就是三星的这款手机。

剧中女主角的服饰、化妆品也是一大亮点。可爱、幽默、美丽的女主角总是喜欢涂上一款大红色的口红，这让她看起来气场十足。如果在往常，大红色的口红是比较难卖出的。而自从女主角用了之后，很多女性都在效仿她买同款口红，商家们也因此利润大增。

这种电视中的植入广告更容易被人们接受，因为商品被带到了剧中使用，人们对电视剧的喜爱更多地转移到商品上，商品被赋予了更多的感情色彩。不管哪一种形式的广告，只要能够深入人心，能够为商品起到好的宣传效果，从而带动销售，这样的广告就是成功的。好的商品更加需要通过各种方式进行宣传，从而让人们产生对商品的期待，最后发生购买行为。

以网络为平台，灵活转变营销方式

网络营销是随着以计算机网络技术为代表的信息技术的兴起而发展起来的营销方式。从广义上来说，凡是以互联网为主要手段，为达到一定营销目标而进行的营销活动，均可称为网络营销。由此可见，网络营销贯穿于企业互联网经营的整个过程。

与网络营销关系比较密切的另一个概念是电子商务。相对而言，电子商务是对传统商务的电子化、网络化。所以，网络营销与电子商务相辅相成。举例来说，张三在淘宝网上开了家店铺，主要销售服装产品，这个“网上店铺”显然不同于实体店铺，而且有着很多显著的优势，比如可以省去实体店铺的租赁费用、经营更为灵活、店铺装饰更为便利等。

淘宝网于2003年5月创立，至2014年年底，已拥有近5亿的注册用户，除了淘宝平台，互联网上还有很多其他电子商务平台，诸如当当网、京东商城等。

举例来说，张三作为一个网上新开店铺的创业者，怎样才能在短时间内积聚人气、提升店铺流量、增加店铺交易额呢？相信有过网上购物经历的人都知道，网上的相似产品数量非常多，如果某产品缺乏营销力度，不能快速吸引购物者的眼球，就将会很快被淹没在信息的海洋里。

因此，商家要做好网店销售，或者说要做好电子商务，就不能不懂得网络营销。从上面的例子来说，淘宝店铺的创业者张三就急需学习、掌握和运用网络营销技能。

另外，在进行网络营销的时候，面对拥有无穷信息的互联网，做好定位非常重要。事实上，做好自我定位，也是每一位网络营销从业者必须面对的课题。我们过去常说“三百六十行”，其实，现在的行业划分种类早已超过这个数字，网络作为当今经济运行的一种生态环境，正如阿里巴巴创始人马云所预言的那样，未来所有行业都将会搬到网上来做。

可以说，在网络营销中做好定位将成为一项非常重要的战略行为。比如，我们提到“阿里巴巴”，一般就会知道这是一个 B2B（Business-to-Business，商家对商家）的交易平台，当然，阿里巴巴在做好 B2B 业务的基础上，还开展了其他业务，诸如支付宝等。我们提到天猫，便知道这是一个 B2C（Business-to-Customer，商家对顾客）的平台，提到京东，便知道这是一个曾以电子电器产品销售为特色、后来产品领域呈现综合化的 B2C 平台等。

其实，上述种种便是定位的策略。我们知道，网上的信息浩瀚无边，如果要让别人搜索到、了解到一种产品，清晰的定位便是必不可少的，否则，别人就难以关注到这种产品，更别提了解产品的特色了。因而，我们在网络营销中提倡进行以下四种定位。

1．产品特点定位

定位就是在网上要销售什么样的产品，产品的核心竞争力或者说产品的卖点是什么，以及在网上浏览到产品信息的顾客为什么要购买这种产品。所以，当产品的信息通过网络这个平台展现在顾客面前时，要想让顾客埋单，就必须要给顾客一个理由。

对于一些初涉电子商务或网络营销的人而言，网络营销或许是一个比较难懂的词汇。实际上，我们可以这样想，实体店或者地摊应该怎样宣传产品，从而招徕顾客？我们在现实生活中可能看到过，有些实体店铺会在门口张贴海报，介绍本店卖什么样的产品、这些产品的优势是什么。这些行为对于网络营销也是值得借鉴的，所不同的是，网络平台与现实有些不同，我们需要运用适合于网络平台的方法来推介产品。

2. 产品人群定位

我们在网上销售的产品是要卖给什么样的顾客群体？这些产品的顾客群体是年轻女性、老年人、儿童，还是哪个特殊的群体？在网络世界中，产品属性将进一步细分，精准式营销正日益受到商家的重视。在对客户群体进行定位后，你才有可能对这个群体展开进一步的分析和研究。比如这个群体有什么共同特征，怎样进行宣传才能快速引起顾客的反应，并促使顾客前来点击购买？因而，对顾客群体的定位是网络营销中一个非常重要的基本策略。

3. 产品市场定位

在网络时代，信息的传播速度超乎人的想象。很多情况下，网络时代奉行"赢者通吃"的规则，比如，一种产品越优秀，获得的好评越多，就越受到市场的青睐，对销量就会起到更大的推动作用；反之，一种产品获得的差评越多，而这些差评信息在很多电子商务平台上几乎都可以显示出来，那么，产品的销量必然会受到不利的影响。

从这个意义上来说，电子商务给予消费者一定的产品评价权利，并通过产品在市场上的占有率很直观地反映出来。所以，我们一定要关注产品在市场上的占有份额是多少，要明确我们的竞争对手是谁。正因为这样，网络上的一些风吹草动会让一些网络巨头企业立即采取应对措施，比如几大网络平台之间的竞争等，都是在很大程度上基于此而做出的反应。

可以说，网络技术的进步、网上市场的繁荣、现代物流体系的快速发展，必然会推动商家不断创新，因为无论哪种商品都很快会有可替代性产品，如果企业容忍竞争对手不断地蚕食其市场，那么，可能很快就会面临无市场可为的局面，很多顾客也将可能成为竞争对手的顾客。所以，企业对自己产品的市场定位务必清晰而敏感，并能够积极做出应对策略。

4. 网络营销方法定位

根据上述对产品卖点、客户群体、竞争对手及产品市场的分析，企业需要选择相应的网络营销方法，比如，为了便于顾客快速搜索到产品，是否要做 SEM（Search Engine Marketing，搜索引擎营销），使顾客在需要某种特定产品时，只要在百度、谷歌等搜索引擎中输入产品关键词便能在前排结果中找到该企业产品的购买链接？为了使顾客对了解企业是否需要建立自己的官网，并以此作为企业在网络世界的专有阵地，起到宣传企业、介绍产品的目的，甚至可以在网站上实现订单交易、客情维护？

应该说，网络营销的显著特点之一便是它极强的整合性，即怎样最大限度地整合网络上的各种有益资源，怎样最大限度地整合线上线下的有益资源，怎样通过网络营销最大限度地为企业带来效益、为创业者带来红利等。

第三章 重视营销培训，打造销售高手

企业要想拥有一支卓越的营销队伍，就应该有目的地去培养优秀的营销人员。许多优秀企业为了在市场竞争中得到长足的发展，都非常重视营销人员的培训工作。人称销售培训之父的约翰·帕特森曾说过，在他的企业里，对营销人员的培训从未停止过。作为营销管理者，更应该通过培训来提高团队的整体实力，提升团队的竞争力和凝聚力。

下属正确认识销售，团队才能快速进步

在跟一些团队管理者接触的过程中，笔者常常听到他们抱怨，说自己团队中没有优秀的人才。有的甚至会说，如果自己的团队有那么一两个优秀的销售员，肯定会取得比现在不知道要好多少倍的业绩。他们在抱怨完后，就像事先商量好了一样，都会问笔者如何才能找到优秀的人才。

跟这些人一样，不少管理者总在不停地寻找优秀的销售员，把能否取得较好的业绩放在是否能找到更优秀的销售人员上。没错，我们确实应该为团队招募更为优秀的人才，但是在这儿要问一句，那些优秀的销售员天生就是优秀的吗?

其实，没有谁是天生的销售高手，他们之所以优秀都是在工作中慢慢成长起来的。作为团队的管理者，我们要带好团队，取得优异的销售业绩，除了要吸引优秀的人才加入之外，还应当帮助现有的团队成员成长，指导、引领他们，让他们从“普通”成长为“优秀”。优秀的团队

管理者应该意识到这一点，并积极地采取方法让团队中的每一个成员成长为销售精英，进而让自己的团队变成一个精英团队。

那么，我们如何才能促使团队中的成员快速进步呢？首先要做的就是帮助团队成员正确地认识销售这个职业，这是团队成员能否把销售工作做好的根基，否则，无论采取任何方法都难以让他们真正地成为优秀的销售员。这就像在盖房子，如果连地基都没打好，能建起漂亮而稳固的高楼吗？

对此，有的人可能不屑一顾，认为销售就是把东西卖出去而已。没错，销售是要将东西卖出去，但是如果大家的认识都只是停留在这一层面，虽说能够取得一定的销售业绩，但难以真正做大做强。

为什么这么说呢？原因很简单，那就是我们对于销售的认识直接决定了我们的工作态度。例如，有的销售员虽说工作积极，不停地向客户推荐产品，却不断地遭到拒绝，在遭到拒绝后又去寻找新的客户，但始终难以成交；还有的销售员顺利地将产品或者服务推销出去了，但客户却有着没完没了的异议，这样不仅客户自己不会再产生任何的消费，还会建议周围的人不要购买此产品或者接受此服务……这些正是团队获取更好的业绩与成长的阻碍。

销售，并不像我们大多数人认为的那样简单，它不仅仅是将产品或者是服务推销出去，而且是为有需要的人提供帮助。同样，销售也不是我们所认为的向客户介绍产品或者服务有多么好，而是用一颗真心去面对客户，设身处地为客户着想，让他们在接受销售员之后，进而了解和接受其所推荐的产品与服务。

要想带好团队，取得优异的业绩，就必须让团队成员对销售有一个正确的认识，切不可把销售只当成是将产品卖出去，并把销售出去的产品数量跟销售员的所得画上等号。不然，团队虽能得到一时的欣欣向荣，但终究会被市场、客户无情地淘汰。

1. 告诉团队成员，销售是为了帮助需要帮助的人

在销售员中有两种人最为常见：一种是觉得自己销售的产品或者提供的服务一无是处，以至于在向别人推荐时，所做的只是蜻蜓点水般的试探，当发觉对方不感兴趣后就放弃，寻找新的客户；另一种是面对客户时口吐莲花，能跟对方说上很长时间，不管对方有没有这方面的需求，都会努力采用一切方法让对方购买。第一种销售员难以取得较好的业绩，

而第二种销售员往往能够在一段的时间内取得令人羡慕的业绩，但时间一长，也难以取得订单。

这两种销售员对团队的长期发展来说都是不利的。他们之所以会如此，就是因为没能够认识到销售工作的意义。如果在团队中有类似这两种销售员，请告诉他们，销售真正的意义不仅在于把产品或者服务卖出去，而是去帮助有需要的人，满足他们的需求。

对于第一种销售员，管理者可以告诉他们说：每一个人的需求都是不一样的，你可能觉得所销售的产品或服务没有什么实际的用处，但是这只是对于你个人而言。这就像是一碗蛋炒饭对一个吃饱的人来说没什么吸引力，但是对一个饥饿的人来说却很重要。

对于第二种销售员，管理者可以让他们换一个角度去思考，当他们作为消费者在销售员的推荐下购买对自己没有任何实际用处的产品时，心里会怎么想。只有产品或者服务能帮助消费者解决某方面的问题，或者满足某方面的需求时，才会再次购买，并且向熟人推荐，这样才能取得更为喜人的销售业绩。反之，则是一锤子买卖，会给自己销售的产品、服务带来负面的影响。

事实上，无论是对第一种还是第二种销售员，管理者都可以让他们想象一下客户在使用产品或者接受服务的过程中得到满足的景象，以及个人得到客户认同后的心理，那比什么都能够让销售员感到满足。

2. 让团队成员知道，销售的不仅是产品更是人品

客户是否能够接受我们推荐的产品或者服务都是从接受我们本人开始的，所以，让客户相信销售员至关重要。不然，即便销售员的口才再好，所推荐的产品再符合客户的需求，客户都会有所犹豫。因为他们连销售员本人都不相信，怎么会相信其所推荐的产品或者服务呢？

因此，团队中的每一个销售员在面对客户的时候，无论是从形象还是言谈举止上都要给对方留下一个好的印象，并且要用一颗真诚的心去面对客户，始终要让客户觉得，销售员是来帮助他的。

3. 让团队成员明白，被拒绝是再正常不过的事

在现实中，有许多销售员在销售工作开始的时候信心、热情十足，但是在被拒绝过几次后，便变得消沉起来。此时，团队的管理者可以通过讲述亲身经历，或者其他成功销售员的故事，让他们明白，没有拒绝就没有销售，拒绝就是销售的开始。从而让他们能够调整好自己的心态，

去重新开展销售工作。当然，管理者也应该帮助销售员分析客户为什么会拒绝，让他们掌握必要的销售技巧。

制订特定培训计划，提高营销人员能力

英国航空公司（以下简称英航）是欧洲乃至世界上最知名的航空公司之一，也是世界上历史最悠久的航空公司之一。它秉承提供优质服务的优良传统，在世界上享有盛名，被世界各地的乘客所钟爱。但是在科林·马歇尔没有接任公司总裁之前，却不是这样。

那时的英航是一个众人皆知的邋遢公司。由于管理问题严重，不仅飞机很脏，顾客不愿意乘坐，连员工都纷纷离职转向其他航空公司。这对英航来说无疑是雪上加霜。

为了解决问题，科林·马歇尔上任了。他上任的第一件事就是重新编组了英国航空公司的机群，并重新调整了公司资金结构及员工薪资。

马歇尔经过研究发现，要摆脱当时的困境，单单从服务上改变仍然显得单薄。他意识到，公司最重要的改革就是要改变员工的观念，鼓舞员工士气，恢复他们的信心。为此，马歇尔采取了两条措施。一是努力调动员工的积极性和提高工作人员的素质；二是开展“顾客第一”的培训活动。

马歇尔以为顾客提供更好服务为标准来提高员工素质，只有顾客认可了公司的服务，员工们才会为此而感到有成就感，自然就会提高工作效率和工作热情。此外，马歇尔为了配合这一计划的实施，对空间运输进行了改革，他把膳食和饮料引进了区间运输线，要求员工把飞机打扫得更干净整洁，消除顾客对以往英航“邋遢”的印象。他还鼓励全体机组人员诚心欢迎每一位顾客，热情周到地为他们服务，并且要求地勤人员提高飞机起飞的准点性。这些旨在通过鼓励员工达到提高服务质量的改革，取得了显著成效，员工的职业素养不断被提高，许多离去的顾客又被吸引回来了。

另外，马歇尔还实行了“顾客第一”的培训活动，主要有以下两个方面。

（1）对全体员工进行职业培训，培训围绕着“如何使顾客感到满意”的主题进行，让每一个员工都能有机会阐述自己的观点，培养他们的团队意识和归属感。

（2）对全体员工进行自身素质培训。这些培训内容包括：大脑的功能、压力的控制、身体语言、正反两方面的思维等。这种培训不仅让员工明白该如何做好工作，怎样去做能够使公司和个人获得更多利益；还可以让员工学会如何处理自身与顾客，同事与同事之间的关系，并且也认识到处理好这两种关系是同等重要的。

经过这次全面的改革后，英航的员工素质整体大幅度地提升，员工对待工作充满积极性，英航的服务也名扬海外。这些新举措终于使英航摆脱了困境，在航空业界重新崛起，成为举足轻重的航空公司之一。

英国航空公司通过对员工进行培训，使员工学会了如何处理与顾客的关系，提高了员工的服务意识，使公司摆脱了困境。培训其实就是以提高团队工作绩效为目的的转变过程，所以没有必要面面俱到地进行广泛的训练，营销人员应该具备什么样的素质与能力，其实只要符合企业的战略发展与职业需求即可。这就需要营销管理者制订出特定的营销培训计划，利用一定的培训方法，有的放矢地培养和挖掘营销人员的能力和潜力。

通常，对于营销人员的培训有以下几个重点方面。

（1）有关产品介绍，包括产品模式，产品组合，产品品质，适合特殊要求的可变性，制造方法，包装情况，产品用途及其限制（如有新用途要加强介绍），产品损坏普遍原因及其修理方法。

（2）产品销售基础，包括产品适合消费者的需要和欲望，销售应该顾及消费者的经济条件。

（3）有效销售指导，包括如何注意仪表态度，如何发挥服务精神，如何对待反对意见，如何革新销售知识，如何利用实物说明，如何争得顾客好感，如何检查库存货品，如何坚定销售信心。

（4）争取市场的指导，包括如何寻觅、选择和评价未来顾客；如何获得约定、接洽日程、准备途径及注意时效；如何明了有关中间商的职能、问题、成本及利益。

（5）行政工作指导，包括如何填写营业报告，如何答复顾客查询，如何处理文书档案，如何控制营业费用，如何实施自我管理。

做好新员工培训，让“雏鹰”展翅翱翔

刚刚入职的新员工就像稚嫩的雏鹰一样，他们虽然充满希望，振翅欲飞，却常常因为没有经过专业的训练而屡屡碰壁、举步维艰。针对这些员工的培训，我们可以叫它雏鹰计划。

通常来说，刚刚入职的新员工不但缺少销售专业知识和技能，而且对企业文化和价值观、团队精神也知之甚少，他们就像散兵游勇一样，每一个人都是一个独立的个体，融合不起来，而雏鹰计划就是要将这些“游击队”打造成为团结、协同作战、技术和道德素质过硬的“正规军”。

因为企业扩大规模以及新市场的开发，山东煜和堂药业有限公司通过校园招聘的形式招聘了10个销售员。和大部分刚刚踏入社会的新人一样，这些销售员既没有工作经验也没有社会经验。所以无论从销售技能还是职业素质方面来看，这些新人都有些欠缺。拜访客户无从下手，客户有异议无法处理，并且这10个人之间也因为利益问题纠纷不断，迟到、早退、请假、不请示、不汇报的情况更是屡禁不止。

正是在这种情况下，煜和堂实施了雏鹰培训计划，不仅培训员工的销售知识和技能，还非常重视对员工职业道德、素质以及工作心态的培训。如此一来，不仅调动了员工的工作积极性，而且销售工作也变得有章可循，业绩提升明显。

刚入职的员工就像一张白纸，能画出最美的画也能变得污渍斑斑，关键就看企业给他们上的是什么色。那么，对于新入职的这些潜力无穷的“雏鹰”们，企业在培训时，都应该注意哪些问题呢？

1. 企业文化导入

要想把“游击队”打造成“正规军”，首要的一点就是要给员工们导入企业的文化。文化是个非常宽泛的概念，它包括企业核心文化、价

值观等。这些虽然都是无形的东西，却不容忽视。在培训中，我曾经问及员工为什么留在现在的公司，其中很大一部分人回答说公司氛围好。我也曾经接触过企业整体氛围不好的公司，这样的公司即便薪酬合理也留不住人。所以，新员工入职后，企业一定要做好企业文化的培训，让新员工融入好的公司氛围中。

对于导入企业文化，笔者的观点是最好由企业老板亲自进行，内容可以是介绍企业的发展史、企业的经典故事、企业的模范事迹等。同时，也可以开展一些拓展培训，激发员工的进取心、凝聚力，最终使他们心甘情愿地围绕在企业周围，为大家共同的目标贡献自己的力量。

2. 岗位职责和职业化精神的培训

人岗合一、权责合一，这是企业对员工的基本要求。只有认清自己的岗位职责，明白自己应该做什么、不应该做什么，才能在工作中时刻以责任要求自己，所以企业一定要做好这方面的培训。此外，刚入职的员工通常没有工作经验，也没有经过专门的培训，所以，职业化意识并不强，容易出现各种各样的有悖于职业道德和职业素质的行为，因此，企业也必须通过培训强化员工的职业化精神，规范员工的行为，为以后的工作打下良好的基础。

3. 销售知识和销售技能的培训

新员工往往冲劲比较足，但是在知识和技能方面则要差很多，因此常常是碰得头破血流却没取得什么实质的成果。并且，新员工还容易产生畏缩和怀疑心理，这时也是新员工流失率比较高的时期。所以，企业一定要以快速出单为目的，做好专业销售知识和技能的培训，比如市场、产品、业务流程、销售技巧等培训，并针对具体问题帮助员工进行分析和实战演练，这样员工才能快速入门，避免走很多弯路，也才能对销售工作充满信心和兴趣。

当然，在进行技能培训的时候还要注意因人而异，根据员工特点定向展开，这样才能取得最好的培训效果。

打好基础，雏鹰才能一步一步地发展成展翅翱翔的雄鹰。新员工培训就是这个道理。在培训过程中，企业还要及时做好考评工作，使培训真正起作用、发挥效力，帮助员工更好地完成工作、融入企业。此外，市场是不断变化的，培训内容也必须根据企业或者行业的变化及时更新、补充、修正，这样员工的职业素质才能不断提高，知识和技能才能不断精进，最终在工作中游刃有余。

让销售精英做管理，助其完成角色转变

雄鹰身姿矫健，自身素质过硬，常常能够负起带领团队、保护病弱的职责。而销售企业中的雄鹰则是指那些能力出众、有发展潜力的员工，给这样的人机会，他们便能担起大任、一飞冲天。因此他们也常常受到企业老板的重视与重用。

但是，在培训和咨询中，笔者却常常能够听到一些企业老总发出这样的疑问：“为什么曾经非常看好的销售员，当上销售经理后却没什么作为呢？”“这个经理原来是我们的销售冠军，每个月业绩都出类拔萃。但是坐上管理岗位后，为什么非但这种天然优势消失不见，员工们也都意见纷纷呢？”

同样的，这些“雄鹰”们自己也不好过，甚至非常委屈。

> 小赵原来是山东朱氏药业集团旗下一家分公司的销售业务骨干，单兵作战能力非常不错，并且人缘也非常好。因此，原来的销售主管辞职后，经理便把小赵提拔为销售主管了。但曾经风光无限的小赵接受了这份美差后，日子却过得并不轻松。来找我咨询的时候，也是抱怨连连：“想当年我一个人飞得又高又远又轻松，为什么带了团队后会这么吃力呢？我已经把全部精力和心思都放在员工身上了，为什么员工流失率仍旧这么高？我一个人做整个部门70%的工作，剩下的30%为什么他们完成起来还这么费劲……”

如今，把销售业务骨干提拔为销售管理人员的情况在企业非常常见，但是这种角色上的转变却并不容易。企业老板们必须明白一个道理，那就是业务精英不等于优秀管理者，所以能拿下客户的销售精英们未必能带领好一个团队。那么，是不是企业不应该从内部提拔销售员成为销售管理者呢？笔者认为未必，只要方式得当，从内部提拔对于人员管理、团队建设、企业发展都非常有利。而要想达到好的效果，就必须做好对这些销售精英们的培训，提高其管理能力，帮助其完成这种角色转变。

1. 从销售骨干走向销售管理

企业老板应该帮助新上任的管理者认清自己的身份，让他们意识到自己现在不是一名销售精英，而是带领整个团队前进的管理者；他们的成功不是拿下客户，而是教给团队中的销售员拿下客户的技巧，促进整个团队的发展。老板还应做好职责和岗位方面的培训，让管理者更好地理解自己的岗位和职责，完成角色的转换。

2. 培训管理能力

销售经验不等于管理经验，能做好一个销售员，未必能做好一个销售管理人员。因此，必须通过培训来提升管理者的管理能力。通常来说，一个优秀的销售管理人员需要具备的技能包括如下方面。

（1）招聘、培训、激励、考核等专业技能；

（2）专业销售辅导技能和劝导技能；

（3）业绩管理的基本原则和技巧；

（4）销售团队的日常管理；

（5）上下级的沟通能力。

只有具备了这些技能，销售管理人员才能提升管理能力，更好地进行团队建设和维护工作。

笔者服务过一些体系完整、运营稳健的公司，其中山东世纪通医药科技有限公司以及山东环创传媒有限公司是两家非常典型的企业。经过十几年的蓬勃发展，这两家企业的业务网络遍布全国，甚至走出国门。

因发展迅速，两家企业一直都处于迅速扩张的状态，中层干部团队的建设对于他们来说是重中之重。为了培训其中层干部的管理能力，笔者及团队从理念、技能、工具等方面为这两家企业开发了一套完整的培训方案和课程体系，即“雄鹰计划”，着重对中层干部的自我管理能力、目标管理能力、沟通能力、团队建设能力、培训辅导能力等进行系统培训。在两家企业快速扩张的重要时期为他们培养了一批又一批非常优秀的“带团队的人”。

3. 提高带队伍的能力

柳传志讲管理企业就是“搭班子、定战略、带队伍”。在这三点中，带管理队伍是最高管理者或者说是企业老板的责任，带员工则是中层管理人员的责任。一个刚刚走上管理岗位，特别是从销售员队伍中脱颖而出成为管理者的人，可能销售经验十分丰富，却未必懂得如何带队伍，如何用自己的销售经验把普通的销售员变成销售精英。在这方面，企业老板必定经历过带领几个销售员就轰轰烈烈打天下的时代，无疑会有很多带队伍的经验。所以，企业老板一定要做好这方面的经验传授，同时为销售管理人员提供合适的培训机会，尽快提高其带队伍的能力。

学而优则仕，有能力的人就应该给他们更多的机会，让他们承担起更大的职责。但是从销售精英到销售管理人员却并不是一蹴而就的事情，一个半路出家的门外汉成为一个管理高手也并非朝夕之功。正是基于此，企业应该给予这些有管理潜力的员工更多的培训机会，帮助其解决角色转变过程中出现的各种困惑，使其掌握必备的管理技能，把整个团队打造成一支销售铁军。

有的放矢，老员工的培训不可忽视

说到培训，大多数人都自然会想到对新员工的培训。培训新员工并不是一件太难的事，因为新员工虽然对企业的文化与氛围还不了解，但新员工本身有一种想尽快适应新环境的欲望。因此，上下同心，自然就很容易将培训做到位。

但老员工则不同，他们熟悉、了解企业，对企业的变化可能存有怀疑态度。特别是当企业曾经有过几次失败的培训后，他们就会自然地从心里产生抵触情绪。老员工习惯于按惯例做事，不太能接受新的事物。他们自身也有着一种影响力，尤其是对新员工的影响。当管理者还没有把新员工培训做到位的时候，也许这些新员工已经开始被老员工的思维所同化。

被分配到一线后，新员工会自然地学习老员工的各种做事方法和工作技巧。所以在新员工尚未工作之前就必须将老员工训练成为新员工的榜样。

在分配新员工到工作单位时，不一定要将新员工分配到人手不足的部门，而是看哪个工作岗位上有优秀的老员工。可能的话，即使工作性质不同，也可让新员工到有优秀指导员的工作部门去接受一段时间的训练。任何人都需要经验，对一个业务员而言，进公司后第一个接触的老员工给他的影响最大，如果这位老员工很优秀，新员工能从他身上学到许多好的作风。如果第一次接触的人是个不做事、光会抱怨的人，新员工在不知不觉中也会受到负面影响，学到一些不好的习惯。

企业要把新员工放在能干的老员工身边，让其尽快熟悉业务，同时不时地询问新员工工作的感受、工作的困难，征求他们对于改进工作的意见，适时地认可他们的工作热情和努力，给予他们一定的锻炼、提高的机会。

如果想培训新员工工作流程、规则、习惯及工作方法，先要确实地要求老员工按照标准程序来做。因此，在新员工入职前的一个月左右，就要先对老员工进行培训。内容可由老员工们自行讨论。

在进行对老员工的培训之前，必须先考察老员工的能力、素质。然后，针对具体的需要进行培训。培训的内容可以有许多的不同，但必须先从老员工中最常见的缺点开始。

通常，一个企业老员工所具有的问题集中于以下几点。

（1）不使用基本规则做事。工作需要讲规则，有一些基本规则是要遵循的，这强于胡乱摸索，会在工作中取得事半功倍的效果。如果新员工一开始就碰到不按照基本规则来做事的老员工，不但夯实不了工作基本功，更无法找到做事的新方法。为此，要定期检查老员工的工作情况，一旦发现其有错误，应立即帮助他们改正。

（2）不懂得改善工作方法。有许多老员工多年沿用一套工作方法，不愿意多思索、多改进。他们常说："根据过去的经验做，准没有错！"改善工作方法是提高业绩的基础，小至解决一个问题，大到干出一番事业，光苦干是不行的，一定要懂得巧干。吃苦耐劳是必需的，但同时还要讲究做事的方法、技巧，只有两者结合，才能把事情做得又快又好。那么，在工作中应如何教老员工学会"巧干"呢?

第一，应让他们经常问问自己，怎样才能做好这件事情?解决这个问题有没有更好的方法呢?无论看到什么，都要让他们多问为什么。在工作中，如果能多思考、多质疑，也许就会发现新方法。

第二，遇到问题时，如果用常规的方式找不到解决方法，不妨换个角度进行思考，越是新的角度，越容易产生新的想法，得到好的结果。

第三，对于老员工来说，总结能力尤为重要，联想集团的柳传志说过："善于总结才能成功。"老员工要懂得对问题进行归纳、分析和总结，以找出好的工作方法，还要善于运用它们，以做出成绩，赢得机会。

（3）对于新员工缺乏指导的耐心。有些老员工认为只需做一下示范，新员工就能很快掌握工作技巧。其实这是个误区。那些对老员工而言轻而易举的事情，对新员工来说也许是相当困难的。老员工最好能详细、耐心地指导新员工，尤其是在刚开始的时候，这样做胜过粗略讲一遍后让新员工自己在错误中摸索。对此，领导者应对老员工说明，并适当对其进行监督和指导。

（4）时间管理不彻底。工作一定要在规定的期间内完成，这是工作的准则。但是，有不少老员工往往没有什么时间观念，因此必须下功夫彻底提高他们对时间的管理能力，以免对新进员工造成不良的影响。

一方面要养成快速准时的习惯。做每项工作都要给自己定一个时间限度，何时起、何时止，都要确定；能用半小时做完的，绝不拖到一小时。教导老员工从今天做起，当日事当日毕，将之变成一切行动的准则。

另一方面要找出浪费时间的原因并改进。指导老员工做好时间消耗记录。在做完每一件事的“当时”，立即记下所耗的时间，可以每天一小结，连续记录两周或一个月，然后进行一次总结性分析，看看自己的时间究竟用到了什么地方，从中找出浪费时间的原因，并尽力改进。坚持这样做，能极大地提高工作效率。

销售培训虽然重要，但绝不能盲目

基于专业培训能够给销售人员带来的巨大成效，当前很多销售企业都非常重视对一线销售人员的培训。进入企业有入职培训，正式开展销售工作前有销售技能培训，销售员发展期也会有各种各样的内部、外部培训。正如“开卷有益”一样，培训肯定也是有益的，那么为什么有些培训虽然花费了大量的人力、物力、财力，却仍旧收效甚微呢？

北京的张老板见同行们纷纷给员工进行各种各样的内训、外训，并且效果不错，心里也萌生了做培训的想法，加之企业内部员工要求强烈，张老板在2012年花了较大代价将这种想法付诸行动。

张老板首先从公司内训做起。在企业中，他把业绩最好的销售员组织在一起，给销售新人或者业绩一般的销售员传授经验。但效果却并不明显。精英员工在传授经验时，因为没有培训经验，所以其他销售员并不买账，根本不注意听，张老板只好自己来讲公司的产品、销售技巧。但稍懂销售培训的人都应该明白，销售培训并不等于销售技巧的培训，更不等于产品知识的培训。毫无疑问，这次培训又以失败告终了。

既然内训不行，那就找销售培训专家吧。张老板的这一想法没有错，但却在选择培训师方面又一次出现了偏差——他选择了一个激励大师。销售是实战，而激励只能维持一时。员工们刚听课时可能斗志昂扬，但随着培训一结束，这种斗志也便很快消失了。

为什么张老板在培训这件事上会接二连三地出现状况呢？是不是企业不需要销售培训？其实出现这些情况最根本的一个原因是：销售培训虽然重要，但绝不能盲目，否则就容易陷入以下几种培训误区。

1. 把产品培训当成销售培训

在现代销售企业培训中，这种情况经常发生。很多企业缺乏系统的培训体系，以为产品培训就是销售培训，所以定期或者不定期地给员工培训有关产品的知识。结果员工们即便对产品如数家珍，销售过程中仍然会遇到重重阻碍。

销售是一种综合技巧，这就决定了销售培训必须是一个系统性的培训。销售精英之所以能取得超越普通人的业绩，也是因为其综合能力，而不是了解了产品就一定能获得业绩的增长。企业应该避免走进这种培训误区，争取提供给员工更加高级、综合的培训。

2. 把激励当成培训

很多人把培训仅仅理解为激励员工的士气，这一点在很多培训师课程中也存在，或许是由于他们本身没有实战理论和经验，激励不是培训，如果没有系统的实战销售理论和知识，那么激励就如同没有根基的大厦，影响必不长久，常常是员工在课堂上群情激昂，仿佛自己听了这堂课，对自己说几句“我能行”“我最棒”就能成为销售冠军一样，而实际的情况却是课程一结束便激情褪尽。

真正的销售培训应该有激励，但激励不应该是全部，企业必须明白这一点，找到务实的销售方法或培训方式，这样才能真正提升员工的工作效率和企业的效益。

3. 忽视了知易行难

培训结束之后，很多企业老板常常只关心员工是否学到技能，而没有去追踪他们在实际的销售过程中是否运用了这些技能。知易行难，成功的方法很多人都知道，但却很少有人坚持去做。对于员工来说，只学会了课堂上的知识还不够，只有学以致用，才能带来真正的提高，否则只能是纸上谈兵，空欢喜一场。此外，有些理念或者方法虽然很好，说起来也很容易，但是在具体操作中却会遇到执行难题。所以在培训时，企业或者培训师还必须考虑到执行问题。

4. 过分依赖培训部门

销售培训是一种管理工具，但是在实际销售管理中，有些企业老板却把培训当成了解决所有问题的方案：销量上不去了培训，员工士气不好了培训，离职率高了培训，团队氛围不好了培训……似乎只要培训，就能解决一切问题。企业老板们需要知道，企业中有些问题的出现有深刻的文化和管理因素，仅仅靠培训并不能解决这些问题，并且有的时候也不合时宜，必须透过现象看本质，找到问题的真正根源和解决方案。

5. 培训销售员的性格

选择比努力更重要，销售真的需要天赋。但是很多企业老板在招聘时却没有把握住这一点，所以在后期人员任用的时候发现不合适，便试图通过培训的方式改变销售员的性格。销售员具有可塑性，但性格却不好改变，强行用培训的方式改变不但会让他们自身感觉痛苦，并且效果也不会明显。

销售培训对于企业来说非常重要，但是作为企业老板，在运用这种管理工具的时候一定要注意综合研究，争取对培训有更多的关注和了解，以便选择最佳的培训人员和培训方案。同时，企业老板还要和相关培训人员做好沟通，争取保证销售培训达到预期的效果，而不是走入误区。

第五维 团队管理

——实战全攻略，轻松带队伍

管理大师罗伯特·凯利说：“企业的成功靠团队，而不是靠个人。”想要使企业利益最大化，仅靠一个人的力量是不够的，要懂得利用团队的力量实现更大的目标。一位成功的企业家能够清醒地认识到团队的重要性，无论顺境还是逆境，总能够通过自身魅力与能力使一群精英聚集在自己身边，然后复制更多更大的团队，协助自己的事业迈向新的高度。

第一章 修炼自我，树立领袖形象

一头狮子带领一群羊，可以使羊群像狮子一样去战斗。而一头羊带领一群狮子，只能使狮群像羊一样软弱，任人宰割。团队的每一个人一定都希望自己的团队领导人能够给他们带来希望，带来收获，让他们充满激情，让他们前进的动力永不枯竭。

作为一个团队领袖，需要修炼一种“领导气质”，不一定要有漂亮英俊的外貌，但是形象要大方得体，言行能够被团队认可，并指引团队决策和行动，能够触达他人的情感深处，唤起、激励、影响他人的情绪，能够吸引他人注意力。这样的团队领袖凭借自身魅力就赢得了下属的尊重、爱戴，甚至崇拜。

提升被追随的能力，成为杰出的将帅

团队成员频频流失或跳槽，除了薪资、工作环境以及员工个人原因等外界因素外，与其管理者也是脱不了干系的。可身为管理者，如何才能通过提升自己被追随的能力来减少员工的流失？

有魅力的人才有追随者，有追随者的人才能成为杰出的将帅。一个有人格魅力的将帅，能够在权力运用时，让自己产生亲和力、凝聚力和感召力，使下属心甘情愿地努力奋斗，为实现既定目标而兢兢业业，如此才能打造出一支“挖不走”的精英团队。

领导魅力和一般人际交往中所体现的个人魅力有所不同，因为这种魅力或吸引力是由管理者发出的。通过这种魅力，管理者把大家吸引到自己的战略与计划、理想与目标中来。而人们之所以能全力奉献，并不是因为他是管理者，而是因为他勾画的这一理想本身具有吸引力。单凭人际关系，或者单凭管理者本身的权力和地位，是不能做到这一点的。

魅力，是现在人们评价一个人是否值得欣赏而常用的词。通俗且形象地说，魅力就是一种美。这种美涵盖内外两个方面，从外在来看，衣着打扮、言行举止可给人以一种外在的美感；内在美则是个性品质优良，让人情不自禁地希望与之靠近。如果一个人只是外表光鲜亮丽，那么就好比纸糊的灯笼，经看不经用，仅能光耀一时，难以持久。

所以，要想成为一个有魅力的将帅型人才，既要考虑外在美，更要注重内在美。而实际上，魅力从其本质上讲就是一种有内涵的美。如果说，外在美就像一朵花，需要认真地看，那么内在美就像一杯茶，需要仔细地品才行。

所谓领导力也就是指获得追随者的能力。简言之就是，有魅力的人才有追随者，有追随者的人才能成为杰出的将帅。

作为迪士尼公司的创建者，华特·迪士尼无疑是杰出的，他是迪士尼公司的精神领袖。

华特·迪士尼是一个有着非凡想象力的人，也是个敢于承担风险的人，而且他有能力让自己的下属最大限度地挖掘自身的潜力。

同时，沃尔特还是一个毫无老板架子、十分平易近人的人。他告诉员工们不必称呼自己为老板，直接叫他“华特”就行。对于员工的工作时间，他也不会硬性规定，而是允许他们灵活掌握，并且会尽己所能地为员工提供好的设备和材料，为他们营造一个获得支持和鼓励，但又毫不松懈的创作环境。

在管理过程中，他显现了天才团队中管理者的一项特质：他不会在下属们正解决困难和问题的时候进去参与，而是当他们已经解决了大部分问题时才介入，肯定他们的工作，或者给他们提出要求，让他们把工作做得完美。

无疑，华特·迪士尼的做法是明智的，他用这种“松紧”适度的管理方式，让下属们产生了自主感，于是他们的潜力也得以最充分地发挥。

在一本关于迪士尼公司的小传中，有位动画家这样说，你可以忙碌一整天，当工作结束，你审视自己的成果时，结果把它们扔到了垃圾桶。你不会有一丝遗憾和不安，也不会有人来责怪你工作没成效。如果没有如此反复和不断否定自己的工作过程，反而会有人奇怪。迪士尼公司所创造出来的艺术形象，都是在这种反复和否定中产生的。

从这段话中，我们就可以读出迪士尼公司发展壮大、深受人们喜爱的一大因素——管理者给员工们创造了利于他们创作的良好环境。而这种环境的创设均是建立在华特·迪士尼强大的个人魅力基础之上的。换句话说，正是由于华特·迪士尼超强的人格魅力，才使迪士尼公司创造出了一个个非凡的艺术形象，让它们得到了全世界人们的接受和喜爱。

或许你会觉得，人格魅力不像一件物品那样看得到、摸得着。别急，我们今天就告诉你方法，让你向成为一个具备人格魅力的将帅型人才进军。

（1）勾画理想，让团队成员有奔头。一个有魅力的领导不但应该有运筹帷幄、决胜千里的本领，还应该是团队蓝图的设计师，能为所有员工勾画理想，为团队成员指明未来发展方向。试想一下，如果员工觉得留在现有团队里不能实现自己的人生理想，前途一片茫然，怎么会有奔头呢？领导者要让员工忠心追随自己，就必须为员工构建理想的蓝本，让每一位员工觉得实现团队理想后便实现了自己的人生价值。

（2）在工作中给予下属必要的帮助和指导。领导者不能只关心团队的业绩，而忽视下属的成长，团队的工作离不开下属的支持，领导者不重视下属，就不会有忠实的追随者。领导者若能在实际工作中给予下属适当的指导和点播，促成他们的进步和成长，就能获得下属的拥护，同时还能带来团队业绩的提升。

（3）做个心胸宽广、令人钦佩的领导。心胸宽广的领导能包容员工的错误和缺点，同时善于发现员工的潜能和优点，非常关心员工的发展前途。他们乐于栽培有能力的员工，并给予其充分的成长空间。员工跟着这样的领导工作，自然会觉得有“奔头”。

（4）为人真诚，表里如一。真诚是人类各项品质中最为大众所喜爱和重视的宝贵品质，一个有人格魅力的领导一定是真诚的，他能够做到言行一致、表里如一、处事不虚伪，员工听此类领导的教诲会有一种如沐春风之感，也会以成为他的下属为荣，因为崇拜和喜爱自己的领导，自然不愿意离开团队，所以从某种程度上说，团队的稳定性和领导的魅力指数是正相关的关系。

独立判断和决断，不做唯唯诺诺的老好人

有的领导者做事情总想面面俱到，希望所有员工都喜欢自己，于是在决策时充分发扬民主作风，什么都听员工的，努力去平衡各方的利益。可是无论考虑得再怎么周全，总有人对自己不满意，有些员工觉得他毫无主见，没有领导力，凡事被员工牵着鼻子走，导致领导的支持率不断下滑。很多人对此感到奇怪，为什么领导想做老好人，结果却受到更多的抵制呢？

这种现象在心理学上就叫改宗效应。美国社会心理学家哈罗德·西格尔曾做过一项研究，当某件事情对一个人来说非常重要时，他若能使反对自己的人认同自己的观点，比起那名见异思迁的同意者，他更倾向于喜欢坚定不移的反对者。改宗效应告诉我们，没有是非观念的老好人最容易被人轻看，因为他们会给人带来一种怯懦无能的感觉，这便是老好人领导者普遍不被员工看好的根本原因。

有一对父子牵着一头毛驴进城，半途中有人笑话他们："真笨，有驴子竟然自己走路。"父亲觉得行人说得很对，于是让儿子骑在驴子上，自己步行走路。可是没过多久，又有人说："真是个不孝子，自己舒舒服服地骑驴，竟让自己的父亲走路。"

父亲一听，觉得这话说得也有几分道理，于是便让儿子下来走路，自己骑在驴身上，父子俩继续赶路。没过多久，又有人说："这个父亲真不称职，居然自己骑在驴背上，让幼小的孩子走路。"父亲羞愧不已，立即让儿子也骑在驴背上。

父亲心想，现在路人该没有什么话说了吧。可是没走多久，又有人站出来指责他们，那人望着驴子说："你们两个人压在一头瘦驴身上，难道想把它累死吗？"父亲和儿子马上从驴背上下来，两人把毛驴的四条腿绑在木棍上，一前一后扛着毛驴过街，但是身后又传来不满的声音："驴子自己会走路，这两人真傻，竟然扛着驴走路。"

有些领导很像故事中的那位父亲，自己没有任何主见，员工希望他们怎么做他们就怎么做，最后反而搞得大家都有意见，反对的声音远远盖过了赞同的声音。领导者在管理团队时，一定要了解团队成员的心理，不要误以为事事都顺从员工，就能获得大家的尊敬和爱戴。

领导者是团队的中坚人物，如果立场摇摆不定、人云亦云，就很难获得员工的敬畏和佩服，站在员工的角度试想一下，谁会相信随风摇摆的人能给整个团队一个光明的未来呢？身为领导一定要有独立的判断力和决断力，既要尊重员工的意见，又要有自己的主见，不要去扮演唯唯诺诺的老好人，这是改宗效应向我们揭示的深刻道理。那么，领导者怎样做才能摆脱改宗效应的影响，赢得广大员工的支持呢？

（1）培养自己独立自主的精神。如果领导者没有独立工作的能力、毫无判断力或是为了博得员工的好感轻易放弃自己的原则，凡事听从员工的建议，那么领导力就会荡然无存。员工若是认为可以随意地摆布领导，那么又怎么可能愿意听从领导的号令呢？作为团队领导，既不能过分专职强横，也不能过分软弱；既要听取员工的建议，懂得集思广益，又要有独立自主的精神和果断决策的能力，让员工对自己报以敬畏和钦佩的态度，心甘情愿地为自己效力。

（2）扩大知识面，积累更多的经验，增加自己说话的分量。领导者没有主见，可能和自己优柔寡断的性格有关，但是很大程度上也是由于知识和经验不足引起的，比如遇到事情不知道该怎样处理，于是就把员工当成了智囊团。殊不知员工并不能代替自己决策，他们需要的是一个精明强干的领导，而不是态度不坚定，随时都能被他人左右的弱势领导。领导者要满足员工的期望，务必增长知识储备，丰富自己的管理经验，只有这样才能提高自己解决问题的能力，赢得员工的信任，使自己的话语更具分量。

（3）让自己变得成熟沉稳起来，增强自身独立决策的能力。年龄上的成熟和心理成熟是两个截然不同的概念，有时两者并不是同步的，人未必会随着年龄的增长而变得成熟起来。一个有主见的人必然是一个心智成熟的人，这样的人无论遇到什么困难，都会处变不惊、临危不乱，能冷静、迅速地做出决策，找到解决的办法。领导者若要成为一个有主见的人，就必须让自己变得成熟起来，树立起一个成熟、干练、稳重的领袖形象。

施展热情的魔力，展现领导者的魅力

“一头狮子带领的羊群能够打败一只羊带领的狮群”，并不是羊有多厉害，而是领导者的气势占了优势。

在一个团队中，团队士气显得尤为重要；而在士气中，领导者的影响力又显得异常重要。并不是羊比狮子厉害，而是领队的狮子比领队的羊更有气势，更有魅力！而领导者魅力最重要的一个表现就是领导者有饱满的热情！

在一个团队中，领导者就是一面旗帜，足以代表一个团队的战斗力，足以体现一个团队的精神面貌。领导者充满魅力、热情饱满，那么他带领的团队必然也是热情饱满的。很多时候，如果领导者倒下了，那么这个团队也垮了。

情绪，是指人们各种感觉、行为、思想的综合心理状态，是人们对外界刺激所产生的心理反应。情绪不但反映一个人的心理状态，还对人的行为动机具有放大的作用。一个人的行为动机会因为情绪的影响而变得更加强烈。比如，一个人因为愤怒而放大自己的求胜动机，或因为高兴而变得更加积极等。情绪又是可以传递的，一个人的高兴情绪会影响周边人的心情与行为。因此，领导者的魅力因子——热情饱满也会影响整个团队的情绪与行为。一个成功团队的领导人一定是热情饱满的，如果领导者都没有了热情，失去了激情，其队员又怎么会充满战斗力？试想一下，如果员工一早来到团队就看到领导者摆着一张苦瓜脸，他会有什么样的感受？会兴奋得起来吗？工作效率会提高吗？相反，如果一早来到团队就看到了领导者充满热情的表情、热情饱满的行为，他又会有怎样的感受呢？是不是会将前一天的不快一扫而空呢？这一天的情绪是不是非常高涨，而工作效率也变得更高呢？

领导者的魅力就在于他饱满的热情。一个有饱满热情的领导者就是团队最好的代表和榜样，不但可以将自己的热情传递给队员，更能够促进队员的工作效率，提升团队的士气。

自从德国社会学家马克斯·韦伯提出“魅力型领导”一词之后，魅力型领导就成为领导者争相模仿的对象，成了领导者的梦想。魅力型的领导具有非凡的凝聚力和饱满的热情，可以激励员工不断努力，激发员工奋发向上的精神，对员工的影响是非常深远的。

著名社会心理学家阿什就曾为此做过专门的实验，并将该实验命名为“热情的魔力”。

在实验之初，阿什召集了一批被试者，这些被试者的各方面条件基本相似。为了保证实验的科学性以及消除额外因素的影响，阿什将他们随机分成两组。该实验的实验材料是两组描述人类性格特征的形容词——A组和B组。这两组词几乎一样，只有一个词不同。A组的形容词为：聪明的、灵活的、勤奋的、热情的、果断的、现实的、慎重的，B组形容词为：聪明的、灵活的、勤奋的、冷酷的、果断的、现实的、慎重的。实验开始的时候，实验者将这两组词随机分配给两个小组的被试者，让他们观看分到手里的形容词。待他们看完之后，实验者告诉被试者他们看到的是一个人的性格特点，然后要求他们根据看到的形容词写一段话来描述这是一个什么样的人。

拿到A组形容词的被试者写的话大概是这样的：这是个聪明而热情的人，他很幽默、快乐、善于交际、非常乐观、很受欢迎，对人的影响比较大。拿到B组形容词的被试者写的大概是这样的：这是个势利的人，他使人远离，冷漠无情，是个不受欢迎的人。

通过这两组描述可以知道，拿到A组形容词的被试者所做的描述要比拿到B组形容词的被试者所做的描述更加积极向上，使用了更多赞美之词，采用的褒义词的比例也要高得多。相对而言，拿到B组形容词的被试者所采用的贬义词要比拿到A组的多得多。

仔细观察两组形容词，可以知道它们的区别仅仅是A组采用了“热情的”一词，而B组则是“冷酷的”一词，一词之别却让人产生了如此不同的印象。因此，心理学家认为，热情对于一个人印象的形成具有非常大的影响。人们普遍对热情的人印象更好，热情的人影响也更大。

热情对于一个人是非常重要的，对于一个团队更重要。拥有一个充满热情的领导者的团队通常也是非常高效的。团队的队员也更加希望自己的领导是充满热情的人，因为这样的人总是给人以乐观、大度、包容、亲切的感觉，就算队员有什么做得不好的地方，这样的领导也会给予宽容，让队员有足够的勇气去面对并改正自己的失误。在每次见面的时候，队员都能够见到领导者的微笑，这无疑又是一种鼓励和一种动力，能够消解队员的负面情绪。

一个充满热情的领导者就像一块吸铁石，能够不断地吸引远处的队员，而且越是接近他，吸引力越大；一个热情的领导者也像多米诺骨牌的第一张，能够带动整个团队的情绪；一个拥有饱满热情的领导者还像火箭的助燃器，能够给予整个团队前进的动力……

运用管理“权杖”，发挥权力的效用

作为一名团队领导者，如果有一名下属认为你能力不行，或许是因为他个人对你有偏见，但如果你大部分的下属都觉得你不行，那么问题就一定出在你身上。如果少数人认为你不善于运用“权杖”，选择离开公司另谋高就，那只是企业正常的人员流动，但如果团队经常大换血，人员流动频繁，这就非常不正常了，管理者应当深思导致员工大量流失的原因。

在掌管“权杖”方面，很多管理者都存在问题。有的管理者不能给员工更多的发展空间，用人方面更是随心所欲，放权时只把权力交给和自己亲近的人，而不是更有能力的人，这就引起了公司内部人员的不满，能力更强的精英更是无法容忍这种不公平的晋升制度，于是纷纷愤而辞职。

管理者对“权杖”的管理归根结底是对人的管理，人是团队的核心因素，通用汽车公司前总裁艾尔弗雷德·斯隆曾说过：“把我的资产拿去，但请把我的公司的人留给我，5年后，我将使被你拿去的一切失之复得。”可见，人比公司中任何资产都要宝贵。如果管理者不善用自己的“权杖”，人事任免只依据自己的个人意愿和私人感情，当然不能服众。

管理者如果不能做到唯才是用，任意授权和分权，任人唯亲，就会导致团队成员的离去，人力资源损失严重。一名优秀的管理者必然是理性的，在用人方面向来以企业利益为重，而不是根据下属和自己关系的亲疏。

松下幸之助是一名能把事业和家庭完全分开的企业家，他起用山下俊彦便是一个例证。山下俊彦最初只是一名普通的员工，但是工作十分出色，比较有才能，他对公司管理存在的问题看得非常透彻，认为革新势在必行。

松下幸之助很赏识他的才干，认为他的能力远远超过自己的家族成员，于是便任命他为总经理。山下俊彦就任后，锐意改革，经营模式由原来的“守势”转为积极的“攻势”，他上任6年后，松下公司的利润总额几乎增加了一倍。

杰出的管理者从来不会滥用“权杖”，而是只把权力交给最适合的人。赋予权力后，又能充分信赖自己的下属。如果管理者把权力给了别人，又忍不住对日常事务横加干涉，总是疑神疑鬼、指手画脚，当然会让人感到气愤。没有人喜欢一些空头衔，表面上放权，实际上权力还是牢牢集中在自己手上，而被任用的人处于被遥控的状态，这样做当然不可能留住人心。

神谷正太郎最初供职于待遇非常丰厚的美国通用汽车公司，日本丰田汽车的创始人丰田喜一郎认为他是难得的销售奇才，盛邀他到自己的公司里担任重要职务，神谷正太郎被丰田喜一郎的诚意所打动，尽管薪水远比不上美国通用公司，他还是毅然来到丰田为丰田喜一郎效力。丰田喜一郎在重用神谷正太郎之后，对其非常信任，神谷正太郎的才干在公司得以充分施展，在汽车销售领域干得风生水起。

管理者如果能做到知人善任，并能充分信赖自己任用的下属，下属也会以无比的敬业精神和出色的工作业绩作为回报，不会萌生辞职的想法。神谷正太郎之所以能够全身心地投身汽车销售事业，和丰田喜一郎对他的信任是分不开的。管理者如何用人、管人、授权体现的是挥洒“权杖”的能力，其管理水平的高下一眼便可看穿。

那么，团队领导如何才能让自己的“权杖”挥洒自如?

（1）支付合理薪酬，激发员工的工作热情。一个运营良好的公司，员工的工资一般较高。给企业员工支付高工资是经营者的职责，也就是说，让员工们生活得更幸福是稳定员工的基础。成功的公司付的酬金，在其所在的产业部门中往往属于最高水平，这并非由于经营上的成功而使他们有能力支付高薪，而是因为他们认识到提供最高的报酬是吸引员工的一种有效的方法。

（2）建立晋升机制，使员工看到希望。企业薪资制度的不合理是造成员工“调动”的原因之一，但并不是一定要全员加薪才有诱惑力。有许多员工都是因为看不到晋升机会才离开的，于是细分晋升等级、晋升架构就显得尤为迫切重要，这样做的最大好处就是员工不必等到有管理位置的空缺就可以升职。

（3）为员工创造宽松的工作环境。一个适宜、安全、和谐、愉快的工作环境是每个人都梦寐以求的，也是促使员工积极工作的条件之一。

> 朱氏药业集团是一个医药企业，为了提高员工的工作环境质量，专门为员工提供经过过滤的清新空气、淋浴室，每天中午为全体员工供应一顿丰富的午餐；为了让员工有安全感，建立了一大批高度保证安全的标准设施，并由专职部门负责，如医务部、工厂警卫等，公司还经常检查各种安全设施，日夜监测环境污染、水质、噪声等；每年免费为员工检查一次身体。所有这些措施，都为公司的稳定发展起到了侧面推动作用。

（4）为员工提供充分的发展空间和表现机会。不论薪金还是职位都有封顶的时候，一位总经理如果干得不错，企业没有合适的更高的职务再晋升的时候，企业就应该为他提供发展的空间和展示其才能的机会，比如鼓励其下海，为他提供资金、技术及其他扶持，或是实行股份制，用股份吸引员工，留住员工。

有不少企业领导者能力较强，一个人可以做几个人的工作。如果领导者事必躬亲，不放权或放权之后又常常横加干预，指手画脚，必然会造成管理混乱，而部下因未获得必要的信任，会失去工作积极性。企业领导要部下担当一定的职责，就要授予他相应的权力，敢不敢放权是衡量一个领导用人艺术高低的重要标志。

平衡宽与严的关系，树立领导形象

领导者管理过于宽松，员工就会工作懈怠，领导力也会有所削弱；纪律过于严明，又会让员工觉得透不过气来，使上下级之间产生隔阂和怨恨。那么领导者如何树立自己的领导形象才恰当呢?

宽与严表面看来是一对矛盾体，其实却是辩证统一的关系，两者之间相辅相成，领导者只有采用宽严相济的方式管理下属才能使其按照自己的意图行事。宽与严的关系就像柔与刚的关系，两者结合起来才能发挥协同作用。从心理学角度讲，它会带给人截然不同的感受，前者令人轻松愉悦，后者令人备感压力；从领导艺术层面上讲，它是一种十分有效的管理方法，领导如能娴熟地驾驭刚柔并济的领导艺术，就能塑造好自己的领导形象。

在管理员工的过程中，过严或过宽、过于强硬或过于柔和，都是不妥当的，最高明的做法是严中有宽、刚柔相济、恩威并举。领导者在必要时要善于说“硬话”，在原则性的问题上绝不能出现任何退让，比如员工故意违纪或者推卸责任，领导者都要严肃地表明自己的立场，该发威时就得发威，否则没有人会遵守自己的指令；再比如某些员工喜欢制造事端，在团队内部搞分裂，这时领导者必须坚定地站在风口浪尖上，立即介入风暴中心，果断地处置破坏分子，绝不能任由某些别有用心的员工侵害团队的利益。

领导者在约束员工时，需要注意的是要做到以理服人，而不是以权势压人，不要给下属留下冷酷无情的印象。有时领导者过于在意确立自己的权威，把自己塑造成时常咆哮的狮王形象，一旦对员工有些许不满意，就忍不住怒吼起来，但凡员工有一点错误立即给予最严厉的惩处，以为这样就会让员工服服帖帖地为公司服务。不少领导认为毫不留情地处理一名犯错误的员工，就会在其他员工心里形成威慑，犯错误的人就会越来越少。殊不知，这样做会极大地挫伤员工工作的积极性，因为在恐惧和压抑的气氛中工作的员工是不可能把工作做得尽善尽美的。

领导者的工作不是制造恐惧，而是收服人心，而收服人心的前提便是让员工喜欢自己而不是惧怕自己。优秀的领导并不应该以威慑力来衡量自己的影响力，而应以员工对自己的认可度来评价自己的管理工作。

只会发狠话的领导是无比失败的，能让员工从情感上和主观意愿上追随和服从自己而不是被迫顺从自己的领导才是真正有领导力的领导。这样的领导不但有硬派的风格，还乐于为员工创造一个相对宽松的工作环境，平时宽以待人，讲话态度诚恳、语气平和、娓娓道来，即使在指出员工过错时也能做到以情动人、以德服人，员工听完他的一席话后就像吃了一枚裹着糖浆的药丸，并不感到苦涩，心情也分外舒畅，乐于日后以更出色的业绩来回报领导的宽容。

希尔顿饭店能成为无数商业巨子和政要名流争相下榻的一流饭店，自然离不开其高品质的服务和一流的商业运营模式，但是一个最不应该被忽略的重要成功秘诀便是希尔顿本人卓越的领导艺术。

希尔顿对待顾客一直遵循着“和气为责，顾客至上”的经营理念，关心每一位顾客的感受，务必让他们享受到物超所值的优质服务。“善待下级”是希尔顿的管理方式，对待所有员工他都能做到宽严有道，从不对任何人吹毛求疵，也不求全责备，能宽容地原谅犯错误的下属。他坚持认为，只要高层领导能做出正确的决策，员工犯下无损大局的小错误完全是可以原谅的，假如一味地责备和责罚员工，苛刻地对待他们，就会使得人人自危，人心出了问题，就会动摇企业的根基。

希尔顿的领导理念在其日后的管理工作中得到了有效的验证，他对员工宽严相济的管理方法极大地增强了员工工作的积极性和自主性，促进了希尔顿饭店王国的蓬勃发展。希尔顿认为，想要员工兢兢业业地为企业工作，就必须充分地尊重每一位员工，让员工认识到工作的价值以及自身的重要性，而不是把他们当成谋求利润的仆人。他曾经对员工说：“希尔顿饭店的好名声全靠你们创造，因为你们是用干净毛巾、肥皂、地板和笑脸去迎接旅客的。”

希尔顿奋斗了60个春秋，一手打造了饭店王国，缔造了不朽的商业传奇。他之所以能成功书写商业神话，一个极为重要的原因是他懂得如何去领导人而不是单纯地管理人，真正地激发出员工的工作热情，使每个人的能力得到了最大的发挥。与其说他是个能够熟练运用管理技巧的成功商人，不如说他是个懂得如何赢得人心的杰出领导者。

领导人和管教人是两个层次的概念，纪律严明本是无可厚非的，但是领导者如果态度过于决绝和粗暴，经常对员工滥施压力，就会出现各种负面效应。希尔顿的领导之道是非常值得广大企业家和领导者借鉴和学习的。领导者在一些原则性的问题上，可以扮演法官的角色，不妥协、不退让，严格执行制度上的指令，但是对于那些犯下非原则性错误的员工，如果再扮演铁面无私的法官显然就非常不合适了，企业也应该是讲人情的，领导者应该具有容人之失的度量，以润物细无声的方式教育员工，帮助他们进步和成长。宽严相济不仅是一门管理技巧，更是一种十分奏效的领导艺术，那么领导者在具体的管理工作中应该如何平衡宽与严的关系呢？

（1）在实施过程中，要妥善处理好宽与严的关系。什么时候应当对员工宽大处理、什么时候应当对其严格惩处，是应当有依据的。凡事都应从大局出发，而不能感情用事，只要是违背公司整体利益的行为都应该严格处理，毫无原则的让步是一个领导缺乏魄力的表现，宽容也是要有限度的。而对于员工在细枝末节上犯下的小错误，领导应该有意识地做出让步，原谅员工的无心之失，让员工自觉地弥补自身的过错，语气柔和地和他们沟通，切忌使用刺耳的话语伤害员工的感情。

（2）要准确拿捏好宽与严的度。严明要有成效，如果缺乏力度，严明就失去了分量，但是如果力度过大，杀伤性过强，就会出现相反的效果——引起员工的怨恨和抵触情绪。领导者在对待员工的态度上不能过于强硬，也不能过于软弱，具体的火候还须以实际情况而定。所谓实践出真知，实践才是检验真理的唯一标准，很多事情必须具体问题具体分析。领导者在实行怀柔政策时，自然要宽待员工，这时需要注意的是不能违背企业最基本的原则，也不能有损自身的威信。

（3）要在合适的时间采用合适的政策，而且要有一定的灵活度。无论采用宽的政策还是严的政策，都必须注意时间。时机不成熟时，无论你采用哪种政策都不会收到满意的效果。如果问题已经出现很久了，时过境迁之后领导者才去追究责任，想严肃处理，员工自然是难以接受的。所以如果想施用严的政策，必须做到及时，切忌马后炮。宽的政策适合在问题出现时或者员工受到批评后施用。当即原谅员工的过失可以迅速解除他们的压力，使其快速调整自己的工作状态，同时使员工会对领导的手下留情产生感激之情；批评完员工再去宽慰他们，会在一定程度上缓解他们的不良情绪，改变其对领导者的印象，增强对领导者的好感。

对于员工的处理领导者需要掌握一定的灵活度，可根据他们出发点的不同以及犯错的次数来采取或宽或严的处理方法，无心之失和初犯是可以原谅的，屡教不改和故意扰乱工作理应受到严肃处理。灵活度在一定情况下也要有限度，对待同一个问题，不能时而宽大处理时而严肃处理，因为这样做会造成管理工作的混乱。

用“强者”气质，打造铁血团队

身为领导，你是否觉得自己的团队总是暮气沉沉，队员身上都缺乏一种朝气蓬勃的精神面貌？你是否觉得自己的团队缺乏创新力和市场竞争力？你是否觉得自己和下属的自信心都在一点点地流失，团队战斗力也在逐渐地变弱？

其实，团队出现上述问题，主要是因为团队内部缺乏一种“强者”的气质。

拥有“强者”气质的团队总是表现出一种朝气蓬勃的精神面貌。一个团队需要年轻人的冲劲、中年人的稳健、老年人的经验，但是在精神状态上只需要朝气。暮气沉沉的团队是没有创新力和市场竞争力的。朝气蓬勃代表着不迷信权威，勇于进取，敢于探索，永不放弃，敢于突破。朝气蓬勃也代表着事事追求完美，拒绝平庸，拒绝得过且过。朝气蓬勃还代表着目光远大，着眼未来，潜力十足。可以说，一支拥有“强者”气质的团队是战无不胜的。而一个团队“强者”气质的缺乏主要是因为领导者造成的。

不可否认，与人一样，每个团队都有属于自己的独特的精神气质，而且这种气质一旦形成，便在短时间内不会轻易改变。就像谈及巴西足球队，人们第一个想到的词便是“激情”，后来许多在欧洲踢球的巴西运动员进入国家队后，又为巴西队增添了严谨、硬朗的元素，新的主教练也会将自己的思想与气质注入这支团队，但无论怎样，激情四射的进攻足球还是巴西队的主流，几十年来，它已经成为巴西队的精神文化符号，让巴西队员赢得了一场又一场的胜利。

团队气质的形成受多方面因素的影响。两个不同的团队就有两种不同的气质，团队成员的学历结构、年龄结构、性别比例等对团队气质的形成有直接的影响。但是对团队气质影响最大的还是团队创始人，包括核心成员的性格影响。

正所谓“兵熊熊一个，将熊熊一窝”，《亮剑》中李云龙就是用他那种“明知不敌，也要敢于亮剑”的“强者”心态把一支打了败仗抬不起头的团队最终变成了“野狼团”。狭路相逢，勇者胜！古代剑客在与对手狭路相逢时，无论面对多么强大的对手，即使对方是天下第一剑客，明知不敌，也要亮出自己的宝剑，即使倒在对手的剑下也虽败犹荣，这就是亮剑精神。一个敢于“亮剑”的强者能使对手生畏，让自己的队员充满信心。一个具有强者心态的领导能带领一个团队无所畏惧，勇往直前，创造出一个个传奇。

所以，如果领导者觉得自己的团队总是暮气沉沉，缺乏朝气蓬勃的精神，那就先扪心自问：我是一个朝气蓬勃的、富有激情和“强者”气质的领导者吗？

俗话说，不想当将军的士兵不是好士兵。那些缺乏“强者”气质的领导者，就注定不能带领团队取得成功。因此，领导者要从自己当上“王”的那一天起就树立“永争第一，不抛弃，不放弃”的强者心态和强烈欲望，这种积极的心态和精神状态可以促使自己带领全体员工去努力地奋斗，并最终成为真正的强者。

其实，古今中外那些成功的团队管理者，都是怀揣着一颗积极主动的心去做好每一件事情，并将自己的“强者”心态融入团队中，形成一种强大的精神气质，引领和打造一支支战无不胜的团队。团队领导要想使自己的企业在强手如林的市场中站稳脚跟，就必须具有这种精神气质，带领自己的团队不断向行业第一的位置迈进。对于那些发展中的企业，领导者要敢于与比自己强大的对手比肩，这样才能使企业在发展的道路上越走越远。

商场的严酷性比起战场有过之而无不及，企业一时间的相对停滞就意味着绝对的大步倒退。因此，领导者的心态与企业的命运是息息相关的。在竞争异常激烈的市场中，要使自己的企业能够健康发展，领导者就要勇于竞争、善于竞争，同时也要吸收各方面的智慧，丰富自己，自强不息，永争第一。

第二章　从“心”入手，打造强大团队

人的心理是无比微妙的，虽然人的心理感受可能各不相同，具有个体差异，但是人与人之间的心理趋向具有一定的共性，共同的心理特征会导致相似或相同的行为。世界管理大师彼得·圣吉说：“三流管理者学管理知识，二流管理者学管理技巧，一流管理者修炼管理心智。”中国著名企业家柳传志也说：“经营人才，最重要的一点就是经营人心。”管理的核心是人，管人的核心是管心。

管理的过程其实就是一个经营人心的过程，管理之道在于管理人心。每一位优秀、成功的管理者，都应该是一位优秀的心理学家。

促成团队融合，降低刺猬效应的不良影响

在团队生活中，人们既渴望靠近他人，又希望能够保持独立的自我，心态非常矛盾，总在两种力量之间不断挣扎。如果团队成员乐于靠近彼此，则他们团结紧密的关系就形成了凝聚力量；如果他们倾向于保持独立性，不愿意向集体靠拢，就形成了分散力量。只有当凝聚力量压倒分散力量时，企业才能打造出一支高绩效团队，反之团队就会形同散沙。团队成员的这种矛盾心理叫作刺猬效应。

亚瑟·叔本华在《人生的智慧》中阐述过这样的故事，在寒冷的冬天里，两只冻得浑身颤抖的刺猬想要靠在一起互相取暖。可是由于它们各自的身上长着尖利的刺，挨得太近便被对方扎伤，为了避免进一步受到伤害，它们只好分开一段距离。没过多久，它们又冷得无法忍受，于

是再次凑到了一起。几经尝试后，两只刺猬终于找到了合适的距离，在这个安全距离内，它们既能互相取暖又不至于被对方扎伤。

在团队内部，刺猬效应无处不在。员工同事之间保持怎样的距离才是恰到好处，彼此之间该设定怎样的界限呢？应该在什么时候向别人敞开心扉，又应该在什么时候保守自己的小秘密呢？每个人或多或少都在考虑以上这些问题，致使人心不齐，甚至有时会直接导致团队合作的失败。

其实人和人之间既相互吸引又相互排斥，人在本能上渴望受到他人的关注和关爱，但是又不愿意去冒失去自我的风险。当别人试图与自己发展成亲密无间的关系时，自己会本能地把对方推远；可是当别人距离自己太远，自己又会备感孤独，安全感降低，随之又会主动靠近对方。

团队既是情感的集合又是利益的集合，员工会因为情感和利益的需要而选择牢牢抱团或者各走各路，绝大多数团队无法在两个极端之间找到最佳平衡点，结果要么过于紧密要么过于松散，给领导者的管理工作带来了很多麻烦。团队松散必然会影响协作能力，可是团队过于紧密则会失去竞争力和活力。虽然很多领导者认为没有完美的个人，只有完美的团队，但是个体不存，集体势必变质。

> 曾经有人做过这样一项实验：在一个刚开门不久的阅览室里，当偌大的空间只有一位读者时，心理学家就故意搬起椅子试探着坐在那位孤独的读者旁边。实验进行了很多次，大多数人都会选择默默地离开原地到别处坐下，然后独自享受阅读时光。有人因为感到不舒服而直接地问心理学家："你想干什么？"实验重复了80次，人们的反应几乎趋于一致，如果空荡荡的阅览室里只有两名读者，几乎没有人愿意一个陌生人悄无声息地紧挨着自己坐下。

这个实验说明人与人之间是存在心理距离的，每个人都需要有一个属于自我的空间，一个完全属于自己的领地，一旦有人踏入，便会感到被冒犯，随后则会主动与对方拉开距离。由此可见，凝聚得密不透风、仿佛铁板一样的团队是不存在的，因为人和人关系再怎么密切也不可能合二为一，归根结底人都是独立的个体。

法国前总统戴高乐主张与他人保持一定的距离，在他从政的十年里，他始终和顾问、智囊团、参谋们刻意保持一定的距离，协助其工作的顾问和智囊团的工作年限从未超过两年。他经常对刚赴任的办公厅主任说："我将雇用你两年，正如人们不能以参谋部的工作作为自己的职业，你也不能以办公厅主任作为自己的职业。"戴高乐经常重组他的团队，自然有他的考量，作为现代企业的领导者虽然不能像他那样经常对团队进行大换血，但至少可以从中悟出一个道理，即人与人之间的心理距离会对工作产生重大影响。

刺猬效应是一种非常微妙的心理，它极有可能成为破坏团队合作的一个重要因素。在刺猬效应泛滥的团队，人与人之间会变得疏离和冷漠，同事之间充满不信任，对团队也没有归属感，常常感到焦虑，时刻都准备启动防御机制来保护自己不受伤害。这样的团队就是一个彻底分裂的团队，如果领导者不及时加以干预，团队就会走向瓦解。打造高绩效团队的前提便是增强凝聚力，最大限度地削减破坏力量，那么作为团队领导者应该怎么做才能降低刺猬效应对团队的不良影响呢？

（1）构建并维护高效的团队合作环境。领导者需要为员工构建和谐高效的团队合作环境，降低员工的猜忌感和不安全感，把安全感和友谊植入团队内部，使团队中的每位成员都能和平共处、坦诚沟通。领导者需要以身作则，主动融入团队，打破上下级关系的束缚，把自己变成一条拉近团队成员距离的红线，使团队成员抛开以往的戒备心理，主动靠近和关怀彼此，并在分工协作中不断加强彼此的联系。

（2）从团队成员的个人体验和相互关系入手，促成他们的融合。把一群性格各异、背景不同、阅历和期望不同的人聚合成一个高效统一的合作组并非易事，因为每位成员的情绪和行为不一样，他们的个人体验各有不同，与其他成员之间有亲疏之别。要想让他们求同存异，形成协调统一的整体，领导者就必须从个体的个人体验和相互关系入手，因为团队是由个体组成的，解决个体问题是解决整体问题的基础。领导者需要抑制个体中不利于团结的思想和行为，促成个体间的融合，最终把所有成员都牢牢圈定在团队中。

（3）放弃英雄式的领导风格，让自己成为高水平的团队合作者。个人英雄式的领导风格在过去的时代里曾经很受欢迎，然而现在越来越多的员工反感这种领导风格，因为一个高高在上的领导总是让人产生距离感，显得亲和力不足。领导者领导团队的前提是成为团队中的一员，而非游离于团队之外，如果团队领头人带头奉行个人主义，那么员工的价值观念就更不可能向集体主义倾斜。因此领导者首先要让自己成为高水平的合作者，然后才能纠正团队成员的不合作行为，进而通过个人影响来促进团队成员的相互合作。

帮员工走出无助感阴影，扭转公司衰退局面

企业的发展不可能永远都一帆风顺，在前进的道路上企业既会经历高峰也会经历低谷。企业处于上升期，团队大部分时间都会保持一团和气的状态，但是一旦步入衰退期，各种指责、抱怨就会接踵而至，团队成员不再互相尊重，而是互相抨击和憎恨，使本来已经糟糕的局面持续恶化，一旦企业陷入这种局势，想要扭转颓势就很难了。员工们为什么会在企业陷入困境时变得判若两人？其实并不是因为人性善变，而是因为前景不乐观时，人人都会产生无能为力之感，这种无助感引起了愤怒情绪，由此导致了人们怨恨的增加和行为上的混乱。

回顾一些大公司的历史，由无助感引发的恐慌和消极情绪曾一度使本来已经危机四伏的企业更加步履维艰。

吉列公司在20世纪90年代中期，业绩非常卓著，后来由于经营管理不力，在2001年公司业绩突然出现了下滑，可是员工们从上到下都没有把精力放在解决问题上，反而不再像过去那样互相尊重。

1999年，英国广播公司在竞争中出现了颓势，收视率下降，市场份额缩水，员工们并没有因为面临危机而更加团结，反而没完没了地怀疑和嘲讽同事。团队士气低落，员工们认为自己不仅受到外部的压力，还要经常忍受来自内部的打击。节目开发员因为报选题时必须忍受烦琐的程序，大部分选题最终被否决而怨恨广播专员摆布自己；广播事业部的雇员认为他们受尊重的程度比不上电视部的雇员，因此心生不满；体育事业部的雇员则责怪公司没有给自己部门的栏目设定有利的播放时间。公司的员工们纷纷向媒体发表怨言，

互相指责的风气越来越浓。

英维思集团是一家以从事工业和能源服务业为主的多元化集团企业，截至2001年旗下的员工已经超过5万人。后来公司出现巨额亏损，濒临破产。管理人员制定不出让企业成功渡过危机的策略，很少召开全体会议，几乎已经放弃了内部沟通。本来没有业务交叉的部门居然展开了竞争，高层领导并没有站出来调节双方的矛盾，而是不停地调整公司的结构，管理人员厌倦了频繁的变化，心里非常恐惧，对公司和领导的满意度越来越低。当新上任的CEO请高层经理列举出公司里他们最尊敬的三个人时，多数管理人员都认为公司里再也没有能令自己肃然起敬的人，一位都找不出，更不可能找出三位了。

这三家公司在衰退时期，员工们的表现竟是惊人地相似，他们互相指责，变得消沉，不再尊敬和信任同事，内心充满了委屈和无助感。这种消极的情绪一再蔓延和强化后，就会把处于危机状态中的公司进一步拖向泥潭。员工的这种心理定式就叫作"习得性无助"，这个概念是由美国心理学家马丁·塞利格曼提出的，指的是由于遭受接连的失败和打击，而表现出的一种对现实感到无望和无可奈何的行为和心理状态。

在公司业绩持续低迷时，员工们看不到任何希望，由于没有能力改变现状而感到不安和恐慌，继而引发愤怒情绪，接着把各种负面情绪发泄到同事身上，以减弱自己的不适心理。公司内部产生了隔阂，所有人都感到无能为力和孤立无援，病态情绪全面蔓延，后来所有人都开始推卸责任。这就是由习得性无助引发的后果。领导者要想扭转公司衰退局面，使员工恢复信心，就必须帮助他们摆脱习得性无助的阴影，那么具体该怎么做呢？

（1）促进对话，帮员工舒缓情绪。员工沉浸在习得性无助的状态中，容易走向封闭，这时领导者的首要任务就是打开沟通的渠道，让大家能够坦诚地对话，以多种方式促成内部沟通和交流。如领导者可每周召开一次员工大会，让管理人员进行业务回顾，给员工提出问题和述说烦恼的机会，还可在网上设置专页，以便员工随时通过网络来联系公司。领导者要及时回答员工的问题，消除他们的疑惑。

（2）以尊重取代互相指责。公司要扭转颓势不仅有赖于信息的分享，还有赖于团队内部良好的人际关系。公司发展出现重大问题，员工们会对各部门的相关责任人产生敌意，希望他们背负工作失误的责任，而各部门则互相推诿，互相指责，谁也不愿意承认过错。领导者绝不能让这种状态持续下去，而是一定要促成同事间的和解，促使大家在尊重彼此的前提下共同应对危机，告诉员工，事已至此，再去一味地追究过去的错误、惩罚相关责任人已经意义不大了，更为重要的是渡过眼下的难关，只有大家学会彼此尊重，不再相互指责，共同努力工作，才有可能使公司摆脱危机，共创美好的明天。

（3）促进各部门通力合作。在习得性无助的影响下，部门之间的关系变得较为脆弱，易于走向分裂，而每个部门成为一个个孤岛以后，无助感和不安全感则会变得更加强烈。领导者必须使部门之间开展更多的合作，才有可能消除员工心中那种孤军奋战、孤立无援的感受，也只有促使各部门加强合作，才能集合力量来抵御外界的危机，从而为企业找到一线生机。

（4）激发员工工作的主动性。员工工作的主动性并不是自发产生的，当习得性无助席卷整个公司时，高层管理人员也未必能幸免，公司自上而下都会变得消沉和被动，领导者所要做的工作是让员工由被动工作转变为主动工作。领导者要鼓励每一位员工为公司出谋划策，支持创新，评选最佳创意，并为创新项目提供资金，让员工看到公司发生的可喜变化，重新点燃他们心中的希望。

人心聚合在一起，团队就能像金刚石般坚硬

由于人类的心理无比微妙，团队成员的表现各不相同，有的人埋头苦干，有的人却偷懒耍滑；有的人乐于和别人合作和分享信息，有的人却自私自利，甚至不愿意配合别人的工作，也不想把经验传授给任何人；有的部门非常团结，有的部门却各自为政……团队和团队的差异就好比金刚石和石墨的差异，两种物质同是由碳原子构成，前者是坚不可摧的天然宝石，后者却是自然界中最为柔软的物质之一。两者间的差异是由碳原子的排列结构不同造成的，金刚石的碳原子是正四面体结构，而石墨中的碳原子是正六边形层状结构。团队是由人组成的，每一个人好比

一个碳原子，如果结成金刚石组合团队就会成为牢不可破的联合体；而结成石墨组合，团队则会成为一击即垮的弱势团体。

在自然界中，蜜蜂团队可谓是金刚石组合的典范。蜜蜂是群居动物，通常情况下会有数万只蜜蜂聚居在一起工作和生活，它们的团队意识非常强，虽然每一只蜜蜂的力量都很弱小，但是它们懂得精诚团结的重要性，从来没有对自己的组织产生过二心，在日常的分工合作中不断强化了团队的凝聚力。

蜂群由蜂王、雄蜂和工蜂组成，蜂王负责繁衍生息，雄蜂的职责是跟蜂王交配，工蜂负责更为繁杂的工作，它们平时要花费很多时间辛勤地采花酿蜜，还要负责打扫巢房、喂养幼蜂、保护蜂王、共御强敌等工作。它们平素各司其职，工作起来有条不紊，内部互相信赖，因此成为像金刚石一样紧密结实的整体。

工蜂的工作是非常辛苦的，它们每天都要在花间飞来飞去采蜜，当有工蜂发现蜜源之后，就会以各种舞蹈动作把信息传递给同伴，同伴们随之一同前来采蜜，呈现出一派繁忙的景象。从没有一只蜜蜂会独吞蜂蜜，或是产生不把蜜源信息告知同伴的心理。

蜜蜂在劳动时富有合作精神，在外敌来犯时显得更为团结。它们的刺是捍卫家园的有力武器，在强敌面前，小小的蜜蜂丝毫不胆怯，它们一拥而上，把矛头一起指向敌人，穷追不舍，直到将敌人彻底打败。

蜜蜂抵御敌人靠的是它们的武器蜇刺，抵御寒冷靠的却是集体的温暖。即使温度降到了 −30℃，它们仍能安然度过冬天，因为温度越低，它们就会团结得越紧密，结成一团之后群体的温度就会温暖它们渺小微弱的个体，所以严寒并不能摧毁它们的生命。

有些企业能在短短几年内从名不见经传的小公司发展成令世人瞩目的集团企业，靠的是什么？是像蜜蜂一样团结、像金刚石一样紧密坚硬的团队。在组织内部，员工互相信任和依赖，在工作上互相支持，不曾产生过其他想法，形成了命运共同体。而有的企业创建了 10 年、20 年发展仍十分缓慢，原因在哪里呢？因为团队内部成员从来没有把组织放在心上，总是各打各的算盘，这样的团队就像石墨一样软弱，发展壮大又从何谈起呢？那么作为领导者，怎样才能成功打造出金刚石团队呢？

（1）让每位员工认识到自己的重要性，增强团队凝聚力和战斗力。领导者必须让团队中的每位员工都强烈地感受到他们是金刚石结构中的碳原子，都是不可或缺的一分子，碳原子的紧密排列是金刚石质地坚硬的基础，只有全体员工众志成城，步调一致地协作才能最大限度地发挥集体的合力作用。

当然人皆有私心，但是员工们各有各的想法，就会导致团队凝聚力减弱，领导者不可能消除员工的私心，但是却可以通过增强团队吸引力的方式来凝聚人心，比如让他们认识到每个人对于团队的重要性。同时也要让他们认识到团队对于每个人而言同样非常重要，只有团队前途光明，员工的利益才能得到保障，如果为了个人私欲而背离团队，把团队拖入泥淖之中，那么个人的权益也将受到损害。团队和个人是一荣俱荣、一损俱损的关系，团队和个人应该是互相依存的，所以每位员工都应该毫无二心地为团队效力。

（2）整合团队资源，通过分工协作拉近团队成员之间的关系。有的企业过于注重工作效率，强调分工的重要性，却忽略了部门和部门之间以及员工之间的协作，就像石墨一样成为一个松散的组织。员工感受不到团队的向心力，也没有把自己当成团队中非常重要的一分子，而是把自己看成一个独立体，这样的组织框架显然不利于凝聚人心。领导者在设计团队结构时最好呈现出金刚石内部碳原子的三维结构，让部门和部门、员工和员工之间工作内容可以互相渗透，加强他们的联系，使员工们在互相协作时增强对其他成员以及集体的依赖感，在提高团队绩效的同时增强团队的凝聚力。

（3）给团队适度加温加压，把石墨团队催化成金刚石团队。石墨在 1.5 万个大气压、1500℃的高温条件下可以转化成金刚石。锻造金刚石团队必须给团队施加一定的温度和压力，但是加温加压并不等于挥舞大棒逼迫员工在高温高压的环境中苦闷工作。它指的是用企业文化的软熏陶和规章制度的硬约束来影响员工的心理，进而影响他们的行为。企业文化是团队的温度，公司制度则是一种无形的压力，它们都起能规范员工行为的作用，还能促使团队内部产生巨变。任何一个适应力强、富有战斗力的团队无一不是在优秀企业文化的熏陶下和健全规章制度的管理下锤炼出来的。

发挥期望和赞美威力，让心理能量全面爆发

我们经常听到这样一句通俗的顺口溜，“说你行，不行也行；说你不行，行也不行”，这句话虽然平实浅显，但是却体现出一个非常重要的心理学原理——皮格马利翁效应。一个人对自我的判断会受到外界的直接影响，即使本身能力不是很强，受到鼓励和称赞后，也会因为自信心倍增，能量全面爆发，不行也就变成了行；反之，如果一个人的能力较强，但是却一再被否定和批评，自尊心和自信心备受打击，能力受到抑制，限制了聪明才智的发挥，行也就变成了不行。

揭示皮格马利翁效应的人是罗森塔尔教授，他是从实验中得出这个结论的。当年他把两群老鼠交给了两名实验员，对其中一名实验员说：“交给你的这群老鼠比其他老鼠要聪明，希望你能好好训练它们。”对另外一名实验员说：“我交给你的只是普通的老鼠，请你训练它们。”

过了一段时间，两名实验员把训练好的老鼠交给罗森塔尔教授测试，罗森塔尔教授以让老鼠穿越迷宫的方式来检测它们的智力，结果发现被冠以聪明鼠头衔的老鼠表现得更为机智，它们率先跑出了迷宫。事实上，这两群老鼠本是随机分组的，没有人知道它们当中谁更聪明一些。当他告诉实验员自己训练的老鼠非常聪明时，实验员便会用训练聪明老鼠的方法训练它们，这些老鼠后来果真变成了聪明的老鼠，而另一位实验员则以训练普通老鼠的方式训练那批老鼠，结果那群老鼠果真都没什么长进。

后来罗森塔尔教授又把实验的对象变成了人。他和雅各布森教授对一所普通小学的学生进行了一项名为“发展潜力”的测验。两人在六个年级的 18 个班里随机选择了一些学生，然后把拟好的名单交给了授课老师，并告诉老师名单中的学生都是最有发展潜力的学生，并嘱咐他们要对此保守秘密，不能让这些学生知道，平时只要多多留心观察这些高潜质的学生就可以了。

过了 8 个月，罗森塔尔教授和雅各布森教授再次来到了那所小

学，他们发现名单上的学生不仅学习进步飞速，而且成为品学兼优、兴趣广泛的优等生。实验的原理和聪明老鼠的原理几乎是一致的，老师们由于受到了暗示，对高潜质的学生寄予了更多的厚望，并竭力培养他们，使得他们发生了可喜的变化。人们把这种现象叫作“期望效应”，后来又用古希腊典故命名，将其称为“皮格马利翁效应”。

皮格马利翁效应带给我们的启示是，自尊和自信作为人的两大精神支柱，对人的成败有着重大的影响。赞美和期望能带给人巨大的心理能量，使人变得更加自尊和自信，成为其发展自己的动力。在现代企业管理中，如果领导者能正确运用皮格马利翁效应的原理，适时赞美员工，并对其给予厚望，就能充分调动员工工作的积极性，使他们人尽其才、才尽其能，从而令整个团队的工作效能达到最优。那么作为领导者在管理实践中，该如何运用皮格马利翁效应呢?

（1）经常赞美员工，用赞美来激活他们的自信心。莎士比亚曾经说过：“赞美是照在人心灵上的阳光。没有阳光，我们就不能生长。”说明听到赞美之音是人类心灵迫切的需要。心理学家威廉姆·杰尔士说：“人性最深切的需求就是渴望别人的欣赏。”每个人都希望能得到别人赞赏，有时领导者简单的几句话就能成为激励员工奋发向上的灵丹妙药。

安德鲁·卡耐基同样重视皮格马利翁效应在企业管理中的应用，他把赞美和鼓励员工当成管理的信条，使得团队士气大增，终于创建起了钢铁王国。美国石油大亨洛克菲勒也是运用皮格马利翁效应的高手，他的助手贝特福特由于经营失误使公司蒙受了巨额损失，当时公司在南美的投资损失了40%。贝特福特已经准备好去承受最严厉的责骂，洛克菲勒却丝毫没有责备他，反而拍着他的肩膀说：因为你经营有方，为公司保全了那么多投资，你做得非常出色，超出了我的预料。这位工作失误反受表扬的助手后来表现越来越出色，成为公司的骨干人物。两位著名企业家的管理方式非常值得现代领导者借鉴。

（2）对员工表达自己的正面期望。松下幸之助经常给公司里的员工打电话，询问工作近况，并鼓励他们要努力加油。员工因为感到受到总裁的信赖和看重而更加勤奋工作，不想辜负总裁的殷切期望。这就是正面期望起到的积极作用。领导者向团队个体传达正面期望，能鼓舞团队成员全力以赴地达成团队目标。相反，如果领导者认为自己团队的能力和水平不行，并经常公开表达负面想法，团队成员就会变得意志消沉，团队的目标因此变得难以实现。因此团队领导者一定要向员工传达积极正面的期望，适时为员工加油打气，如此才能激发他们的潜能，促成团队目标的实现。

（3）信任员工，给予他们积极的心理暗示。信任是对员工的一种正向激励，对于领导者来说，它代表着一种能力。心理学家奥格登曾做过一项测试人类警觉性的实验，来揭示信任对人的激励作用。测试者被分为A、B、C、D四组：A组为控制组，不用任何手段激励他们，只是告诉他们实验的规则；B组为挑选组，他们被告知自己是察觉能力最强的一批人，理应表现得最好；C组为竞赛组，他们被告知要以误差次数来评定小组的排名；D组为奖惩组，他们被告知每犯一次错误就会被罚一次款，无差错就会得到奖金。多数领导者可能会认为C组或D组会在比赛中胜出，因为重奖之下必有勇夫，可是事实却并非如此，现实的结果是B组的警觉性最强，因为他们被充分信任。

B组的成员被告知他们察觉能力强于其他小组，由于其受到了良好的信任，在积极心理暗示的影响下，他们战胜了那些渴望胜出、害怕被罚或是期望得到奖金的人。由此可见，信任比奖罚更能激发员工潜力。给予员工必要的信任，就能收到良好的激励效果。相信你的员工，把信心传递给他们，就能让他们心情愉悦地接受富有挑战性的工作。

批评也是一门学问，应避免过犹不及

俗话说，玉不琢，不成器。团队成员在完成任务的过程中只有经过千锤百炼才能蜕变成一支训练有素、战斗力强的队伍，而负责打磨这支精锐部队的人自然是团队领导者。有时员工表现得差强人意，领导者会恨铁不成钢，忍不住使用“批评”这个武器来矫正员工的行为。可是领导者批评的次数越多，员工越爱犯错，三令五申强调的事情，却被员工当成了耳旁风，到了后来员工越来越顽固，怎么批评教育都不见效，这究竟是为什么呢？

究其原因，主要是由超限效应引起的。在心理学上，人的机体受到过多或过强的刺激，抑或刺激时间太长，心里就会感到不耐烦，产生逆反心理，这就是超限效应。我们平常所说的物极必反、过犹不及就是这个道理。

美国大文豪马克·吐温有一天在教堂听牧师演讲，牧师刚刚演讲了一会儿，他便觉得牧师演讲得既生动又感人，于是准备捐款。可是整整10分钟过去了，那个慷慨陈词的牧师还是意犹未尽，继续滔滔不绝地发表演说，马克·吐温听得有点不耐烦了。打算减少捐款的数额，只想捐点零钱。又过了10分钟，牧师还在喋喋不休地演讲，马克·吐温失去了耐性，一分钱也不想捐了。后来牧师总算闭上了嘴巴，结束了那场无比冗长的演讲。募捐开始了，马克·吐温认为自己承受了精神上的折磨，心里非常恼火，不但最后没有捐出一分钱，还故意从盘子里拿走了两元钱。

没完没了地说教，不仅不能说服别人，还会引起对方的听觉疲劳，让人从心底里产生反感和排斥的情绪。批评也是如此，反复批评就等于使用语言暴力频繁轰炸别人的耳膜，即使批评的话语再中肯也没有人能欣然领受。领导者多次对同一件事情提出批评，不但不会让员工因此警醒，反而会使他感到越来越不耐烦，甚至还会生出“我偏要这样做”的对抗心理。员工受到批评后，需要有一个心理恢复期，领导者不要在他们心情尚未平复时，又反复去戳其痛处，否则他们就会觉得自己永无宁日，反抗的心理也会越发强烈。

朱氏药业的李经理认为自己对待员工并不苛刻，但是员工们却把他看成了毒舌领导，这不是因为他说话难听，而是因为他总揪住员工的错误不放。员工一旦犯错，就要忍受没完没了的批评，每隔一段时间他就会像录音机一样重新播报那些听烂了的内容。

李经理时不时地指出员工的错误，他从不讲什么生硬的大道理，只是反复强调哪里做得不对，下次不许再犯，员工每犯一次新错误，他都不会忘记把以往的错误也拿出来说事，总之旧账新账一起清算。员工们忍受不了他的唠叨，纷纷辞职。公司本来规模不大，人手不够用，后来人数越来越少，只剩下了几名年纪较大的老员工留在团队里。

李经理和员工沟通的时候，非常喜欢借题发挥，批评员工总不忘数落他们以往的过错，他认为这样做是为了纠正员工的缺点，让他们把工作做得更完美些，可是没想到受到批评的员工不是辞职走人，就是消极对抗。为此他感到非常迷惑，他认为员工犯错他必须立即指出来，不能听之任之，可是他的批评非但没能使员工改进工作，反而让员工产生了极度的反感。

批评也是一门学问，不恰当的批评方式不仅会令人感到难以接受，当然也起不到矫正对方行为的作用。员工犯了错误，及时指出来本是无可厚非的，可是当领导者一而再、再而三地对同一件事情做出批评，不仅会给员工留下爱唠叨的坏印象，还会使人觉得这样的领导气量狭窄，总对过去的事情耿耿于怀。人的心理承受能力是有限的，过量的批评就会引起超限效应，那么作为领导者如何批评员工才合适呢？

（1）员工犯一次错，只批评一次，不要提过往的错误。如果员工不是反复犯同一个错误，就不要对他们过往的失误没完没了地提出批评，员工每犯下一个错误，最好只批评一次，每次批评要针对当前的错误，而不是去清算旧账。即使员工再次犯下同样的错误，也不要重复之前的批评，而要换种说法，总之不要给员工带来被揪住错误不放的感觉，以便减轻他们的逆反心理。

（2）批评员工要把话说清说透，切忌日后反复强调。要纠正员工的错误，其实如果领导者批评得当，一次就能解决。员工在工作中出现问题时，领导者要抓住机会一次把话说到位，既要点明问题，又要了解员工出错的原因，同时提出以防下次再犯同类错误的方案，帮助他们改正缺点。不要总是粗暴地训斥员工，日后又反反复复提起，与其三番五次地强调员工排斥的内容，不如在批评时和员工进行一次彻底的沟通。批评是为了纠错而不是为了泄愤，从批评的目的来考虑，反复批评也比不上良性的沟通。

（3）批评要讲究方法，要以员工能接受的方式来达到理想的教育目的。好的批评方式会让员工如沐春风、虚心领受，而糟糕的批评方式只会引起员工的强烈抵抗。批评也要讲究技巧和方法，批评员工要根据他们的个性特征和心理特点来组织语言，要以他们能接受的方式提出批评，绝不能突破人的心理底线，更不要采用恫吓和威胁的方式。

抑制妒忌心理蔓延，以免影响团队的团结

职场上妒忌无处不在，看到某位同事获得晋升或加薪，或者看到某个项目小组得到了更多优势资源，有些员工就会变得眼红起来，酸溜溜地讽刺挖苦别人，或者干脆不配合别人的工作。美国西北大学凯洛格商学院教授雷文·汤普森研究发现，在同一个机构工作的人更容易对同事产生妒忌心理。这就意味着如果一个人妒忌自己的同事，就不会倾向于和自己妒忌的对象合作，这种行为不但会伤害到对方，还会使整个团队受到损害。

"妒忌症"在团队蔓延，无疑会破坏团队合作精神，那么这种有害心理是怎么产生的呢？每个人都天生具有攀比和比较心理，人人都想超越别人，获得更多的荣誉和资源，于是便产生了竞争，竞争的异化就演变成了妒忌。领导者的某些表彰和奖励行为会加重员工的妒忌心理，被快速提拔平步青云的员工往往会在非常短的时期内被大多数同事所疏远，根本原因在于他们抑制不了自己的妒忌心理。

好妒忌的员工会拒绝与同事分享重要信息或故意提供错误的数据给别人，甚至会发展成散布谣言、诋毁同事的极端行为，这不仅会导致两败俱伤，还会深刻地影响团队的团结，进而影响团队的正常运作，为此领导者一定要加以警惕。

刘洁是一名年轻的策划师，她所供职的公司一共有两名策划师，同事李彤和自己年龄相仿，工作水平不相上下，好胜的刘洁常常在暗中和她竞争。两人的专业都是广告学，但是刘洁认为自己毕业的学校略好些，因此心理上略微有些优越感。可是李彤的工作经验比刘洁丰富，不仅在毕业前在广告公司实习过，还接触过一些公关宣传部的工作，所以工作起来得心应手，颇受上司信赖。公司总把大项目交给李彤来做，而刘洁一直负责小项目，因此心里非常不服气。

李彤虽然能力过人，但毕竟不是资深策划师，遇到问题经常向别人请教，还常常和刘洁商量。刘洁趁机插手她的项目，故意鸡蛋里挑骨头，然后提出自己的见解和思路。李彤为人谦虚，以为名牌

大学毕业的刘洁真心想帮助自己，就按照刘洁的思路来做策划方案。刘洁由于受到忌妒心的驱使故意提出错误的意见，导致李彤的策划方案被领导批评。

李彤终于察觉出了刘洁的用心，气冲冲地质问她说："你不是说这样改没有问题吗？可是为什么行不通呢？"刘洁反驳说："策划案主要是按你的想法做的，我不过是提供修改意见，出了问题怎么能怪我呢？"李彤气得满脸通红："你分明就是故意害我。"

此后两个人互相仇视，谁也不再插手谁的工作，有时领导安排她们一起做一个项目，两人从不沟通，各行其是，结果把工作搞得一塌糊涂。客户为此感到非常不满意，领导多次批评她们合作能力差，可是无论怎么调节，两个人就是不肯配合彼此的工作。

刘洁妒忌李彤是因为才能不及李彤，也不如李彤受重视，可见处于下风的人容易对强于自己的人产生敌意。团队需要优秀的员工，然而优秀的员工会被平庸者所记恨，甚至会被平庸者孤立和中伤，领导者若不能妥善处理好这个问题，就会导致人才的流失，使得团队资源被平庸者所占据。那么作为领导者，该如何治疗团队中的"妒忌症"呢？

（1）把妒忌转化成一种建设性的力量。尽管妒忌具有种种破坏作用，但是如果领导者能引导员工正确认识这种情绪，就能成功把它转化为驱策自己向上的动力。妒忌是一种警钟，它在提醒员工自己还没有攀上事业的高峰，工作上还存在各种不足，其他的同事比自己优秀，自己必须积极进取才能受到公司的认可和重视。变相打击报复别人，并不能使人走向进步，反而会使自己失去学习的机会和重要合作伙伴，只有虚心向他人学习，超越对手，日后才能取得更大的成就。

（2）公平地对待每位员工，最大限度地减少团队里的不公平感。有的员工妒忌同事是因为觉得自己的能力与同事旗鼓相当，同事加薪而自己却没有受到任何奖励，心里就会产生强烈的不公平感，因为他（她）认为同事加薪的理由不充分。如果领导者能使加薪、升职等竞争机制公开透明，向员工讲明加薪的理由，制定明确的晋升标准，不仅员工妒忌的情绪会有所缓解，还能激励他们努力提升业绩。

利用"留面子效应"，巧妙照顾员工的情绪

团队当中不可能每位成员都表现得整齐划一，有的员工畏难，总是拈轻怕重；有的员工工作效率低下，总在扯整个团队的后腿；有的员工能力不足，总是无法如期完成任务目标。作为团队的领导者该怎样做才能促使这些掉队的员工赶上大部队的步伐呢?

心理学上的"留面子效应"就可以解决上述管理难题。留面子效应指的是先向别人提出一个会被拒绝的大要求，然后再提出一个小一点的要求，小要求被接受的可能性就会增大。美国心理学家查尔迪尼曾就此类研究做过一项实验，他向20名大学生提出了这样的要求——让他们去做两年少年管教所的义务辅导员，学生们都不愿意花那么久的时间从事如此费神的工作，于是不假思索地拒绝了。之后，他又提出了一个要求，要求学生陪少年到动物园游玩一次，结果一半的人马上答应了他的请求。后来查尔迪尼直接向另一组大学生提出陪少年到公园玩的请求时，只有16.7%的人答应了他的要求。

心理学认为，人们在断然拒绝别人的大要求时，会因为没能帮助别人而产生内疚心理，觉得那样做会给别人带来缺乏同情心和不爱助人的坏印象，后来为了挽回自己的形象，降低自己的内疚感，就会乐于接受第二个小一点的要求。很多人正是利用人的这种心理来影响他人，先要求别人去做他们办不到的事情，等到别人因为拒绝自己心怀歉意时，再要求对方去做另外一件事，结果对方会果断应承下来。这就好比商场里讨价还价的过程，先给商品一个较高的定价，然后再任顾客砍价，在对方的心理价位上略微把价格提升一点，一般就能顺利成交。无论在工作还是在日常生活中，"留面子效应"几乎处处可见。

有两家卖粥的食品店，每天的客流量都差不多，可是每天左边的粥店都要比右边的粥店多赚两三百元钱，也就是说左边粥店的营业额每月都比右边粥店高出近千元。两家粥店各方面的条件相差无几，为什么左边的粥店就更赚钱呢?

细心的人后来发现了其中的奥秘。每位客人走进右边的粥店时，

服务员都会热情地盛上一碗粥，然后微笑着问他(她)是否想加鸡蛋，客人说加，服务员就会立即加一个鸡蛋，一天下来有一半的客人加鸡蛋，一半的客人不加鸡蛋。左边粥店的情况就不同了，客人刚刚进店，服务员就会殷勤地迎上前盛好粥，然后问道："加一个鸡蛋还是两个鸡蛋？"喜欢吃鸡蛋的客人会加两个鸡蛋，多数顾客要求加一个鸡蛋，很少有顾客要求不加鸡蛋。每天左边的粥店都要比右边的粥店多卖很多的鸡蛋。

在提出真正的要求之前，可以先向对方提出一个难以接受的大要求，遭到回绝后再提出自己真正的要求，对方同意自己请求的可能性就会大大增加。在管理实践中，无论是督促员工提高劳动技能还是鞭策他们提高劳动效率或是勇于接受挑战，领导者都可以利用留面子效应的心理学原理，往往更容易促使员工按照自己的意愿办事。那么具体该怎么操作呢？

（1）先提出一个高要求，再以相对较低的标准要求员工。高要求显然会超出员工的能力范围，通常情况下，他们的第一反应便是拒绝，这时他们会因为自己的能力没能得到领导的要求而感到抱歉，会尽量满足领导提出的第二个要求。此时再以相对较低的标准要求他们，他们便会欣然答应，日后会克服种种障碍来提升自己的工作能力，兑现对领导的承诺。

（2）先交给员工一项艰巨的工作，然后再把难度相对较低的工作交给他们。对于畏难的员工来说，他们只想从事简单的工作，每次把略微复杂的工作交给他们，他们都会表示抗拒。要纠正员工这种拈轻怕重的毛病，不妨假装让他们去完成一项艰巨的工作，等到他们面露难色时，再用缓和的语气把难度系数相对较低的工作交给他们，那时他们一般都会愉快地接受新任务。

（3）先设定一个较快的工作进度，然后再对其加以调整。对于工作慢半拍的员工，可以先为其设定一个令其难以企及的工作进度，当他们推脱之后再做调整，为其制定更为合理的工作进度，这时他们一般不会再拒绝。需要注意的是，不能强制员工去做他们所不能及的事，也不能用不切实际的工作进度来催逼他们，最初的标准只是个试探，最终的目的是把员工引入正常的工作轨道上来。

（4）先设定一个较高的目标，然后调低最初的目标。如果员工总是对自己要求很低，完不成目标任务又总是找各种借口为自己开脱，那么不妨先给他们设定一个遥不可及的目标。当然，这样的目标只是一个虚拟的摆设，并不期望他们真正能完成。但是，他们会因为吃惊而抱怨或者明确表示这是不可能完成的任务，此时领导者再向其公布更为合理的目标，他们便会毫无怨言地接受。

第三章　提升凝聚力，塑造团队精神

简单地说，凝聚力就是领导者凝聚众人的能力，是指领导者通过良好的自身综合素质和行为的体现所建立的领导威信，进而从情感上影响下属，使下属团结在自己周围的一种魅力。这种凝聚力是领导者与追随者相互作用而迸发出的一种思想与行为的能力，这种力量来源于领导所激发出的个人和团队的最大潜能。领导者的凝聚力是非权力领导的体现。凝聚力来源于领导者激发个人和团队的最大潜能，领导者能否把个人和团队的潜能发挥到最大化是事业能否取得成功的关键。如果把个人和团队的潜能称为一种合力的话，那么在现实生活中，谁能把这种合力发挥得好，谁就能取得成功；反之，则会面临失败。

培养团队意识，让下属与企业同呼吸共命运

我们常听到的一句话就是，世上没有完美的个人，只有完美的团队。1+1>2 的团队效率是每个领导者都梦寐以求的，因为它意味着完美的合力。如果一个企业没有团队意识的氛围，团队成员就不能产生协同作战的原动力，每个人只为了自己的利益和荣誉拼搏，团队缺乏凝聚力和竞争力，形同一盘散沙，这种局面是任何一位领导者都不愿意看到的。

团队意识的培养是团队建设中必不可少的重要内容，它是团队凝聚力的根本保障。团队意识是团队成员整体主动配合的意识，它能让每个成员将自己融入整个团队，站在团队的立场来思考问题和解决问题，想团队之所想，急团队之所急，最大限度地发挥自己的作用。高效团队不

只是人的集合，员工不只是被动地服从指令，而是所有能量的集合和爆发。训练有素的团队并不意味着就具有良好的团队意识，拥有团队意识的员工其特征并不是动作和行为上的整齐划一，而是行为和心态上的默契度和配合度。

全球零售业巨头沃尔玛立于不败之地的秘诀就是成功将团队意识根植于员工的工作之中。在企业内部，每位员工都有着极强的团队意识，他们为了谋求团队的发展而为顾客提供最贴心最优质的服务，为推动企业的发展提供了源源不断的动力。

沃尔玛在中国设有很多连锁超市，每天的客流量数以万计，雇员一直都十分繁忙，每天都要应对繁杂的业务，当然公司也有人手奇缺的时候，但是卖场的工作却从未被耽搁过。因为只要卖场人手不够，无论是运营总监，还是财务部、人事部、营销部的经理都会换上卖场的工作服自发地填补空缺的岗位，办公室的秘书和文员也会赶到卖场帮忙，因此在卖场最为繁忙的时段，即使一线没有足够的员工，大家也能通过相互协作，为顾客提供高效优质的服务。

沃尔玛从上到下都有团队意识，他们不计较自身职务的高低，而是把自己看成团队中的一分子，乐于投身于一线，协助其他团队成员完成工作，这种做法不但为企业节约了人力成本，而且给顾客留下了良好的印象，这种高质量高效率的工作方式无疑为沃尔玛增加了很大的效益。

团队意识可以激发员工的使命感，使他们产生和企业同呼吸共命运的意愿，自觉共同去完成具有挑战性的工作。员工之间通过协作与配合，形成工作的完美对接，在一定程度上可有力地增强企业的核心竞争力。因此培养员工的团队意识，是全力打造和谐高效的团队的基础，也是促进企业获得长足发展的必要条件。一个具有强大凝聚力的企业必然具有强烈的团队意识，这样的企业通常具有旺盛的生命力，往往是不可战胜的。那么，作为团队的领导者应采用什么样的方法来培养员工的团队意识呢?

（1）在团队内部营造一种团队合作的氛围。一些家族式的民营企业，权力高度集中在公司创始人的家族成员手中，每项工作都要过问，不信任下属和员工，这样做非常不利于组织内团队意识的培养。领导者要学会信任下属和员工，适度地下放权力，让员工各司其职，培养大家合作的观念，使员工乐于主动地协助其他成员顺利完成工作。

（2）为全体员工提供团队合作的培训。很多员工工作的目的只是为了拿工资，缺乏团结协作的意识。领导者要纠正他们的观念，可以从培训做起，首先根据他们的心理和性格特质，有针对性地对其进行培训，尽量少讲一些空泛的理论和生硬的概念，以免员工产生厌烦情绪，而是多讲解一些生动的案例，激发员工的学习兴趣，同时注意和实践结合起来，让员工共同参与完成一项工作，使他们在分工协作中加深对团队意识的理解。

领导者在培训员工的过程中，一定要让每一位团队成员都有一种参与感，让他们感觉到自己的重要性以及自己所从事的工作的价值，更要让他们明了自己的工作对于整个团队目标的意义。当员工的观念发生了根本性的转变，就会养成团队合作的习惯。

（3）协调团队成员集思广益，一起解决工作中的疑难问题。企业中的很多疑难问题都是凭一人之力解决不了的，毕竟个人的智慧和能力都是有限的，领导者应该鼓舞团队中的全体成员集思广益去探讨解决问题的可行方案，以此培养他们的团队合作精神。当遇到令人头痛的难题时，领导者可以召集员工组成讨论小组，最终确立最为合适的解决方案，然后让大家在协作中解决问题。这样做的好处是既能在团队内部形成高效合作的良好氛围，又能切实提高员工的团队意识。

（4）利用优秀团队奖励制度来激起员工的集体荣誉感。对优秀团队的奖励是对于整个团队业绩的一种肯定，它能极大地激发团队成员的集体荣誉感和成就感，强化团队内部合作意识的影响，增强团队凝聚力，并有力地推动企业快速发展。

激活团队精神，为整个团队注入灵魂

一个团队，如果人心浮动，大多数人都自私自利、各行其是，哪来的生机与活力？又怎么可能创造辉煌的业绩？在一个缺乏凝聚力的环境中工作，员工就算志向再远大、能力再出众，其发展也会受限。员工的能力得不到最好的发挥，整个团队便会变得死气沉沉。面对这些情况，领导者该从何处入手解决呢？

团队最为重要的东西就是精神，因为它是整个团队的灵魂，领导者只有激活团队的精神“灵魂”，才能让团队迸发出最大的能量，团队的凝聚力才能达到最强的状态，才能使每个员工的才能在分工协作中得到最大的发挥。

不同团队的核心精神可能各不相同，但是无论团队具有哪种正向的精神支柱，都能产出巨大的效能。在《士兵突击》中，钢七连的团队精神就是不抛弃不放弃，它成为许三多的座右铭，也是整个连队的核心精神。在现代企业的管理中，领导者绝不能忽略对团队精神的塑造，因为它是提升团队核心竞争力的基础。

团队是由个体组成的，但是个体之间并不是孤立的，而是相互联系的，团队精神就是促成团队成员相互连接、激发组织发挥最大效力的隐形力量，它虽然不可见，但是其能量却是无比巨大的。塑造团队的精神灵魂，领导者是其中最为关键的一环。领导者在塑造团队精神的过程中，必须认清其中的阻碍，而后突破阻力扫清所有障碍，为整个团队注入灵魂。

在家族企业中，产权和管理权集中在家族成员手中，这会让广大员工明显感到自己是“外人”，能力再强都比不上“内部人士”即家族成员，工作劲头大为下降，严重阻碍团队精神的建设。领导者要塑造强有力的团队精神，就要尝试着将企业的产权和管理权适度地向非家族成员扩散，给员工派发企业内部股，促使他们打破藩篱，成为“自己人”，使员工将个人利益和企业的兴衰紧密联系在一起，为团队精神的塑造奠定基础。

美国著名公司霍尼韦尔国际公司在发展壮大的过程中尤为重视团队精神的塑造。每年，公司内部的非家族成员都可以根据自己的意愿用自己15%以下的薪酬购买公司内部的股票，当然，员工也可以在股市上公开地购买公司的股票，可以免付佣金。这项制度成功激发了员工的工作积极性，持有股票的员工顿时有了主人翁责任感，不再是以打工者的身份工作，而是以企业主的身份更加积极地投身工作当中，内部员工和家族成员消除了隔阂，大家齐心协力，为企业共谋发展，团队精神因此得以塑造成功。

霍尼韦尔国际公司通过分散股权的方式，让非家族成员共享公司利益，因此打造出具有强大凝聚力的团队。要塑造团队精神，除了处理好企业产权和管理权的问题，还要强化公司内部的激励机制，让员工把企业看成与自己休戚相关的命运共同体，从而使团队中的每位员工都能把自己的个人能力转化成团队协作中的一部分，共同推动企业进步。

维拉德·马里奥特于1927年创建了第一家A&W啤酒店，而今他的商业帝国已经拓展到全球，公司至今沿用着“发现、雇佣、培育、善待如同家人”的用人哲学。当美国经济出现衰退，酒店业受到波及，营业额大幅度减少时，时任董事长的小马里奥特不但没有像其他企业家那样大量地裁员和减少员工福利，反而制定了不少激励措施。他努力把北美地区的裁员率控制在1%，还减少了员工的工作时间，员工依旧享受医疗健康福利，在这些激励措施下，员工们士气高涨，一起拼命努力工作，终于使处于下滑期的企业成功渡过了难关。

企业的发展离不开团队精神，缺乏团队精神的企业会失去竞争力和活力，绩效只会持续走低。领导者塑造强有力的团队精神的关键步骤是，在员工和企业之间构建起同呼吸、共命运的链接关系，只有这样，全体员工才能在同一种精神的指引下形成一股超强的合力，共同推动企业走向繁荣。那么除了以上两种举措以外，领导者还有哪些激活团队精神的高招呢？

（1）增强员工团结共事的协作力。团结共事的协作力是团队精神的根基，没有它，团队精神就难以建立起来。我们都知道一群散兵打不了胜仗，组织成员之间只有团结起来，心往一处想、劲往一块儿使，才能形成一股不可抗拒的力量。蚂蚁虽小，团结起来就能搬动巨蟒；个人能力虽然微小，但是能形成一个团结协作的整体，就能克服世间的任何困难，无往而不胜。因此领导者一定要经常强化员工团结共事的观念，大力推进协作力建设。

（2）要根据时代发展的需要，不断赋予团队灵魂新的内涵。团队灵魂反映了一个企业所坚守的信念以及弘扬的企业文化，核心内容是不能丢弃的，但是这并不意味着团队灵魂永远是一成不变的。随着时代的演进与发展，企业团队灵魂的内涵也应该有新的拓展，领导者不能让自己的思想观念落伍，而是应站在时代前沿去塑造和培养企业的团队灵魂，为企业打造出一支高素质的团队，使所有员工都能在分工协作的过程中充分施展自己的技能，促进团队工作的开展，同时顺应时代的潮流增强自身的适应力，进而提升企业的核心竞争力。

（3）从心理学角度来塑造团队灵魂。从心理学角度看，积极的精神可以促成积极的行为，而消极的精神则会使人变得颓丧。因此领导者在塑造团队灵魂时一定要打造出能获得全体员工正面认同的积极精神，在员工之间播撒和传递正能量，使其在认同团队精神时增强对企业的认同感，同时进一步提升工作热情，在共同协作中促成高效目标的实现。

依赖卓越领导力，将优秀人才聚合起来

优秀人才通常都会流向实力雄厚、规模较大的知名企业，人才扎堆现象屡见不鲜，那么对于创立之初的中小企业而言究竟该依赖什么手段吸引和聚拢人才呢？众所周知，凝聚人才是企业发展的重中之重，但是如果企业不具备吸引人才的实力，该怎么办呢？答案是依赖领导者的领导力。

我们可以看到很多公司因为领导得力而振兴，也有无数的公司因为领导不力而衰败、破产。从某种意义上说，领导力就是生产力。具有卓越领导力的人，自然散发着无可抗拒的领袖魅力，能使不同身份、不同行业背景、性格迥异的人才归于自己的旗下，为了共同的目标而释放出自己全部的热量，促使企业由弱变强，不断发展壮大，直至缔造出一个商业奇迹。

俞敏洪在创业之初，为了给公司招揽人才，远赴海外说服昔日好友徐小平、王强、包凡一、钱永强放弃国外的优越生活，跟随自己回国创业。这批个性桀骜不驯的海归把国际的先进理念和教学方法带到了新东方，为新东方的茁壮发展注入了新鲜血液和蓬勃的生命力。

俞敏洪在邀请朋友们加盟新东方时，他们大多数人经过多年打拼早已事业有成。徐小平曾在美国和加拿大留学，当时在温哥华已

经有了不错的办公室和舒适优雅的大房子；王强已在美国站稳了脚跟，成为贝尔实验室的高级电脑工程师；哲学家包一凡拿到了MBA的学位，成为美国通用汽车公司的会计师……这些人无疑都是响当当的人物，俞敏洪把他们“聚”在一起不但使他们之间擦出了奇异的火花，还给新东方带来了巨大的轰动效应。那么俞敏洪是用什么方法成功说服朋友们放弃海外的一切，追随自己加入新东方的呢？

1995年圣诞夜前夕，俞敏洪亲自驾车拜访王强。当天，美国降下了一场罕见的特大暴风雪，俞敏洪不顾恶劣的天气，驱车8小时顶着大雪赶到了王强的家里，那时已经是深夜了。俞敏洪在王强家住了几天，故友久别重逢，千言万语都道不尽往昔的情谊，然而觥筹交错间两个人聊来聊去都是一个主题——新东方。俞敏洪兴致勃勃地谈起1000多人的大讲堂，勾起了王强重执教鞭的愿望，多年来他一直从事研究工作，俞敏洪的邀请重新点燃了他教书育人的梦想。王强最终决定放弃美国年薪6万美元的工作，加盟新东方，他说：“在国外是为了活着而工作，回到国内则是为了工作而生活。”

为了聚集人才，俞敏洪来到加拿大的温哥华拜访故友徐小平。徐小平在加拿大生活差不多有10个年头了，过得富足而惬意。两位老友相聚之后，啜饮着老黄酒畅谈了四天四夜，俞敏洪谈起近些年来国内的变化以及社会发展给中国人带来的大好机遇，又自豪地说起了自己创业的经历。徐小平听得热血沸腾，他觉得新东方俨然就是一个奇迹，自己在国外拼搏数年追求的成功，却让俞敏洪在中国实现了。最后徐小平举起酒杯对俞敏洪说：“哥们儿，我跟你回去！冲你那1000多人的大课堂，我也要回国做事！”

领导力有多大，企业的发展就会有多大，对于一个领导者而言，想要招募到企业所需的人才，不能仅仅依靠财富，还要倚赖梦想等其他因素。俞敏洪点燃了人才心中的梦想，成功地使不同个性的优秀人才团结起来，不断地推动新东方的发展。他深深地感到因为招募到一大批精英人物，新东方有了明显的进步，他曾不无感慨地说，如果没有这些人才，新东方可能到今天还只是个名不见经传的培训学校。从俞敏洪身上，我们可以看到卓越领导力的魔力，那么作为领导者该如何凭借自己的领导力将优秀人才聚合起来呢?

（1）领导者必须是一个出色的造梦大师，能为人才勾画企业未来愿景。领导者要有造梦的能力，让优秀员工看到企业美好的愿景，激起他们对梦想的渴望，从而吸引他们加盟自己的团队，为了企业更加辉煌的明天而奉献自己的热血和才华。领导者要把公司的愿景深植于优秀人才的心中，让他们为了把愿景变成现实而团结奋斗，这时领导者就要担当水泥的角色，将公司里的精英人物黏合起来，共筑理想王国。

（2）领导者必须有激情，并用激情感染人才。人才拥有激情才能让自己熊熊燃烧，哥伦布能完成航海壮举，靠的便是探索未知疆域的热血激情，激情鼓舞着他和水手们战胜了无数的挑战。领导者要建设一支卓越的精英团队，必须得燃起优秀人才内心的火焰，让他们对工作充满激情，而这一切的前提是领导者自己必须是一个激情昂扬、活力四射的人物，没有激情的领导者无法成为出色的领导者。领导者激情饱满时，浑身上下就能散发出一种灼热的光芒，优秀员工被这种激情的光芒所打动，会自愿并肩与之奋斗。因此，有激情的领导者更容易使各色人才团结在自己周围，热血激昂地开创大业。

（3）领导者必须有鲜明的性格和人格魅力。如果一位领导者像白开水一样，没有性格，没有人格魅力，那么其所有的关键特质都是零。领导者的个性决定他的领导风格，其人格特质和个人品质在领导力方面发挥着非常重要的作用。乔布斯为什么能为苹果公司聚拢那么多技术奇才，拿破仑又凭借什么让百万士兵为他誓死效力？我们不难发现的一个事实，他们都是个性鲜明、富有人格魅力的人。团队领导者聚合人才，必须依赖自己的人格魅力，人才最初可能对公司没有太大兴趣，但是如果对领导者佩服得五体投地，自然极有可能产生加盟公司的愿望，因此人格魅力也是领导者聚拢人才不可或缺的黏合剂。

平息派系斗争，有效处理内部团体关系

无论是中小型企业还是大公司，内部都存在着小团体。小团体是由拥有共同的志趣或利益的人组成的集团。小团体的出现是不可避免的，任何一个团队都不可能像无缝可寻的钢筋水泥一样牢固，团队是由人组

成的，而不是钢铁。俗话说，物以类聚，人以群分，员工抱团形成小团体是一种客观现象。很多领导者因为小团体的存在而头痛不已，因为它们是一股不可忽视的力量，有可能集体反对自己的决策和工作，也有可能发生纷争，破坏团队凝聚力，面对这一管理难题，不少领导者都不知如何是好。

想要完全消灭小团体几乎是不可能的，小团体的存在自有其道理，一方面，它是利益的团体，内部成员利益趋于一致，拥有共同的目标。另一方面，它是友谊的团队，成员情投意合，感情甚笃，能够相互关怀和爱护。小团体对公司来说并非只有害处，它就像一个避风港，可以给员工带来安全感，成员经常沟通互相帮助，共同解决情感和工作中遇到的问题，为员工提供精神支持，使其在工作时间保持心情愉快。

小团体虽对企业有正面影响，但是其负面影响也是不容忽视的。小团体会给领导者的工作带来阻力，倘若领导者为了企业的整体利益损害了某个小团体的利益，他们就会公开与公司对抗；此外小团体还可能成为谣言的发源地，平时内部成员频繁交换信息，有时会传播一些道听途说的虚假信息混淆视听，使员工对领导或者公司质疑问难，影响团队向心力。小团体最具破坏力的影响是割裂组织，破坏团队精神，不同团体由于利益和观念上的分歧，会引发激烈冲突，致使员工拉帮结派、争斗不休。这不仅会导致小团体两败俱伤，还会给企业造成巨大损失。

刘晨是一家电机制造厂的副总裁，该厂的主营产品是磁瓦、轴承、驱动轴等。他刚刚担任此职时，雄心万丈，一心想把公司打造成国内的领军企业。可是公司里还有另外一个副总裁王哲浩，负责公司的两大业务——磁瓦和轴承，刘晨虽然掌管四项业务，但是多为盈利模式不明晰的业务部门。

王哲浩和公司总裁是亲属关系，深受信任，在公司有不可动摇的地位，有很多人鞍前马后地追随他；而刘晨也不甘示弱，一心想巩固自己的地位，也开始拉帮结派。后来公司就形成了以王哲浩为首的和以刘晨为首的两大派。

两大派的员工表面上一团和气，私下里却经常明争暗斗。公司成立了芯片产品部以后，刘晨成了部门负责人，这项业务公司尤为重视，刘晨终于有了大显身手的机会。芯片正式投入市场后，销量一直不错，给公司带来了巨大的效益，公司很看好芯片未来的发展前景，推出了第二代芯片产品。第二代芯片却远远不如第一代产品受欢迎，销量不断下滑，主要原因是产品品质有问题。技术部门是由王哲浩负责的，为了解决产品技术问题，刘晨马上找到王哲浩沟通。

王哲浩却说产品销量低主因不是技术问题，而是产品部的营销工作没做好，第二代芯片产品比第一代产品先进，不过是有点瑕疵而已，客户既然能接受第一代产品，就应该能接受第二代产品，要马上解决技术问题并不是那么容易的事，技术部门还要开发其他产品，没有那么多时间来改良芯片。刘晨坚持要求技术部门解决第二代芯片的质量问题。王哲浩只好答应他尽量改进产品。可是刘晨离开后，王哲浩却吩咐技术部门的主管把精力集中在新产品的研发上，余下的时间再去解决芯片质量问题。

刘晨多次催促技术部门改进芯片质量，技术部门却总是以正在研发新产品为由推脱，两个月后客户的投诉越来越多，产品销量大幅度下滑，由于完不成业绩，产品部的员工工资越来越低，他们对技术部门越发不满，每次见到技术部门的员工都感到愤恨，两个部门的员工最终发展到水火不容的地步。

由于两大派的争斗，公司的新产品进入了滞销阶段，亏损严重，不免元气大伤。王哲浩和刘晨“两虎相争”，最终两败俱伤，但是最大的输家是公司。产品部和技术部成为仇敌，公司推出新产品，两个部门的人都不愿相互配合，给公司的业务造成巨大的冲击。一般情况下，公司都不鼓励内部出现小团体，因为它们就像一个个割据的诸侯，一旦发生混战就会给企业带来近乎毁灭性的打击。但是小团体形成之后，领导者很难拆散它们，打压和对抗都很难削弱它们的力量，有时还有可能起到完全相反的作用。那么作为领导者应该怎样管理小团体呢?

（1）领导者需保持中立，不能卷入团体纷争。企业内部形成一个和谐统一的整体，团队才有凝聚力，有的领导为了权欲、私欲或者其他目的，拉拢部分员工，而这样做只会让内部关系更加恶化，致使团队内部纷争不断。领导者不能让自己变成某一团体的核心人物，而应该把自己定位为整个团队的带头人，绝不能为了个人利益和目的而损害团队的整体利益。

（2）明确各利益主体的责任，确保尊重员工利益。领导者若能充分尊重每位员工的权益和利益，员工就会更加依赖企业，而不会加入或倒向小团体。小团体是利益的集团，员工如果自感弱势，便会靠依附小团体来为自己争取利益。因此领导者降低团体形成的概率，必须从尊重和保障员工的利益开始。

（3）利用小团体优势，推动大团体发展。领导者要引导小团体发挥正面作用，将它的负面作用降到最低。领导者要想方设法对小团体施加影响，将小团体转化成企业内部的一股正向力量，促进团队目标的达成。领导者可根据小团体的特点，委任团体内部成员分担工作，由于这些成员拥有共同的价值取向和目标，工作起来往往更加快速有效。

（4）及时遏制团体之争。对于恶性小团体，领导者要及时制止它们的明争暗斗，并进行相应的管理，绝不能让团体之争损害企业的整体利益，具体做法是削弱骨干成员对小团体的影响力，让牢牢抱团的小团体成为松散的一种组织，同时增强企业对内部成员的影响力，将小团体的破坏力降到最低。

运用沟通的方法，确保员工最大限度地合作

沟通是合作的基础，在团队中，沟通几乎是无处不在的，随着时代的发展，沟通的手段和方式比过去要丰富得多，但是沟通的有效性却仍没有得到改善。很多沟通不仅对行动没有帮助，反而让工作变得更加复杂，这究竟是信息在传递的过程中出现了问题，还是领导者对沟通重视不够呢？

有关资料显示，多数领导者经常与员工进行沟通，沟通方式也多种多样，常见的沟通方式如开会、谈话、做报告，这说明领导者已经普遍认识到沟通的重要性。但是重视沟通不等于就能充分保障沟通的有效性，据研究，团队中 70%的内部矛盾都是因为沟通障碍引发的，失败的沟通极大地影响了团队的凝聚力，降低了员工的工作效率和执行力，而这归根结底是由领导者的领导力和沟通水平较低造成的。

沟通是为了让全体员工达成共识，在分享信息之后促成完美的协作，

它是提升团队凝聚力、提高工作效率的重要途径。世界知名的巨头公司几乎都在企业内部创建了良好的沟通渠道，内部员工可以通过分享有效信息、交流经验和看法来提高合作的默契度。乐于沟通的人通常也愿意与人合作，“经营之神”松下幸之助认为，善于与人合作是一个领导者应必备的素质，而是否善于与人合作则能考验出领导者的能力水平。领导者不能只要求员工具备合作精神，而自己却不愿心无旁骛地与员工沟通。

世界零售巨头沃尔玛公司成功的秘诀之一就是在企业内部建立了有效的沟通机制。沃尔玛总裁萨姆·沃尔顿曾说过：“如果将沃尔玛管理体制浓缩成一种思想，那可能就是沟通，因为它是我们成功的真正关键之一。”

沃尔玛总部行政管理人员为了实现有效沟通，促进全球各地卖场的有序工作，每个星期都要花费很多时间乘飞机前往世界各地的各大商场，把公司的全部业务情况通报给相关人员，并召集员工开会，让所有员工了解公司的业务指标。在世界各地的每一个分店里，内部工作人员都会定期公布卖场的营业利润、销售情况以及进货和减价的信息，他们既向经理公布相关信息，也会把所有信息准确无误地传达给店里的每位员工，即便是临时工和兼职雇员也不例外。

沃尔玛在召开股东大会时，出席会议的不只限于股东，店经理和员工都有资格出席大会，公司旨在让全体员工了解企业的全貌，以期日后能合理地安排具体的工作，同时让更多的员工参与到企业管理中来，进一步促成层级之间的沟通和合作。这种沟通方式是沃尔玛公司常用的手段，总裁萨姆·沃尔顿在会议结束后，会邀请所有与会人员到自己家里参加野餐会，在野餐会上员工可以毫无顾忌地畅谈对公司未来的设想。

为了使公司上下沟通渠道畅通无阻，沃尔玛总部与世界各地分店团队一直保持着密切的联系，领导者广泛收集员工的意见和建议，还经常让员工参加沃尔玛公司联欢会。

领导者必须善于运用沟通的方法来确保员工最大限度地合作，拒绝沟通就意味着拒绝合作。在现代企业中，沟通是团队高效运转的后盾，合作不能单凭指令来维持，而要让员工在掌握了足够丰富信息的情况下，充分了解企业的意图，密切配合自己的工作。有效的沟通可以使团队成员在同一个目标的指引下，协调一致地开展工作，大大提高企业整体的执行力。因此沟通是现代企业管理中非常重要的一项工作，也是领导者肩负的重要职责之一，那么作为领导者，如何提高沟通的有效性呢？

（1）构建开放、通畅的沟通渠道。领导者要保持和员工实现真正的沟通，就要在企业内部构建畅通无阻的沟通渠道，打破层级壁垒，消除部门之间信息传递的障碍，拆除员工之间隔阂的心墙，让所有团队和员工都能共享企业的重要信息，不要把重大信息封锁在高层管理层中，而是要把它们传递给为公司效力的每一位员工，即使是最基层的员工也不例外。

（2）运用高效而不拘泥于形式的会议交流方式。会议沟通是一种较为传统的交流方式，它是领导者向员工传达重要信息的首选交流方式，但是由于气氛过于沉闷，往往达不到最佳沟通效果。有的领导者习惯搞“一言堂”，根本不给员工发表见解的机会，这样的沟通显然是无效的，很多工作中出现的问题都没有暴露出来。要改变这一局面就要打破原有的形式，让全体员工可以在会议上畅所欲言，领导者可以及时与员工们交换意见，尽可能全面地解决工作中出现的问题。

（3）采用非正式沟通的方法。非正式沟通不仅不会让员工感到拘谨，还会使其感受到企业的人情味。通用电气公司前总裁杰克·韦尔奇就非常喜欢非正式沟通的交流方式，他经常给部门负责人和员工写便笺，语气亲切诚恳，皆是肺腑之言。这些只言片语发挥的影响力远比强硬的命令有效力，员工们不但感受到了总裁对自己的关怀，也了解了公司对自己的期望，受到热切的鼓励后，在行动上更加积极了。

韦尔奇认为，沟通主要是针对个人的，个人的沟通比所有程序化的沟通都更具效果，领导者和员工之间展开的看似随意的短暂对话比任何企业杂志或刊物上拟写的管理学文章都更富有价值，因为员工总会带给领导者意外的收获。韦尔奇除了经常不期造访工厂和办公室，常常和下属共进午餐，工作人员还有很多机会和韦尔奇反映工作情况，当然他们也总会收到韦尔奇手书的便笺。通过非正式的沟通，韦尔奇把一个机构庞大、运行复杂的公司管理得井井有条。

由此可见，沟通的方式是非常重要的，选用员工易于接受的沟通方法比任何刻板正式的沟通更能达到沟通的目的。领导者应学会灵活选用能普遍受员工欢迎的沟通方式，而不要试图仅仅凭借着几种传统刻板的沟通方式就想到达理想的沟通效果。

清除团队的害群之马，抑制负能量的传播

团队犹如波澜不惊的海面，表面看去非常平静，而海面下却潜藏着涌动的暗流。这股暗流会扰动人心，成为杀伤力大、辐射面广的负能量磁场。只要稍不留心，员工就会纷纷卷进负能量的旋涡，变得消极倦怠，甚至严重影响日常工作。

那么团队负能量是怎么形成的呢？它主要源于心理传染。在团队中，不仅鼓舞人心、积极向上的正面情绪可以快速传染，消极、怠惰、患得患失的负面情绪也会由个体传染给一个部门，再由一个部门传染给整个公司，导致整个团队集体中毒。团队中难免会有一些喜欢自怨自艾、爱发牢骚的人，自己无心工作，还整天传播负面情绪，搅得别人不得安宁，还有一些经常动摇军心的悲观者，总是向他人散播不好的言论，导致员工对自己的发展丧失信心。

既然心理传染是由某个人或某部分人引起的，那么这个传播过程又是怎样的呢？其实这一过程和病毒的传播过程是有相似点的，某个或某些心理消极的人成为病毒源，不断地向自己周围的人扩散，直到使附近的人大部分或者全部受到感染。如此说来，被感染的员工看上去好像完全是被动的受害者，其实不然，之所以受到这样的侵害，在某种程度上说是基于一种盲从行为。

某高校曾经举办过一次别开生面的活动，校方请来了一名化学家给学生们展示他刚刚发明的一种挥发性液体。化学家蓄着大胡子，戴着一副墨镜，他刚走上讲台就对学生说：“我最近发明了一种强烈的挥发性液体，现在我来做个实验，看看这种液体从讲台挥发到整个教室需要多长时间，谁闻到了挥发的味道，就请举手示意，我要计算出准确的时间。”

说完，化学家拧开了密封严实的瓶塞，让液体挥发到空气中，

还没到两分钟，坐在前排、中排和后排的学生都纷纷举手表示自己闻到了挥发液体的气味。化学家好像早已料到了这个结果，忍不住哈哈大笑起来，他一把扯掉了脸上的假胡须，摘下了墨镜。学生们不禁呆住了，原来他不是什么化学家，而是学校的英语老师。他笑着向学生们宣布："瓶子里装的是蒸馏水。"

这个实验说明个体之间是会互相影响的，看到有人举手表示闻到了气味，自己也会盲目地跟着把手举起来，这种行为并不是出于效仿，而是因为受到了别人行为的暗示，误以为自己真的闻到了挥发的气味。当个体受到外界影响时，往往会由于信心不坚定而改变自己的判断，促使自身的行为和别人保持某种程度上的一致性。这种被周围人的行为和情绪所感染的现象，就是心理学中所说的"心理传染"。

每个人身上都存在着正能量和负能量，积极进取的人会主动压制负能量为团队传播正能量，而消沉落后的人却总是向别人传播负能量，用坏情绪和坏消息感染别人，致使整个团队人心浮动、萎靡不振。对于一个团队而言，破坏比建设更快、更容易，领导者辛辛苦苦地创建团队，结果只因为团队中出现了几个负能量的携带者，把消极有害的情绪传染给了大家，以前所有的工作都功亏一篑。那么作为团队的领导者，如何才能抑制负能量的传播呢?

（1）主动传播正能量，用积极情绪感染员工。任何能量的传播都需要有源头，正能量的传播也是如此，不要期望员工会突然变得豪情万丈，而要把自己变成正能量的传播源，精神振奋地投入工作，用果敢有力的行动和饱满的激情来感染员工，激活他们的情绪。

（2）设立"情绪倾诉站"，帮助员工排解负能量。如发现某位员工工作心不在焉，过度焦虑、意志消沉，经常发表对公司不满的言论，领导者要及时帮助他排解掉心中的负能量，否则他就会将负能量辐射给整个团队，后果不堪设想。领导者可以单独找机会跟他谈心，任其尽情倾诉自己的烦恼，通过沟通来了解问题的症结所在，然后及时铲除他坏情绪的根源。

（3）给情绪不佳的员工放"情绪假"。员工带着坏情绪上班，工作效率很低，而且容易出错，受到批评后，情绪将进一步恶化，成为更大的负能量场，对其他员工会造成更糟糕的影响。与其让这样的员工勉强留在公司里工作，还不如给他一些缓解情绪的时间，等他放松下来情绪略好之后再上班，对其本人和同事而言都是有益处的。“情绪假”不宜过长，一般为 1 ~ 2 天，这段假期不扣除工资和奖金，日后可安排他补班。

由于人们工作和生活节奏越来越快，员工的心理压力倍增，他们很容易出现情绪问题，成为一个个负能量的携带者。为此，领导者不能一味责怪员工，在他们心理出现问题时，最好给他们放“情绪假”，员工情绪恢复后工作效率自然也会提升，负能量的传播途径也会因此而被阻断。

别让精英单打独斗，全力整合人才资源

在全球经济一体化的当代社会，很多工作都需要分工协作才能完成，单打独斗式的工作模式早已被团队合作所取代，越来越多的人认识到了团队合作的重要性。然而在实际工作中，想要让团队成员毫无间隙地通力合作并不是一件容易的事，因为每个人的个性、想法和追求都不一样，优秀人才更是特立独行，缺乏合作意识。那么作为领导者该如何使员工们忽略彼此的差异，同心协力地朝着一个共同的目标奋斗呢?

大部分领导人可能会有这样一种体会，平凡的员工大多没有棱角，也乐于与同事展开合作，但是优秀的人才却常常自恃过高，在心底里有些瞧不起别人，不愿意和同事合作，缺乏分享精神。结果往往是会造成 1+1 ＜ 2 的局面，即团队里如果有一个人才他便会大放异彩，有两个人才却变得星辉黯淡，有多名人才生产力反而降低，这样的局面对于整个团队的健康发展是极其有害的。

苹果公司堪称业界的翘楚，其出产的手机和平板电脑等产品凭借着简约的外观、新颖的设计和独到的时尚元素等优势至今备受消费者青睐。这样一家影响力巨大的创新型高科技公司，当然人才济济，曾有人说，苹果公司网罗了全球 80%的电脑精英。然而就是这样一家技术过硬、实力超强的公司在激烈的市场竞争中，却败给了技术水平逊色于自己的微软公司，这是为什么呢?

乔布斯在公司失利后深刻地反省了苹果公司存在的问题，他认为根本原因在于苹果公司里的高级技术人才个个都很骄傲，把自己看成首屈一指的旷世奇才，看不起同事，也不屑于和他们合作和分享资源，每个人都把自己当成独一无二的人才，长期各自为战，几乎所有人才皆是独立的个体，团队只是一个松散的组织，合作是不存在的，结果就输给了懂得抱团合作的竞争对手。

乔布斯本人也曾经极为骄傲，不喜欢和别人合作，但是自从在市场竞争中受到教训以后，他完全改变了以往的工作态度，不但自己愿意主动融入团队，还充当了黏合剂的角色，引导技术性人才密切合作，把优秀人才的力量黏合起来，形成一种巨大的合力。后来苹果公司发展蒸蒸日上，技术也更为精良，开发出的新产品竞争力更强，很多上市的新产品都受到了广大消费者的热捧，苹果品牌产品几乎成为个性、时尚和潮流的代名词。

团结的队伍才有战斗力，人才是团队不可或缺的资源，领导者只有懂得如何整合人才资源才能打造出一支打不垮、冲不散的高效团队。如果把团队比作一座高层建筑，优秀人才就是构筑这栋宏伟建筑的砖瓦，而领导者扮演的则是黏合剂的角色，其主要职责就是把每个性格迥异、需求不同的人才聚合起来，只有这样整个团队才能具备稳固和持久的优势，在商业竞争的激流中屹立不倒。那么团队领导者应该如何引导人才进行团队合作呢？以下几点建议可供团队领导者参考。

（1）要让人才意识到个人成功和团队成功并不矛盾。人才往往更加看重个人理想和价值的实现，希望自己能脱颖而出发出夺目的光芒，因此有人会觉得自己的成功和团队的成功关系不大，甚至认为个人成功和团队成功是相矛盾的，因为如果团队中人人都很出彩，功劳是大家的，他便无法显示出自己的优势。团队领导者如果想要把抱有此种想法的人才聚合起来，必须像揉面团一样打造队伍，把各自的利益、追求、情感等因素全部揉进去，让个体能从团队的成功中受益，并产生强烈的自我成就感。领导者要做到的是把个人的成功和团队的成功统一起来，而不是高喊着“存天理，灭人欲”的口号，要求团队成员个个成为大公无私的楷模。在整合思想的同时，注意对不同利益的整合，往往比任何苦口婆心的说教都奏效。

（2）要善于当“和事佬”，化解团队内部纷争，促进人才之间的沟通与协作。人才通常具有很强的个性，因为棱角分明，互相之间难免出现各种摩擦，又由于心高气傲，缺乏容忍之心，发生矛盾很容易演变成剑拔弩张的态势，水火不容的人才会造成团队的内耗，领导者如不能及时制止，很多工作都难以顺利开展。在团队内部出现由人才引发的纷争之后，领导者要善于扮演“和事佬”的角色，加强和人才的交流，使其消除彼此的敌意，化干戈为玉帛，在工作中继续开展合作。

当然，黏合剂的角色并不是那么好当的，和骄傲的人才打交道要比和普通员工打交道难得多。人才发生争执后，领导者找双方开诚布公地谈心，从而了解纷争产生的原因，沟通时不要指责任何人，而要旁敲侧击地指出双方的欠妥之处，引导他们换位思考，最后消除彼此的芥蒂，促成双方握手言和。

（3）引导人才加强内部交流，为其建设畅通的信息渠道。有的团队里尽管有很多优秀的员工，但是整体效益却十分不理想。主要原因在于员工在执行工作的过程中缺乏有效的交流和协调，每个人都在孤军奋战，虽然大家都很辛苦，但是工作成果却差强人意，团队的整体士气也因此受到影响。许多人才虽然技术高超，但是不喜欢主动地和同事交流，这时领导者就应该为其搭建信息互享的平台，为人才构建畅通的信息渠道，促进他们的对话与沟通，改变他们过去各自闭门造车的不利局面。

领导在安排日常工作流程时，可适度增加开会研讨的次数，召集人才，集思广益，发表各自的看法，分享有价值的信息，促成人才更多地参与交流，使他们在日后的工作中配合得更为紧密和协调，从而实现工作环节上的无缝对接。